Carl-Auer-Systeme Verlag

Das Geheimnis therapeutischer Wirkung

Peter Hain

Carl-Auer-Systeme im Internet: **www.carl-auer.de**
Bitte fordern Sie unser Gesamtverzeichnis an:

Carl-Auer-Systeme Verlag
Weberstr. 2
69120 Heidelberg

Satz: Verlagsservice Hegele, Dossenheim
Umschlaggestaltung: WSP Design, Heidelberg
unter Verwendung des Gemäldes
Paul Klee „Blick zum Hafen von Hamame, 1914, 35"

Printed in the Netherlands
Druck und Bindung: Koninklijke Wöhrmann, Zutphen

Erste Auflage, 2001
ISBN 3-89670-210-6

Die Deutsche Bibliothek – CIP-Einheitsaufnahme

Ein Titelsatz für diese Publikation ist bei
Der Deutschen Bibliothek erhältlich.

Inhalt

III Auswertung, Ergebnisse und Perspektiven

Dank

„Unser Erfolg ist eine Art Antwort. Was wir erreichen, schulden wir zum großen Teil anderen." Frank Farrelly erinnert sich noch nach vielen Jahren an diese Aussage Gene Gendlins.

Ich kann beiden nur beipflichten und möchte mich bei allen mir nahe stehenden Personen bedanken, die mich durch ihre wohlwollenden Aufmunterungen und ihr Vertrauen in das Gelingen dieser Arbeit unterstützt und begleitet haben.

Ganz besonders gilt dies für Barbara und unsere Kinder, die durch die zusätzlichen Belastungen auch direkt betroffen waren.

Ein spezieller Dank gilt Professor Heinz Stephan Herzka, dessen herzliche und zuversichtliche Betreuung mir über manche Klippen hinweggeholfen hat.

Nicht zuletzt aber möchte ich mich bei meinen Gesprächspartnern bedanken, die durch ihre Beiträge diese Arbeit erst ermöglicht haben und mich seither in meinem Praxisalltag begleiten. Von ihnen fühle ich mich reich beschenkt.

Peter Hain
Zürich, Juni 2001

Vorwort

Psychotherapie zählt zu den bedeutendsten Errungenschaften des zwanzigsten Jahrhunderts, wie die Menschenrechtserklärung oder die Deklaration der Rechte des Kindes durch die Vereinten Nationen. Wie diese steht sie im Dienst der Lebensqualität, der Menschlichkeit eines Menschenlebens. Psychotherapie ist die Entdeckung der heilenden Kraft zwischenmenschlicher Beziehung in der Neuzeit, einer von beruflichem Wissen und Können geformten Beziehung. Sie ermöglicht, stagnierte Entwicklung in Gang zu bringen, mobilisiert Bewältigungskräfte, stärkt den Selbstwert, die Autonomie und die Beziehungsfähigkeit, reduziert das Leiden, unterstützt die Klärung von innerseelichen und zwischenmenschlichen Konflikten und hilft, sich mit verletzenden Lebenserfahrungen sinnvoll auseinander zu setzen. „Die" Psychotherapie (als Oberbegriff) kennt eine Vielzahl von fachlichen Methoden, unterschiedliche Modelle der Pathogenese und des Heilungsprozesses, sie gliedert sich in psychotherapeutische Schulen. Diese haben unterschiedliche Schwerpunkte, haben auch die Form von Dogmen angenommen und sich bis vor kurzem zum Teil heftig konkurrenziert und sogar bekämpft. Heute allerdings ist es längst klar – wenn auch in der Praxis noch nicht danach gehandelt wird –, dass die Vielfalt (der Modelle und Methoden) in der Einheit (der Zielsetzung) sinnvoll ist, dass es zweckmäßige Verbindungen unterschiedlicher Ansätze und Praktiken gibt und dass der Dogmatismus einer konstruktiven Kooperation weichen muss.

Die Schulenstreitigkeiten, mehr aber noch die Tatsache, dass Psychotherapie sich mit den oft tabuisierten Emotionen, Beziehungen und Konflikten befasst, dass sie unerwünschte Seiten der menschlichen Existenz zum Thema macht und grundsätzlich eine In-Frage-Stellung ist, haben auch zu einer Verwirrung über das, was

Psychotherapie ist, bisweilen sogar zum Rufmord an ihr geführt. Alle totalitären Bewegungen und politischen Systeme waren und sind der Psychotherapie feindlich gesinnt. Aber eine der schädlichsten Anfechtungen kommt, wie so oft in der Gesellschaft, aus den eigenen Reihen, indem von Fachleuten der Psychologie und Psychiatrie die wesentlichen, eingangs genannten Merkmale von Psychotherapie außer Acht gelassen oder gar verunglimpft werden; man verwendet den Begriff der Psychotherapie für Trainings- und Lernverfahren mit Patienten, die nicht deren menschliche Entwicklung, sondern deren Funktionstüchtigkeit zum obersten Ziel haben, ein Funktionieren, wie man es auch von den Maschinen (z. B. Computern, Autos etc.) erwartet. Allerdings haben Lern- und Trainingsverfahren im Leben stets Bedeutung – nur braucht man dafür nicht den Therapiebegriff zu bemühen.

In dieser Situation schafft das vorliegende Buch dringend benötigte Klarheit. Es zeigt die Variabilität der Therapeutinnen und Therapeuten, ihrer Denkansätze und Methoden, und es zeigt gleichzeitig das viele Verbindende, die gemeinsamen Grundlagen. Was Psychotherapie in ihrem Kern ist, wird von verschiedenen Seiten her angenähert und durch die Aussagen hindurch erkennbar. Gleichzeitig vermitteln die Interviews einen direkten Zugang zu Fachpersonen, welche die Psychotherapie nachhaltig mitgeprägt haben; sie ermöglichen Informationen aus erster Hand. Sie zeigen die Menschen, die hinter und meist über den Methoden stehen, und dass Psychotherapie eine Heilkunst ist, die sich, intersubjektiv, zwischen Therapeutin und Therapeut einerseits, Klient und Klientin sowie den engsten Bezugspersonen andererseits abspielt. Auch wird spürbar, wie Engagement, Reflexion und Ethos integrierte Bestandteile des Psychotherapieberufes sind. Damit setzt dieses Buch einerseits die von Hanna Wintsch mit ihrer Veröffentlichung „Gelebte Kindertherapie" (1998) geleistete Orientierungsarbeit fort und erarbeitet sie andererseits neu auf der Ebene der Erwachsenentherapie.

Indem dieses Buch Schulendifferenzen überbrückt, den Menschen bzw. die Person der Therapeutin und des Therapeuten in den Mittelpunkt stellt, die Vielfalt anerkennt, das Gemeinsame herausarbeitet, Entwicklungsprozesse der Interviewpartner einbezieht, sich auch vor unbequemen Themen nicht scheut, in dieser und manch anderer Hinsicht ist dieses Buch selbst ein wichtiger Beitrag der Klärung; es ist heilsam für die sowohl in manchen Fachkreisen wie in der Öffentlichkeit oft verwirrt geführten Diskussionen der letzten Jahre; es verhilft der Psychotherapie zu einem gestärkten und geklärten Selbstbild, ist gewissermaßen Therapie für die Psychotherapie.

Prof. Dr. med. Heinz Stefan Herzka
Zürich

Vorwort

„Wer Psychotherapieforschung betreibt, sollte sein Hirn untersuchen lassen", hörte ich immer wieder aus Forscherkreisen, als ich noch selbst – das ist inzwischen mehr als ein Vierteljahrhundert her – am *National Institute of Mental Health*, einem der größten Forschungsinstitute der USA, als Forscher tätig war. In der Tat lässt sich kaum ein schwierigerer – und gesundheitspolitisch ähnlich brisanter – Bereich der Forschung vorstellen. Denn wie kann man einen Therapieerfolg oder auch -misserfolg wissenschaftlich exakt erfassen und belegen, wenn wir davon auszugehen haben, dass jeder Klient auch bei gleicher oder bei ähnlicher Symptomatik seine je individuelle körperlich-seelische Disposition, seine gegenwärtige Lebenssituation und -geschichte mitbringt und auch seine individuellen Erwartungen an den Therapeuten heranträgt? Um nicht davon zu reden, dass bei jeder wissenschaftlich seriösen Beurteilung der Wirkung einer Psychotherapie neben dem Klienten selbst auch der Therapeut und ein außenstehender Beobachter zu Worte kommen sollten. Und die sich hier andeutende Problematik zeigte sich keineswegs leichter angehbar angesichts der Tatsache, dass heute in westlichen Ländern schätzungsweise 300 bis 400 psychotherapeutische Schulen mit zum Teil ganz unterschiedlichen Vorstellungen von den Ursachen leib-seelischer Störungen und auch mit unterschiedlichen Vorstellungen von der jeweils indizierten Vorgehensweise und dem sich damit verbindenden Zeitbedarf um Klienten wie um Ausbildungskandidaten konkurrieren.

All das hat aber Peter Hain nicht abgehalten, seine eigenen Gedanken und Forschungen zu Wirkfaktoren in der Psychotherapie zu Papier zu bringen. Und dabei konzentrierte er sich nun auf das, was ihm bekannte Psychotherapeuten selbst über ihr Vorgehen und die in ihrer Sicht wichtigen Wirkfaktoren zu sagen hatten. Was ihn dann ein Buch schreiben ließ, das nicht nur angehenden wie erfahrenen Psychotherapeuten wichtige Informationen vermittelt, sondern auch spannend zu lesen ist. Denn es lässt diese Therapeuten in einer Weise zu Worte kommen, die sie uns nicht nur als innovative Persönlichkeiten, als Meister ihrer Zunft, als Lehrer und Mentoren, sondern auch als Menschen mit ihren oft liebenswerten Eigen- und Besonderheiten nahe bringt. Weswegen ich dieses Buch allen an Psychotherapie Interessierten wärmstens empfehlen möchte.

Prof. Dr. med. et phil. Helm Stierlin
Heidelberg

I Einführung

20 000 Therapiestunden und ein besonderes Beispiel

Nach 20 000 Therapiestunden ist wohl auch für Psychotherapeuten[1] eine „Inspektion" fällig. Nach einer langen Lern- und Arbeitszeit als Therapeut und Ausbilder verspürte ich das Bedürfnis nach einer inneren Standortbestimmung und einer Zwischenbilanz, aber auch eine immer noch nicht gestillte Neugierde und den Wunsch nach neuen Erfahrungen. Daher entschied ich mich nicht für eine „Auszeit", sondern für eine fachliche „Generalinspektion".

Mein Ausbildungsweg mit Studienaufenthalten in Deutschland, den USA und Israel durchlief verschiedene therapeutische Schulen (Gesprächspsychotherapie, klinische Hypnose und Hypnotherapie, systemische Paar- und Familientherapie, NLP und Provokative Therapie), machte mich mit interessanten Theorien, Ansätzen und Methoden vertraut und führte auch immer wieder zu Begegnungen mit außergewöhnlichen Therapeutenpersönlichkeiten, die mich stark beeinflusst haben, wie zum Beispiel Carl Rogers.

Auch während meiner therapeutischen Arbeit mit Kindern, Jugendlichen, Erwachsenen, Paaren und Familien – zunächst in Institutionen, dann in freier Praxis – und meiner Tätigkeit als Supervisor und Ausbilder sowie in langjährigen berufs- und ausbildungspolitischen Funktionen stellte sich immer wieder die Frage:

„Was ist das Geheimnis einer erfolgreichen Psychotherapie?"

Die Anfrage eines Verlages und die wissenschaftliche Betreuung durch Professor Herzka gaben schließlich den Ausschlag, mich mit diesem Thema intensiver auseinander zu setzen als im üblichen Rahmen des kollegialen Austausches, Lesens der Fachliteratur oder von Kongressbesuchen. Dabei interessierte mich vor allem, wie Thera-

1 Nach Abwägung aller Möglichkeiten für weibliche und männliche Bezeichnungen habe ich mich entschieden, es bei dieser Schreibweise zu belassen.

peuten ihre Wirksamkeit entwickeln können und welche grundlegenden Faktoren hier wesentlich sind.

Was lag näher, als Persönlichkeiten zu befragen, die darüber ein außerordentliches Erfahrungswissen besitzen müssen? Auch wenn dieses Wissen vielleicht nicht in vollem Umfang bewusst abrufbar ist, so kann doch gerade der Vergleich der Aussagen von internationalen Fachleuten im Rahmen einer wissenschaftlichen Auswertung (qualitative Analyse) interessante Schlüsse zulassen.

Die Form der persönlichen Begegnung erforderte zwar in jeder Hinsicht einen enormen Aufwand, ermöglichte es mir aber, dabei auch ganz unmittelbare persönliche Erfahrungen zu gewinnen.

Inzwischen sind meine Gesprächspartner für mich zu einem „inneren Helferteam" geworden, das ich nicht mehr missen möchte. Gemeinsam mit diesem Helferteam möchte ich mit diesem Buch einen Weg finden, die vielen Fragen und Puzzle-Teile, die sich im Laufe meiner beruflichen Erfahrung und im fachlichen Austausch mit Kolleginnen und Kollegen ergeben haben zu einem Bild zusammenzufügen und so gemeinsam den Geheimnissen einer erfolgreichen Psychotherapie auf die Spur zu kommen.

Letztendlich ermöglicht es die Auswertung der Interviews aber auch, einige meiner eigenen therapeutischen Erfolge und Misserfolge rückblickend besser zu verstehen.

Ein Fallbeispiel, das mich vor Jahren intensiv und nachhaltig beeindruckt hatte, mag verdeutlichen, dass auch der therapeutische Erfolg manchmal zunächst Fragen aufwirft, statt sie zu beantworten.

Fallbeispiel

Im Rahmen eines ersten Familiengespräches beschreiben mir die Eltern sehr ausführlich und differenziert die Sorgen um ihren älteren Sohn Y. (elf Jahre): unkontrollierbare, aggressive Wutausbrüche, die nicht selten im Herumwerfen von Stühlen im Klassenzimmer ihren Ausdruck finden, sowie andererseits depressive Verstimmungen und ein apathisches Sichzurückziehen, vor allem zu Hause. Auch eine deutliche Eifersucht und Rivalität zum nur 18 Monate jüngeren Bruder, dem offensichtlich alles leichter zu fallen scheint und der sich in dieser Sitzung auch als *sunny boy* neben seinem sensibler und schüchtern wirkenden Bruder präsentiert. Ich versuchte mehrmals, direkt zu Y. Kontakt aufzubauen. Es gelang mir zwar nicht, ihn aus seiner geschützten Position, zwischen den Stühlen der Eltern fast ein wenig versteckt, hervorzulocken, doch seine Augen verrieten manchmal ein aufkeimendes Interesse und sein spontanes Nicken wohl das Gefühl, sich zumindest einige Male von mir verstanden zu fühlen, wenn ich ihn direkt ansprach und meine Fantasien bezüglich seiner Gedanken und Gefühle offen aussprach.

Am nächsten Tag verfolgten mich die Eindrücke dieses Gespräches immer nachhaltiger und verdichteten sich zu Befürchtungen in Richtung möglicher, bisher nicht abgeklärter organischer Komponenten, wie zum Beispiel Epilepsie, aber auch in Richtung einer latenten Suizidalität. Da die Versuche, mich selbst zu beschwichtigen, erfolglos blieben, griff ich zum Telefonhörer und teilte der Mutter mit, dass ich Y. aufgrund des gestrigen Gespräches nochmals sehen möchte, und wir vereinbarten kurzfristig einen Termin. Sie war über mein absolut direktives Verhalten offensichtlich viel weniger erstaunt als ich selbst und Y., der das Telefongespräch im Hintergrund mitverfolgte und sofort lauthals protestierte, er erschien schließlich am nächsten Nachmittag.

Wir saßen uns gegenüber, und er würdigte mich und die Spielsachen um ihn herum mit keinem einzigen Blick, sondern richtete seine Augen starr vor sich hin auf die Tischplatte. Etwas unbeholfen und unsicher begann ich, ihm zu erklären, dass mich „unser" Familiengespräch und vor allem seine Situation sehr beschäftigt hätten und ich mir schlicht Sorgen um ihn machte. Er reagierte in keiner Weise, und ich fuhr fort, nicht gerade von ihm ermuntert, meine Gedanken und Fantasien zu äußern. Ich schloss meine „Eröffnungsrede" damit, dass er vielleicht Hilfe gebrauchen könne, ich mir aber nicht sicher sei, worin diese Hilfe genau bestehen müsse, und wartete auf seine Reaktion – vergebens.

„Dann mache ich dir einen Vorschlag", begann ich nach einer kurzen Pause, „du kommst einige Male zu mir ..." Ich konnte den Satz nicht beenden, so schnell kam sein energisches Kopfschütteln, begleitet von einem kurzen und knappen „Nein!". Wahrscheinlich war es immer noch der kurze, aber intensive Kontakt, der im Familiengespräch einige Male aufflackerte, und vielleicht die Tatsache, dass er überhaupt gekommen war und immer noch wie festgenagelt am Tisch saß, die mich nicht aufgeben ließen. „Nun, ein zweiter Vorschlag könnte vielleicht ...", begann ich langsam und fuhr nach einer nachdenklichen Pause fort, „nein, ich glaube nicht, dass das für dich infrage kommen könnte. Aber vielleicht ... [wieder eine Pause] nein, das gefällt dir garantiert auch nicht. [Pause] Nun, mein vierter Vorschlag: Du kommst noch einige Male zu mir." Y. reagierte mit spontanem, aber weniger heftigem Kopfschütteln. „Vorschlag Nummer fünf ... ich glaube, das ist auch nicht das Richtige für dich, und Nummer sechs [nachdenklich zögernd] ist absolut nicht passend". Pause. Dann begann ich langsam wieder: „Nummer sieben würde dir vielleicht gefallen, aber Nummer acht könnte eventuell noch besser sein ..." Ich hielt zögernd inne, bevor ich wieder einstieg: „Nein, ich glaube doch nicht. Nummer neun: ... du kommst zu mir." Diesmal kam seine ablehnende Reaktion nicht mehr so eindeutig, und so fuhr ich mit meiner spontan entworfenen Strategie auf gleiche Weise fort.

„Vorschlag Nummer siebzehn: Du kommst noch öfter zu mir." Y. blickte mich an, nickte spontan, und innerhalb von Sekunden verwandelten sich sein Gesichtsausdruck, seine Gestik und Mimik, seine ganze Körperhaltung, und er begann, in ausgesprochen gelöster, aber nicht überschwänglicher Stimmung zu erzählen, zu fragen und mit mir zu spielen. Ich hatte zwar insgeheim gehofft, irgendwie zu ihm durchzudringen, aber noch nie solch eine drastische Veränderung innert Sekunden erlebt, und es fiel mir schwer, meine Überraschung zu verbergen und diese Verwandlung ohne Kommentar geschehen zu lassen.

Kurz vor Ende der Stunde unterbrach ich: „Wir haben da noch ein kleines Problem", und blickte in sein Gesicht. Er verstand sofort, als ich schmunzelnd erläuterte: „So kannst du hier nicht rausmarschieren, da müssen wir noch was tun." Wir begannen genussvoll, einen „angemessenen" Gesichtsausdruck für ihn einzuüben, denn schließlich konnte er nicht fröhlich zu seiner Mutter zurückkehren, die ihn noch vor 45 Minuten in widerwillig depressiver Stimmung bei mir abgeliefert hatte. Es war uns beiden klar, dass wir diese fast schon dramatische Veränderung irgendwie schützen mussten, und Y. fand sowohl den passenden Gesichtsausdruck wie auch die richtigen Bemerkungen, wenn seine Mutter schließlich fragen würde, wie die Stunde verlaufen sei („Ging so") und ob er nochmals kommen werde („Wenn es unbedingt sein muss").

Y. kam noch ein halbes Jahr zu mir, zunächst wöchentlich, dann in größeren Abständen, und wir sprachen, spielten und zeichneten zusammen. Es war wohl der Zeitrahmen, der nötig war, um die in der beschriebenen ersten Stunde eindrücklich angebahnten Veränderungen langsam und glaubwürdig in seinem Leben wirksam werden zu lassen. In begleitenden Gesprächen mit den Eltern konnten sie mir nicht nur seine kontinuierliche Entwicklung in allen wichtigen Lebensbereichen schildern, sondern es wurden auch die eingangs erwähnte Rivalität, erzieherisches Vorgehen und Themen, die mehr die Eltern selbst betrafen, bearbeitet. Erst als ich sie in unserem ersten Elterngespräch direkt auf die Suizidalität von Y. angesprochen hatte, berichteten sie mir von früheren Selbstmordgedanken, verbalen Drohungen und von Situationen, in denen Y. sozusagen damit „gespielt" hatte – so hatte er zum Beispiel am Rand des Bahnsteiges balanciert, als der Zug bereits in den Bahnhof eingefahren war.

Ich weiß nicht, wie es Y. heute geht, er muss schon fast erwachsen sein. Ich habe in dieser einen Stunde und der Therapie mit Y. viel gelernt und lerne heute noch daraus, auch wenn sich das Geheimnis dieser Therapie nach dem Schreiben dieses Buches für mich weiter gelüftet hat.

Was ist das Geheimnis einer erfolgreichen Psychotherapie?

Therapeutische Ansätze, Methoden und Techniken gibt es bereits (zu) viele, und es werden weiterhin neue oder scheinbar neue dazukommen. Die etablierten therapeutischen Schulen stehen zueinander in Konkurrenz und gemeinsam unter wissenschaftlichem Erklärungsnotstand.

Empirische Forschung und Schlagworte wie „Qualitätssicherung" liegen zur Zeit ebenso im Trend wie fragebogengestützte, eklektische Behandlungsansätze oder symptomorientierte Kurzzeittherapien mit möglichst standardisiertem Vorgehen.

Doch was beziehungsweise wer ist ein guter Psychotherapeut, und wer kann unter welchen Lernbedingungen einer werden und bleiben?

In jeder therapeutischen Schule lassen sich „begnadete" und überdurchschnittlich erfolgreiche Therapeuten finden, ebenso unter Vertretern so genannter eklektischer oder integrativer Ansätze. So wichtig die Weiterentwicklung von Theorien und Konzepten in Bezug auf die Entstehung und Behandlung psychischer und psychosomatischer Problemstellungen ist, reicht dieser Forschungsschwerpunkt nicht aus, die Erfolge der Vergangenheit zu deuten und die Erfolgskriterien für die Zukunft zu entwickeln.

Mit anderen Worten, die überdurchschnittliche Wirkung eines bestimmten Therapeuten lässt sich im konkreten Fall nur zum Teil durch die therapeutische Methode erklären (überspitzt formuliert, wurde der therapeutische Erfolg zumindest nicht durch die jeweilige Methode verhindert).

Ziel einer therapeutischen Ausbildung müsste es aber sein, die Wirksamkeit der Therapeuten mit den oder trotz der gelernten und angewendeten Methoden zu entwickeln und zu steigern. Nicht die Frage nach dem besten Ansatz, sondern nach den Bedingungen und

Voraussetzungen für die größtmögliche Wirksamkeit eines jeden Therapeuten sollte im Vordergrund stehen.

Empirische Untersuchungen über die Wirksamkeit einzelner therapeutischer Techniken und Ansätze können zwar Hinweise darauf geben, dass „erfolgreichere" Methoden offensichtlich einer größeren Zahl von Therapeuten zur Wirksamkeit verhelfen, würden aber auch andere Schlüsse zulassen, zum Beispiel, dass diese Ansätze und Techniken die Therapeutenpersönlichkeit schlicht weniger einengen, sondern in der eigenen Entwicklung fördern und darüber hinaus wahrscheinlich vermehrt von Personen ausgewählt wurden, die ihrerseits bereits über andere relevante Fähigkeiten für den Therapeutenberuf verfügen (z. B. suggeriert alleine schon der Begriff Verhaltenstherapie ein aktiveres und mehr an Veränderung orientiertes Therapeutenverhalten als die Begriffe Gesprächstherapie oder Psychoanalyse, siehe auch das Kapitel *Transparente Veränderungsabsicht und -erwartung*).

In jedem Fall stellt sich die Frage, welche Entwicklungs- und Lernschritte unverzichtbar sind und welche schulenübergreifenden Wirkfaktoren, abgesehen von therapeutischen Techniken und Methoden, für den therapeutischen Erfolg eine zentrale Rolle spielen.

Schulenunabhängig, durch qualitative und quantitative Therapieforschung belegt, stellt die therapeutische Beziehung als Wirkfaktor inzwischen wohl den unumstrittensten Baustein für den Erfolg einer Therapie dar (u. a. Grawe et al. 1994; Strupp 1995; Miller et al. 2000). Wie aber muss diese Beziehung gestaltet werden, damit sie nicht nur als gut und angenehm empfunden wird, sondern auch wirkt? Welche Elemente sind dafür minimal, welche maximal erforderlich?

Nach wie vor gelten die von Carl Rogers (1996) formulierten Basisvariablen „Echtheit", „Kongruenz" und „unbedingte Wertschätzung" als Grundlage einer therapeutischen Beziehung, die je nach Schule und Ansatz mehr oder weniger direkt integriert wurden oder in anderen Fachbegriffen zum Ausdruck kommen.

Die Aussagen meiner Interviewpartner sollen auch hier helfen, die Kriterien für eine wirkungsvolle Beziehungsgestaltung zu ergänzen, zu erweitern und vor allem zu spezifizieren.

Ging es bisher oft um die Magie neuer Techniken und therapeutischer Abläufe, so geht es hier um die Struktur und die Gestaltung der therapeutisch wirksamen Beziehung und Veränderung.

Es ist das zentrale Anliegen dieses Buches, die Wirksamkeit von Psychotherapeuten nicht aufgrund der Fachliteratur, sondern mit den Erfahrungen renommierter internationaler Kapazitäten in der Psychotherapie, Ausbildung und Forschung zu ergründen (vgl. Wintsch 1998), zentrale Wirkfaktoren zu beschreiben, wissenschaftlich auszuwerten und damit die Basis für eine gemeinsame Definition von Psychotherapie sowie die Möglichkeit für eine Zusammenarbeit therapeutischer Schulen in Forschung und Praxis zu schaffen.

Berufspolitische Situation

Das Berufsbild der Psychotherapeuten wird seit Jahren – zumindest in Deutschland, Österreich und der Schweiz – wie kaum ein anderes im akademischen Bereich nicht nur in den eigenen Reihen, sondern auch von Politikern wie Krankenkassenfunktionären höchst kontrovers diskutiert. Da es darüber hinaus in der Bevölkerung weder klar abgegrenzt erkennbar ist noch den Rückhalt genießt, der der tatsächlich erbrachten psychotherapeutischen Versorgung angemessen wäre, müssen die Ergebnisse und Folgerungen dieser Arbeit auch berufs- und ausbildungspolitisch diskutiert werden.

Die Tatsache, dass inzwischen Parteipolitiker den Stellenwert der Psychotherapie beurteilen und Krankenkassen entscheiden, welche therapeutischen Methoden in welchem Ausmaß überhaupt als Pflichtleistung vergütet werden sollten, bringt die hilflose Situation der Psychotherapeuten peinlich genau auf den Punkt.

Die Psychotherapie existiert nicht als einheitliche inhaltliche Größe mit berufspolitischer Lobby, sondern ist ihrerseits zu sehr schulenorientiert zersplittert und gleichzeitig noch Organisationen und Strukturen angegliedert oder untergeordnet, die sich berufspolitisch konkurrenzieren, wie zum Beispiel der Psychiatrie oder der akademischen Psychologie. Darüber hinaus ist sie in der Wahrnehmung der Bevölkerung unscharf abgegrenzt von allgemeiner Lebensberatung, alternativer Medizin oder Esoterik.

Wenn es vielleicht auch nicht überraschen mag, so ist es doch eine für praktizierende Psychotherapeuten unangenehme Tatsache, dass sich auch die Forschung auf dem Gebiet der Psychotherapie – zumindest im deutschen Sprachraum – heterogener, unübersichtlicher und widersprüchlicher präsentiert, je spezifischer sie zu werden scheint.

Anlässlich eines Symposiums zur *Zukunft der Psychotherapie*[1] zeichneten die Vorträge der Professoren Grawe (2000), Eckert (2000), Butollo (2000), Kächele (2000) und Reinecker (2000) nicht nur ein nach wie vor auf Rivalität und gegenseitige Ab- oder Ausgrenzung gerichtetes Gesamtbild, sondern machten auch deutlich, dass im deutschsprachigen Raum hinsichtlich Forschungsmethoden, Zielrichtungen und der Interpretation von Ergebnissen nur wenig gemeinsame Vorstellungen zu existieren scheinen.

Darüber hinaus wurde aber auch transparent, dass sich die Psychotherapieforschung längst nicht mehr ausschließlich an inhaltlichen, sondern in zunehmendem Maße an berufs- und kassenpolitischen Fragen, Forderungen und gesellschaftlichen Strömungen glaubt orientieren zu müssen. Schließlich ist zu erwarten, dass die Ausübung des Psychotherapeutenberufs in der Europäischen Union unter anderem über die Zulassung wissenschaftlich anerkannter Therapiemethoden geregelt werden wird, wie es in Deutschland, Italien oder Österreich bereits der Fall ist.

Eine sowohl in Fachkreisen exponierte wie in der gesundheitspolitischen Meinungsbildung in Deutschland und der Schweiz maßgebende Rolle spielt dabei der in Bern arbeitende Professor und Psychotherapieforscher Klaus Grawe. Während er noch 1988 für eine spezifischere psychotherapeutische Einzelfallforschung eintrat (Grawe 1988) und die Untersuchung unterscheidbarer Prozesse in der Psychotherapie für wesentlich hielt, verlegte er mit der Metaanalyse *Psychotherapie im Wandel* (Grawe et al. 1994) den Schwerpunkt seiner Forschung auf den empirischen Wirksamkeitsnachweis therapeutischer Ansätze und Methoden. Obwohl in diese Analyse nur Studien bis 1983 einbezogen wurden und sie somit hauptsächlich von historischem Wert ist, ließ sich damit Politik machen.

1 *15. Internationaler Kongress für Hypnose*, 2.–7. Oktober 2000, Universität München.

So löste diese Analyse in der deutschsprachigen gesundheitspolitischen und psychotherapeutischen Szene eine bis heute anhaltende Methodendiskussion aus, die die bereits vorhandenen Abgrenzungen eher vertiefte und „uns im deutschsprachigen Raum die Wiederauflage eines Forschungsstils und einer Mentalität beschert, die in der internationalen Psychotherapieforschung längst überwunden ist“ (Fischer et al. 1998, S. 40).

Daran änderte auch nichts, dass Grawe aufgrund seiner Metaanalyse selbst versucht hatte, schulenübergreifende Handlungsbereiche wie „Ressourcenaktivierung“, „Problemaktualisierung“, „aktive Hilfe zur Problembewältigung“ und „motivationale Klärung“ (Grawe et al. 1994) als rudimentäre Wirkfaktoren zu benennen, sie als Grundlage einer neuen „Allgemeinen Psychotherapie“ zu definieren, und dann dafür plädierte, methodenspezifische Abgrenzungen aufzugeben und die in den verschiedenen therapeutischen Ansätzen erworbenen Erfahrungen gemeinsam zu nutzen (Grawe 1995). Unter dem Titel *Psychologische Therapie* (Grawe 1998) veröffentlichte er später ein auf motivationalen Schemata beruhendes Erklärungs- und Therapiemodell psychischer und psychosomatischer Störungen, das die von ihm postulierten Stärken verschiedener Therapieschulen vereinen sowie neuere Ergebnisse der Gehirnforschung in Bezug auf explizites und implizites Gedächtnis mit einbeziehen und somit einen neuen Standard wissenschaftlicher Therapie setzen sollte.

Was auch immer seine Absicht gewesen sein mag, damit hat Grawe erfolgreich eine neue Therapieschule konkurrenzierend neben die bestehenden gesetzt, die nun ihrerseits versuchen, wissenschaftlich nachzurüsten und dagegenzuhalten.

Da die Psychotherapieforschung meist von Universitäten (mit oder ohne Fremdauftrag) oder von Ausbildungsinstitutionen angeregt, betrieben und finanziert wird und nach wie vor in erster Linie auf den Nachweis einer methoden- oder theoriebezogenen Wirksamkeit im Sinne einer gesundheitspolitischen Anerkennung abzielt, werden wohl auch in naher Zukunft statistisch belegbare und vor allem den eigenen Ansatz stützende Forschungsprojekte das Gesamtbild prägen.

Meist steht dabei die Wirksamkeit therapeutischer Techniken bei speziellen Symptomen im Mittelpunkt, obwohl inzwischen bezweifelt werden darf, dass spezifische Techniken und Methoden mehr als 15 Prozent des Therapieerfolgs ausmachen (Miller et al. 2000; Butollo

2000). Darüber hinaus sind das Setting sowie die Vorauswahl von Klienten in experimentellen Studien für die psychotherapeutische Praxis meist wenig relevant. Die bekannten Professoren und Psychotherapieforscher Tschuschke und Kächele (1998) kommen zum Schluss, dass die meisten kontrollierten Studien, die Eingang in Metaanalysen gefunden haben, „ein völlig unzureichendes und falsches Licht auf die Möglichkeiten adäquat angewandter psychotherapeutischer Konzepte und Techniken werfen" (S. 139).

Einen anderen Aspekt greift der an der Universität Köln arbeitende Professor Gottfried Fischer (Fischer u. Fäh 1998) auf. Er verweist auf das so genannte „Äquivalenzparadoxon", welches besagt, dass Therapieverfahren mit deutlich unterschiedlichem Vorgehen, wie zum Beispiel die psychodynamische und die Verhaltenstherapie, annähernd gleich positive Effekte aufweisen (S. 42), möchte daraus aber nicht generell den Schluss ziehen, der psychotherapeutische Heilerfolg beruhe ausschließlich auf „unspezifischen" Wirkfaktoren, wie zum Beispiel positiven Suggestionseffekten oder der therapeutischen Beziehung.

Die Bezeichnung „unspezifisch" bedeute für ihn keine Abwertung, sondern zunächst nur eine Wissenslücke in der bisherigen Therapieforschung. So wird auch der wissenschaftlich wohl am besten gesicherte Wirkfaktor, die therapeutische Beziehung (vgl. auch Grawe et al. 1994; Interview mit H. H. Strupp in diesem Band), für Fischer in seiner „unspezifischen" Allgemeingültigkeit schon fast wieder banal.

Auch für Tschuschke und Kächele (1998) ist die derzeit unbeantwortete und drängende Frage der Psychotherapieforschung die nach der „Spezifität" psychotherapeutischer Verfahren (S. 139). Liegen allen günstig verlaufenden Psychotherapien gemeinsame „unspezifische" Wirkfaktoren zugrunde, oder fehlen bisher geeignete Methoden und Forschungsdesigns, um „spezifische" Wirkfaktoren unterschiedlicher Behandlungskonzepte zu entdecken? Die Autoren lassen dabei offen, inwiefern diese möglicherweise vorhandenen Wirkfaktoren Bestandteil angewandter Behandlungskonzepte sind, ob dieselben Wirkfaktoren in verschiedenen Ansätzen wirksam werden und unter welchen Bedingungen das der Fall sein könnte.

In ihrem „Plädoyer für ein verändertes Forschungsverständnis in der Psychotherapie" werfen Tschuschke und Kächele (1998, S. 160 f.) auch die Frage auf, ob die Dichotomie „spezifisch" versus „unspezifisch" möglicherweise einen Irrweg darstelle und es nach Strupp (1995, zit. nach Zuschke u. Kächele 1998, S. 161) vor allem darum gehe, die Komplexität der menschlichen Beziehung und insbesondere die Fertigkeiten des Therapeuten weiter auszuloten, anstatt nach spezifischen Wirkfaktoren und Techniken zu fahnden.

Dann wäre für sie die Frage, ob Verhaltenstherapie oder Gesprächstherapie oder Psychoanalyse – oder welche Therapieform auch immer – wirksamer wäre, eine falsche Frage.

Dann wäre die Frage, welche Qualitäten und technischen Fertigkeiten des Therapeuten zu erwartenden schwierigen Beziehungsmustern des Patienten adäquat zu begegnen und sie konstruktiv zu wenden gestatten, die einzig richtige.

Beschreibung der Untersuchung

Ausgangslage

Schon seit Jahren beschäftige ich mich mit dem Thema der Kombination von therapeutischen Methoden und Konzepten, aber auch der nötigen Integration eines therapeutischen Ansatzes und des damit verbundenen Weltbilds in den persönlichen, weltanschaulichen, religiösen, sozialen und beruflichen Hintergrund eines Therapeuten. Die Frage, inwieweit die therapeutische Grundhaltung und das jeweilige therapeutische Handeln zur Persönlichkeit eines Therapeuten passen sollten und wie glaubwürdig er damit wirkt, führte mich zu weiteren Überlegungen dazu, inwiefern diese Glaubwürdigkeit einen relevanten oder gar zentralen Wirkfaktor in der Psychotherapie darstellen könnte.

Der Begriff der Glaubwürdigkeit gilt bisher nicht als therapeutischer Fachausdruck und lässt sich auch nicht so leicht abgrenzen von Begriffen wie Plausibilität des therapeutischen Handelns oder „Echtheit" und „Kongruenz". Darüber hinaus dürfte die vom Therapeuten selbst erlebte und erarbeitete Glaubwürdigkeit, falls sie überhaupt ein bewusstes Thema ist, nicht einfach gleichzusetzen sein mit der vom Klienten empfundenen Glaubwürdigkeit eines Therapeuten.

In der Fachliteratur lassen sich vielleicht Aussagen finden, die eine Glaubwürdigkeit des Therapeuten postulieren, wie zum Beispiel Rogers' Variablen der therapeutischen „Echtheit" und „Kongruenz", wenn sie nicht einfach stillschweigend als selbstverständlich vorausgesetzt wird. Es ist aber andererseits auch nicht anzunehmen, dass alle Autoren, die die Glaubwürdigkeit eines Therapeuten nicht artikulieren, sie gleichsam für unwichtig erachten.

Um dieser Fragestellung grundlegender nachzugehen, lag es nahe, ausgewiesene Experten, die auf diesem Gebiet über eine jahrzehntelange Erfahrung und ein reiches, explizites und implizites Wissen und Können verfügen, als Zeugen zu befragen (siehe auch Wintsch 1998).

Eine persönliche Begegnung im Rahmen eines offenen Interviews schien mir aus mehreren Gründen geeigneter als eine schriftliche oder fernmündliche Befragung, auch wenn sie einen ungleich größeren Aufwand bedeutete:

- Der inhaltliche Informationsgehalt ist ungleich größer, da sich das Thema im Gespräch ausweiten, vertiefen, explorieren und auch diskutieren lässt.
- Die Erfahrung und Kompetenz des Interviewers kann besser genutzt werden.
- Eine persönliche Begegnung, eventuell im Umfeld des Gesprächspartners, vermittelt auch Atmosphäre, Beziehungsgestaltung (nonverbale Kommunikation), kommt der therapeutischen Situation näher und hinterlässt einen direkten, subjektiven Eindruck.
- Das Risiko der Ablehnung vonseiten des Interviewpartners ist ungleich höher bei einer mehr oder weniger anonymen und eng strukturierten Befragung.
- Die persönliche Anfrage und ein persönlich geführtes Interview verleihen den Fragestellungen ein größeres Gewicht.
- Das Erlebnis und die Erfahrung des persönlichen Gesprächs ermöglichen einen Veränderungsprozess beim Interviewer, der wiederum in die Untersuchung einfließen kann.

Auswahl der Interviewpartner

Die Auswahl der Interviewpartner repräsentiert die Psychotherapeutenszene nicht im Sinne einer statistischen Verteilung auf therapeutische Schulen, Alter und Geschlecht oder Faktoren wie Engagement und Erfolg. Die Frage nach Wirkfaktoren in der Psychotherapie erfordert im Gegenteil den Versuch, „Extreme", das heißt in diesem Fall ausgewiesene, national oder international bekannte Therapeutenpersönlichkeiten und Pioniere auszuwählen. Ihre Aussagen stehen bereits für sich selbst als Dokumente und erhalten in der vergleichenden Übereinstimmung eine gewisse Allgemeingültigkeit.

Weitere Kriterien waren, dass die Gesprächspartner über eine große praktische Erfahrung als Therapeuten und Ausbilder verfügen, wissenschaftlich tätig waren oder sind oder zumindest publiziert haben und im Laufe ihrer Karriere mehrere Ausbildungen durchlaufen oder selbst neue Ansätze begründet haben.

Innerhalb dieser Vorgaben versuchte ich, eine möglichst große Heterogenität zu erreichen bezüglich soziokulturellem und religiösem Hintergrund, Grundausbildung, therapeutischem Hintergrund, therapeutischer Klientel und Tätigkeitsfeld.

Zu drei Gesprächspartnern hat bereits vorher ein kollegial freundschaftliches Verhältnis bestanden (Farrelly, Kleinhauz, Mrochen). Mit Watzlawick, Fromm und Lempp hatten in einem anderen Kontext früher kurze Begegnungen stattgefunden, Stierlin und Strupp traf ich zum ersten Mal bei der Anfrage und Vereinbarung des Interviews, Gendlin und Madanes erst beim Interview selbst.

Es freut mich ganz besonders, dass alle zehn von mir direkt oder über gemeinsame Kollegen und Kolleginnen angefragten Persönlichkeiten ausnahmslos zu einem Interview bereit waren und mir erlaubten, die Gespräche aufzuzeichnen und wissenschaftlich zu verwenden.

Leider verstarb Viktor Frankl, der ebenfalls ganz oben auf meiner Wunschliste stand, einige Monate, bevor ich mit der konkreten Planung der Untersuchung beginnen konnte.

Die Vorinformation richtete sich nach den gegebenen Möglichkeiten und fand zum Teil schriftlich, zum Teil mündlich, in einigen Fällen telefonisch oder über E-Mail statt. Je nach Bedarf fragten einzelne Gesprächspartner nochmals genauer nach. Die Informationen enthielten in jedem Fall folgende Punkte:

- Es handelt sich um eine wissenschaftlich betreute Arbeit (Dissertation) und um ein Buchprojekt.
- Themen sind Wirkfaktoren in der Psychotherapie, die Qualität von Integration sowie Glaubwürdigkeit und persönlicher Stil von Therapeuten sowie Fragen zur Ausbildung von Psychotherapeuten.
- Falls nicht bereits bekannt, einige Angaben zu meiner beruflichen Tätigkeit und Erfahrung.
- Die Dauer des Interviews wird vermutlich zwischen ein und zwei Stunden betragen.

Durchführung

Die nachfolgende Übersicht zeigt, wann und wo die einzelnen Interviews stattfanden (Anfragen: zehn, Zusagen: zehn).

1. Lempp, 10. November 1997 Stuttgart.
2. Kleinhauz, 28. Januar 1998 Tel Aviv.
3. Mrochen, 3. März 1998 Bern.
4. Farrelly, 19. April 1998 Madison.
5. Fromm, 20. April 1998 Chicago.
6. Strupp, 21. April 1998 Nashville.
7. Gendlin, 23. April 1998 New York.
8. Watzlawick, 22. Mai 1998 Basel.
9. Stierlin, 1. Juni 1998 Tessin.
10. Madanes, 19. Juni 1998 Zürich.

Obwohl es nicht einfach war, über diese Entfernungen, manchmal nur über Drittpersonen, Termine festzulegen und zu koordinieren, konnten die Interviews in einem relativ kurzen Zeitraum von acht Monaten stattfinden. Die Reichhaltigkeit der unterschiedlichen Umgebungen und Situationen, die die Interviews umrahmten, verfestigte jede einzelne Begegnung zusätzlich in meinem Gedächtnis. Unabhängig von dieser Untersuchung begleiten mich seither alle zehn bei meiner therapeutischen Arbeit.

Vor dem ersten Interview wurde ein Gesprächsleitfaden zusammengestellt, der sich vor allem auf die Themen Glaubwürdigkeit, persönlicher Stil und die Qualität von Integration als Wirkfaktoren, Bedingungen, Entwicklungsmöglichkeiten, Vorschläge für die Ausbildung von Therapeuten und Zukunftsvisionen zur Psychotherapie bezog.

Er enthielt auch Fragen über die Rolle von Transparenz und Humor, aber auch die Fragen, welche anderen Faktoren eine wichtige Rolle spielen, wie meine Gesprächspartner für sich selbst eine Therapeutin oder einen Therapeuten auswählen würden und was sie an den Aussagen der anderen Interviewpartner interessieren könnte.

Übergeordnetes Ziel war ein offenes Gespräch, das auch meinen Gesprächspartnern eine explorierende Haltung ermöglichen sollte, in der sich auch neue Gesichtspunkte, Fragestellungen oder Antworten entwickeln konnten.

Bereits das erste Interview mit Lempp zeigte deutlich, dass die Frage nach der Glaubwürdigkeit als Wirkfaktor zu eng und einseitig ausgerichtet war. Die Kernfrage und meist auch einleitende Frage wurde dann bereits im zweiten Interview mit Kleinhauz offener gestellt:

„Was ist – abgesehen von therapeutischen Techniken – aufseiten der Therapeutin, des Therapeuten für eine gute Therapie nötig?“ Oder, salopp formuliert: „Was unterscheidet einen guten Therapeuten von einem schlechten?“

So kann das erste Interview auch als so genannte Pilotstudie gelten. Es wurde aber ohne eine Nachbefragung, die Lempp mir am Ende des Gespräches angeboten hatte, ausgewertet, da es in seiner Reichhaltigkeit durchaus mit den anderen vergleichbar war.

Auswertung

(Die in diesem Kapitel verwendeten Fachbegriffe der qualitativen Therapieforschung sind im Kapitel *Methodik* ausführlich erläutert.)

Sehr hilfreich war das Erstellen von *Memos*, meist nach einem Interview, die im Laufe der Untersuchung zu immer konkreteren „Kodes“ im Sinne der gegenstandsbezogenen Theoriebildung führten. Diese Kodes bildeten später die Basis für die Kategorisierung nach dem Prozess der *induktiven Kategorienbildung*.

Alle Interviews wurden zunächst wörtlich transkribiert, was insgesamt über 220 Seiten Textmaterial ergab.

In einem zweiten Schritt wurden die Interviews so zusammengefasst, wie sie hier abgedruckt sind. Diese *inhaltsanalytische Zusammenfassung* hatte zum Ziel, einen Text zu schaffen, der immer noch ein Abbild des Grundmaterials, aber gut überschau- und lesbar ist. In einem dritten Schritt wurde *jede* inhaltliche Aussage notiert und einzeln auf eine Karte übertragen, die stichwortartig den Inhalt, den Gesprächspartner und die Textstelle festhielt. Auf diese Weise ergab sich eine noch ungewichtete und ungeordnete Gesamtmenge aller inhaltlichen Aussagen, unabhängig davon, ob sie sich auf Wirkfaktoren, die Ausbildung von Therapeuten oder persönliche Eigenschaften bezogen.

Im nächsten Schritt wurden erste Kategorien gebildet (z. B. „Ausbildung“, „therapeutische Beziehung“, „weitere Wirkfaktoren“, „persönliche Eigenschaften") und Aussagen zugeordnet. Dann wurden die Kategorien weiter differenziert und drei Überbegriffen (Oberkategorien) zugeordnet:

1. die Gestaltung der therapeutischen Beziehung und der therapeutischen Wirkung,
2. persönliche Faktoren und Grundhaltung,
3. Ausbildung.

Bei der weiteren Differenzierung der Kategorien wurde immer wieder Bezug zur Gesamtaussage eines Interviews hergestellt im Sinne einer *Rücküberprüfung*, wie sie Bestandteil der *typologischen Analyse* ist, uns es wurden Aussagen der Gesprächspartner miteinander verglichen. Darüber hinaus half der Schritt der *eidetischen Reduktion durch Variation* als Bestandteil der *phänomenologischen Analyse*, Kategorien als *Bedeutungseinheiten* zu erkennen und definieren. Zum Beispiel konnte die „therapeutische Intensität" sowohl als *phänomenologische Bedeutungseinheit* beschrieben werden wie auch als eigene Kategorie identifiziert werden – gemäß *induktiver Kategorienbildung* sehr nahe am Gegenstand formuliert („Es braucht schon eine gewisse Intensität, um etwas bewegen zu können", siehe Interview mit Stierlin) –, identifiziert werden, der dann weitere Aussagen subsumiert wurden. Es fanden sich nicht nur bei allen Gesprächspartnern eine oder mehrere Aussagen zur „Intensität", die auch mit ihrer Gesamtaussage übereinstimmten, sondern gerade die Variation des Kontextes, in der Beschreibungen „therapeutischer Intensität" auftauchten, ermöglichten es, sie als einen eigenständigen Wirkfaktor zu definieren.

Daraufhin wurden die einzelnen Kategorien im Hinblick auf ihre Eigenständigkeit und Trennschärfe, aber auch bezüglich ihres Abstraktionsgrades hinsichtlich des Forschungsgegenstands untersucht und verglichen. Die Kategorien wurden nur dann beibehalten, wenn die Mehrheit der subsumierten Aussagen nicht auch einer anderen Kategorie zugeordnet werden konnte und diese Kategorie ohne Widerspruch durch die Aussagen von mindestens neun Gesprächspartnern gestützt wurde.

Erwähnte Fallbeispiele, die Gesprächsatmosphäre sowie weitere subjektive Eindrücke wurden zusätzlich mit einbezogen, die herausgearbeiteten Kategorien zu stützen oder gegebenenfalls infrage zu stellen.

Für die Beschreibung der Wirkfaktoren werden exemplarische Textstellen zitiert.

Interpretationen, Schlussfolgerungen sowie Definitionen und Perspektiven, die nicht direkt durch Textmaterial gestützt sind, sondern ausschließlich indirekt oder argumentativ abgeleitet wurden, sind transparent und als solche erkenntlich.

Zusammenfassend wurde versucht, eine Anzahl plausibler Fragen mittels einer transparent beschriebenen Untersuchung und Auswertung nach qualitativen Methoden zu beantworten. Die im Folgenden beschriebenen Ergebnisse beziehen ihre Aussagekraft und ihr Verallgemeinerungspotenzial aber auch aus Aspekten der quantitativen Forschung wie der fast hundertprozentigen Übereinstimmung der wichtigsten Aussagen ausgewiesener Experten und der gegebenen Wiederholbarkeit der Untersuchung.

II Die Interviews

Prof. em. Dr. med. Reinhart Lempp

1923 in Deutschland geboren, besuchte er bis zum Zweiten Weltkrieg, in dem er einen Arm verlor, das Gymnasium und begann nach dem Krieg mit dem Studium der Medizin. Er kam 1953 als Assistent nach Tübingen zu Prof. Kretschmer und hatte bald eine leitende Position in der Kinder- und Jugendpsychiatrie. 1968 wurde er ärztlicher Direktor dieser Abteilung und erhielt 1971 den Lehrstuhl für Kinder- und Jugendpsychiatrie an der Universität Tübingen.

Er war Vorsitzender der Deutschen Gesellschaft für Kinder- und Jugendpsychiatrie, die ihn 1997 zum Ehrenmitglied ernannte.

An der Klinik und der Universität bildete er Generationen von Kinder- und Jugendpsychiatern aus, einige seiner Veröffentlichungen gelten als Standardwerke (Harbauer, Lempp, Nissen u. Strunk 1971). Er befasste sich vor allem mit organischen Psychosyndromen im Kindes- und Jugendalter (Lempp 1970), Psychosen und Autismus (Lempp 1992) und setzte sie auch in Beziehung zur gesellschaftspolitischen Entwicklung (Lempp 1997). Aber auch auf dem Gebiet der forensischen Kinder- und Jugendpsychiatrie ist er noch immer ein gefragter Experte (Lempp 1983).

Prof. Lempp ließ sich weder auf empirische Forschung noch auf eine therapeutische Methode festlegen und erwarb sich auf seinem Arbeitsgebiet als so genannter „Eklektiker" eine wissenschaftliche wie therapeutische Pionierrolle.

Reinhart Lempp lebt und praktiziert in eigener Praxis in Stuttgart.

Interview mit Reinhart Lempp

„... ich glaube nicht, dass es entscheidend ist,
welche Theorie und welche Methode man anwendet,
wenn man sich mit seiner Vorgehensweise
wirklich identifiziert."

Reinhart Lempp war mir als Pionier der Kinder- und Jugendpsychiatrie bereits während des Studiums ein Begriff. Persönlich lernte ich ihn jedoch erst am Vorabend zum 2. Basler Kongress „Humor in der Therapie" (1997) kennen. Wir (Michael Titze und ich) hatten ihn eingeladen, um über „Das Lachen des Kindes und der Humor" zu sprechen. Seine zurückhaltende Art, aber auch sein stets durchschimmernder Humor und das bisweilen herzhafte Lachen machten ihn auf Anhieb sympathisch.

Er war der erste meiner ausgewählten Interviewpartner, und ich nutzte die Gelegenheit, ihm mein Anliegen beim Essen zu unterbreiten. Er zeigte sich interessiert und gab mir seine Telefonnummer.

Sechs Wochen später bin ich zum vereinbarten Termin in seiner Praxis in Stuttgart. Er empfängt mich freundlich, wir kommen nochmals kurz auf den Basler Kongress zu sprechen, und ich beginne, etwas unbeholfen, mit meinen Installationen (Tonband). Er kommt mir zu Hilfe, und wir schaffen es gemeinsam, seinen Schreibtisch mehr oder weniger leer zu fegen. Die „Aufräumarbeiten" schaffen eine Art vertraulicher Basis, und das Interview kann schließlich beginnen.

Lempp erinnert sich noch an unser Gespräch in Basel, und wir steigen mit dem Begriff der Glaubwürdigkeit von Therapeuten und Therapeutinnen als möglichem Wirkfaktor ein. *Glaubwürdigkeit ist ein Teil von Übertragung und Gegenübertragung in der therapeutischen Beziehung, ich denke, dass sie auch etwas mit dem Erscheinungsbild wie auch dem Alter des Therapeuten zu tun hat,*[1] beginnt er, seine Erfahrun-

1 Die wörtlich wiedergegebenen Antworten der Interviewten sind in diesem Teil des Buches kursiv gesetzt, der besseren Übersichtlichkeit wegen wird auf Anführungszeichen verzichtet, es sei denn, dass innerhalb der wörtlich wiedergegebenen Antworten Zitate o. Ä. auftreten.

gen darzulegen. Gerade in Situationen seelischer Not traue man einem älteren Therapeuten mehr an Fähigkeiten zu als einem jungen. *Das ist, denke ich, manchmal ungerecht, doch hat man einfach mit weißen Haaren einen gewissen Vorsprung,* meint er schmunzelnd. Andererseits sei es aber auch nachvollziehbar, dass Eltern möglicherweise Vorbehalte haben, wenn ihnen wesentlich jüngere Assistenzärzte gegenübersitzen, die offensichtlich selbst noch keine Kinder und ihre Kenntnisse ausschließlich aus dem Lehrbuch haben. Wenn man sichtbare Erfahrung ausstrahle, sei somit schon von vornherein eine gewisse Glaubwürdigkeit gegeben, auf die sich Patienten positiv und erwartungsvoll einstellen könnten.

Diese Glaubwürdigkeit könnte höchstens später erschüttert werden, während ein anderer sie sich aber erst erarbeiten müsste.

Diese Art Vorschuss auf das Vertrauen wie auch gewisse rituelle Handlungen oder bestimmte Testverfahren, die in erster Linie die positive Erwartungshaltung und den Glauben in die Fähigkeit des Psychiaters oder Therapeuten erhöhen sollen, *halten nicht lange oder werden erst haltbar, wenn die Patienten – in meinem Falle meist die Eltern – merken, dass man ihre Sorgen und ihr Kind wirklich ernst nimmt, sie versteht und auch nicht überfordert.* Viele Therapeuten neigten dazu, das schlechte Gewissen und die Schuldgefühle noch zu verstärken. Hinter diesen Insuffizienzgefühlen der Eltern stehe im Grunde der Wunsch, eine Bestätigung dafür zu erhalten, eigentlich doch nicht so schlecht zu sein. *Wenn man darauf nicht eingehen kann, sondern in der Funktion eines Richters bleibt, der alles besser weiß, dann wächst daraus keine Glaubwürdigkeit und kein Vertrauen.*

Ebenso wichtig sei es, die eigene Unsicherheit nicht völlig zu verleugnen, erkennen zu lassen, *dass man selbst sozusagen auch auf der Suche nach dem Weg ist. Ich glaube, wenn Routine spürbar wird, wenn man auftritt als jemand, der ganz genau weiß, wie er vorgeht, schwindet die Glaubwürdigkeit.* Nach seiner Erfahrung möchte schließlich jeder Patient als einmaliger Fall gesehen werden, *denn man ist sich selbst ja immer ein einmaliger Fall.* Bei banalen körperlichen Erkrankungen könne es oft hilfreich sein, zu merken, das ist nicht einmalig, das haben andere auch, damit kann ich fertig werden, meint Lempp, aber *im Psychischen, denke ich, gibt es keine gleichen Fälle, da ist jeder anders und möchte auch einzeln bewertet werden,* da wirke Routine eher störend.

Allerdings müsse man hier differenzieren zwischen Erfahrung und Routine. *Routine macht ja immer deutlich, in diesem Fall muss ich mich nicht groß anstrengen, das kann ich schon, mach ich mit links.* Wenn der Patient dagegen merke, der Therapeut beschäftigt sich ernsthaft mit ihm und kann auf eine große Erfahrung zurückgreifen, *das kann die Glaubwürdigkeit durchaus fördern und sehr hilfreich sein.* Von morgens 8.00 bis abends 20.00 Uhr Stunde um Stunde, wie einige Kollegen, könne er nicht arbeiten, erläutert Lempp, *denn das kann man eigentlich nur mit Routine machen.*

Besonders in der Arbeit mit Kindern und Jugendlichen sei es äußerst wichtig, nicht nur schweigend zuzuhören, sondern sich persönlich einzubringen, sich zu engagieren und zu reagieren. Die klassische Psychoanalyse sei deshalb für ihn *keine einleuchtende Technik, aber sie ist eine wichtige Theorie.* Auch Transparenz spiele eine gewichtige Rolle, zum Beispiel offen zu zeigen, dass es selbst für den erfahrenen Therapeuten Fragen und neue Herausforderungen gebe, denn *es steckt auch eine gewisse Gefahr darin, alles aufgrund von Erfahrung abhandeln und in Klassifikationen einteilen zu wollen,* gerade auch, wenn man mit Kindern, Jugendlichen und ihren Eltern arbeite: *Ich sage schon den Kindern, was wir jetzt besprechen, bleibt unter uns. Deine Eltern wollen nachher etwas von mir wissen, aber ich frag dich vorher, was ich sagen darf und was nicht.* Gleichzeitig könne er den Kindern und Jugendlichen so vermitteln, dass sie ein Recht auf eigenes Erleben und eigenes Empfinden haben und den Eltern nicht immer Rechenschaft schuldig sind. Auch wenn zunächst oft ein begründetes und verständliches Misstrauen gegenüber dem Therapeuten bestehe – schließlich kämen die meisten Kinder ja nicht aus eigenem Willen –, so sei es doch auf diese Art meist nicht schwer, eine Beziehung aufzubauen, *weil sie im Grunde genommen hungrig sind nach einer Person, der sie vertrauen können. Dann zumindest muss man furchtbar aufpassen, sie nicht zu enttäuschen.*

Wir kommen auf seinen eigenen Werdegang als Therapeut zu sprechen und darauf, dass er sich selbst oft als Eklektiker bezeichnet habe. *Es gab Zeiten, da war Eklektizismus beinahe ein Schimpfwort,* beginnt er dieses Thema, *und ich habe es auch nicht so verstanden, dass ich auf allen Klavieren spielen kann, mir einfach eine Methode raussuche, die ich dem Patienten überstülpe.* Vielmehr habe er versucht, aus verschiedenen Richtungen, Theorien und Methoden *ein mir gemäßes Vorgehen zu entwickeln,* und illustriert seinen Standpunkt: *Ich denke, ein Verhaltenstherapeut, der nicht gleichzeitig merkt, welche Rolle Übertragung und Gegenübertragung auch bei Verhaltenstherapien spielen, der handelt als*

Roboter, umgekehrt zielt auch ein Analytiker nicht weit, der nicht merkt, dass er mit seinen Reaktionen positiv oder negativ verstärkt.

Gerade bei der Arbeit mit Jugendlichen wie auch bei bestimmten Diagnosen genüge es nicht, mit einem einzigen Ansatz zu arbeiten. Deshalb habe er Eklektizismus immer schulenübergreifend verstanden und dabei stets, wie auch in der Supervision oder Balint-Gruppe, von anderen gelernt: *Ich glaube auch nicht, dass es entscheidend ist, welche Theorie und welche Methode man verwendet, wenn man sich mit seiner Vorgehensweise wirklich identifiziert, das ist auch ein Teil der Glaubwürdigkeit.*

Es geht Lempp aber vor allem darum, *dass ich das nicht benutze wie eine angelernte Technik, sondern als etwas, was auch meiner Persönlichkeit entspricht*, und ihm darüber hinaus ermöglicht, *mit meinem Ansatz unmittelbar am Problem des Patienten zu bleiben, der sich von mir verstanden fühlen muss.*

Er nennt als Beispiel den Ansatz der Provokativen Therapie: *Diese Art, die sicher in vielen Fällen hilfreich ist, passt aber nicht zu meiner Person, ich bin nicht provokativ. Ich will nicht sagen, dass ich das nicht lernen könnte, versuchen könnte, bis ich weiß, wie man das macht, aber ich kann nicht damit rechnen, dann glaubwürdig zu sein.*

Lempp unterstreicht nochmals die Übereinstimmung einer Technik oder eines Ansatzes mit der Persönlichkeit des Therapeuten: *Das heißt, dass doch meine Persönlichkeit auch die therapeutischen Techniken verändert, bei mir und durch mich verändert. Wenn ich sie anwende, sind sie nicht mehr lehrbuchgerecht, sondern verfälscht, aber dann stimmig für mich*, und daraus resultiere Wohlbefinden bei der Arbeit. Natürlich mache nicht jede Therapie gleich viel Spaß, sei die therapeutische Arbeit je nach Patient oder Symptomatik unterschiedlich schnell und nicht immer gleich erfolgreich und müsse aus therapeutischer Sicht eine bestehende negative Gegenübertragung überwunden und bewältigt werden, doch bestünden nach Lempps Einschätzung auch hier Grenzen, mit wem man gut arbeiten könne und mit wem nicht. Die Forderung, der Therapeut müsse in der Übertragung alles darstellen können, die Mutter, den Vater, die Schwester oder die Ehefrau, *diese Forderung ging mir eigentlich zu weit, von der Theorie her kann man das gut postulieren, aber in der Praxis grenzt das schon ans Schauspielerische.*

Für Lempp steht eindeutig die therapeutische Beziehung im Mittelpunkt: *Ich bin davon überzeugt, dass die Beziehung zwischen Therapeut und Patient das eigentlich Wirksame ist und nicht das Wissen des Patienten darüber, woher es nun kommt* (Gegenübertragung), *das nützt wenig, und es reicht auch nicht, dass ich als Therapeut damit geschickt umgehe.* Es komme vor allem darauf an, *dass ich mich damit identifizieren kann, was ich mit dem Patienten tue, was ich von ihm verlange oder was ich ihm sage.* Darin komme letztendlich Ernsthaftigkeit und Glaubwürdigkeit zum Ausdruck, die eine Voraussetzung für die Beziehung und damit auch für den therapeutischen Erfolg darstellten: *Wenn ich dem Patienten seine Verhaltensweisen aufzeigen, ihm etwas aktiv deutlich machen kann, dann ist auch das an sich nicht wirksam, sondern wirksam ist, dass er merkt, dass es mir ernst ist und ich mich um ihn bemühe.* Dies ermögliche schließlich Therapeut und Klient so etwas wie gemeinsame Erfahrungen miteinander.

Die momentane persönliche Situation und damit die Gestimmtheit des Therapeuten spiele auch eine Rolle: *Ich kann mir schlecht vorstellen, wie man ein guter Therapeut sein kann, wenn man in einer ähnlichen Situation ist wie der Klient,* meint Lempp und fährt fort: *Ich könnte mich belastende Probleme nicht einfach an der Haustüre abgeben oder sie einfach wegschließen, sondern muss dann irgendwie – meist sind es Phasen – damit umgehen.*

Die Psychoanalytiker dächten, dass man durch die Lehranalyse mit den mitgebrachten oder mitgeschleppten Problemen umzugehen gelernt habe. *Aber,* fügt er schmunzelnd an, *ich kenne durchaus Analytiker, die auch nach einer Lehranalyse schwierig im mitmenschlichen Umgang geblieben sind.* Ebenso wichtig sei es, sich als Therapeut nicht für alle Neurosen und psychischen Störungen kompetent und zuständig zu fühlen und sich auch die Freiheit zu nehmen, Patienten abzulehnen oder weiterzuverweisen, ohne gleich analysieren zu müssen, warum. Diese Freiheit sei durchaus ein Kriterium für sein Wohlbefinden als Therapeut.

In Institutionen gebe es dafür meist die Möglichkeit, Patienten nach gewissen Kriterien zuzuteilen.

Wir kommen auf die Ausbildung von Therapeuten zu sprechen. Er habe seine Zweifel, überlegt Lempp, ob Psychotherapie wirklich in dem Sinne lehrbar sei, *dass ich sagen kann: Du musst dies und das lernen und ein Praktikum machen, und dann kannst du es, sondern es wächst vielmehr aus der Erfahrung.* Dafür sei es notwendig, sich begleiten und korrigieren zu lassen, *selbst wenn man noch so erfahren ist.* Er habe es immer wieder erlebt, *wenn man selbst den Schlüssel nicht findet, dass Außenstehende* (Kollegen) *im Rahmen von Supervision oder Teamgesprä-*

chen ihre Intuition und ihre Empfindungen einbrachten und damit ein neues Bild ermöglichten. Hier bestehe eine gewisse Gefahr, wenn man allein arbeite. Dieses begleitete Lernen, zunächst durchaus in einem Lehrer-Schüler-Verhältnis im traditionellen Sinne, halte er für besser als eine lange theoretische Schulung: *Theorie ist als Basis notwendig, aber das Praktische erscheint mir doch wichtiger.*

Zur Lehranalyse oder Selbsterfahrung als vorgeschriebenem Element der Ausbildung hat er eine skeptische Haltung: *Dass ich nun stunden- oder jahrelang über mich selbst nachdenke, davon bin ich nicht überzeugt, da werde ich selbst viel zu wichtig dabei.* Darüber hinaus gehe es hier mehr um Machtstrukturen innerhalb eines „Ordens" wie auch um „Abwehrmechanismen" gegen eine andrängende Flut von Interessenten als um fachlich begründete Ausbildungselemente. *Balint-Gruppen finde ich viel besser, da sie am Fall arbeiten, aber immer auch den Therapeuten und seine Rolle mit einbeziehen.*

Prinzipiell plädiert er für eine individuellere Ausbildungsgestaltung: *Es müsste eigentlich so sein, dass man zunächst von vielen Ansätzen in der Theorie erfährt, bis man merkt, was einem näher liegt und sympathisch ist, zum Beispiel kann einem auch die Person des Lehrers sympathisch sein.* Zur Vertiefung könnte er sich vorstellen, *dass ein erfahrener Psychotherapeut sozusagen Lehrlinge annimmt, denen er nach und nach auch Patienten anvertraut und sie als Supervisor begleitet, bis zu einer Art Abschlussprüfung.* Das könne, wie in einem Meisterbetrieb auch den Patienten gegenüber ganz transparent gestaltet werden.

Mit dieser Einstellung wendet er sich klar gegen Bestrebungen von Verschulung: *Deswegen darf es nicht so sein, dass ich um des Prinzips willen an einer bestimmten Lehre und ihrer Technik festhalte, wenn ich inzwischen merke, da könnte ich, davon abweichend, viel mehr und auch Besseres erreichen,* und gegen ein Diktat empirischer „Erfolgsberechnungen" nach Grawe: *Ich habe den Eindruck, dass das alles viel zu technisch ist und die Persönlichkeit des Therapeuten eine relativ geringe Rolle spielt.*

Letztendlich müsse sich jeder Therapeut die seiner Person gemäße Therapieform im Laufe der Zeit erarbeiten, vieles kennen lernen und einiges wieder weglegen, wie er selbst zum Beispiel Hypnose ausprobierte: *Ich bin damit nicht weit gekommen, das lag wahrscheinlich an mir.* In diesem Sinne sollte die Entwicklung der Therapeuten für ihn mehr im Zentrum stehen, analog zur Entwicklung der Patienten. Eine mehr „therapeutenzentrierte" Ausbildung sei erforderlich, in der jeder seine Form finden und ein gewisses Spektrum von Bedürfnissen abdecken kann.

Für Lempp ist das einzig gültige Erfolgskriterium: *Sind die Klienten zufrieden oder nicht?* Selbst wenn das Symptom unverändert weiterbestehe, könne es sein, *dass der Patient sagt, das hat mir geholfen, das hat mich weitergebracht.* Dies sei natürlich auch für die Krankenkassen, die je nach Symptomatik eine gewisse Stundenzahl festlegen möchten, nicht angenehm, doch *denke ich, dass das subjektive Erleben der Patienten das einzige Kriterium sein kann.*

Abschließend bekundet Lempp auch sein Interesse, die weiteren Interviews zu lesen. Es interessiere ihn, wie sehr sich andere Therapeuten an der Technik oder an der Empathie orientieren werden. Auch die Frage nach einer mehr therapeutenzentrierten Ausbildung beschäftigt ihn. Das Thema „Glaubwürdigkeit als Wirkfaktor", das ich bei diesem ersten Interview als Rahmen vorgegeben habe, empfand er als anregend. *Ich habe jetzt in unserem Gespräch auch einiges darüber gelernt, und ich denke, dass es auch ein wichtiges Thema ist.* Andererseits sei er sich nicht sicher, *ob Sie es vielleicht nicht ein wenig zu eng fassen. Übertragung, Beziehung, Vertrauen und andere Begriffe spielen da einfach mit rein.* Je nach Verlauf der weiteren Interviews sei er gerne bereit, ergänzende Fragen zu beantworten.

Nach zwei Stunden mache ich mich wieder auf den Heimweg und lasse die unkomplizierte, ernsthafte und doch stets auch humorvolle Art dieses Gespräches angenehm nachwirken.

Moris Kleinhauz, M. D.

Geboren 1927 und aufgewachsen in Chile, emigrierte Moris Kleinhauz nach dem Medizinstudium 1952 nach Israel. Nach seiner Spezialisierung als Facharzt für Psychiatrie (1961) war er Direktor verschiedener medizinischer Abteilungen und Dozent an mehreren Departements der Universität Tel Aviv. Er organisierte und präsidierte internationale Kongresse und gilt als Pionier der Hypnose und Hypnotherapie in Israel. Er ist Mitglied verschiedener wissenschaftlicher Beiräte und Autor von über 50 wissenschaftlichen Publikationen auf den Gebieten der Psychosomatik und Psychotherapie (Kleinhauz 1985), Psychotraumatologie (Behandlung von Kriegstraumata: Kleinhauz u. Solomon 1994) und Zahnmedizin (Behandlungsvorbereitung, Schmerzkontrolle, Bruxismus: Eli, Kleinhauz a. Bar-Gil 1983) sowie Hypnose- und Verhaltenstherapie.

Moris Kleinhauz war maßgebend an der gesetzlichen Regelung der Anwendung von Hypnose in Medizin und Psychologie in Israel beteiligt (Kleinhauz 1991) und erhielt 1998 den „Pierre Janet Award for Clinical Excellence" der ISH, International Society of Hypnosis.

Heute lebt und arbeitet Moris Kleinhauz in Tel Aviv. Er führt eine private Praxis, leitet eine ambulante Abteilung für Psychosomatik an der Universitätsklinik, ist Dozent an der Universität Tel Aviv und international als Ausbilder tätig.

Interview mit Moris Kleinhauz

„Mit dem Verständnis,
das aus detektivischer Beobachtung entsteht,
und Sinn für Humor entwickelst du sofort
Empathie und damit eine tragfähige Beziehung."

Ich lernte Moris Kleinhauz 1992 in Jerusalem kennen. Als Mitbegründer und langjähriger Präsident der israelischen Hypnosegesellschaft organisierte er den 12. Kongress der „International Society of Hypnosis". Seine unkonventionelle Art der therapeutischen Arbeit hatte mich neugierig gemacht, und so nahm ich seine Einladung zu Studienaufenthalten gerne an und besuchte ihn 1993 und 1994 jeweils für eine Woche in Tel Aviv, wo ich auch seine Familie und seine Arbeitskollegin kennen lernte. Weitere Treffen bei internationalen Kongressen und ein Aufenthalt in Zürich führten nach und nach zu einer freundschaftlichen Beziehung.

Meine telefonische Anfrage freute ihn sehr, nicht zuletzt, da sie auch einen weiteren Besuch in Tel Aviv bedeutete. Wie bei meinen früheren Aufenthalten begleitete ich ihn durch seinen Arbeitstag. Neben der Praxis, die er zusammen mit Viorica Delano führt, praktiziert er seit einigen Monaten wieder einen Tag pro Woche psychosomatische Medizin an der Universitätsklinik in Tel Aviv. Während ich die in Englisch geführten Gespräche inhaltlich mitverfolgen konnte, gaben mir die in hebräisch geführten wieder die Gelegenheit, mich ausschließlich auf die nonverbale Kommunikation zu konzentrieren.

Nach einem Vorgespräch über meine Anliegen planten wir das Interview für den dritten Abend. Auf Moris Kleinhauz' Wunsch fand es in Anwesenheit und in der Wohnung von Viorica Delano statt.

Das Erste, was ein Psychotherapeut haben sollte, ist Wissen/Verständnis (knowledge)", beginnt Moris auf meine Frage, was aufseiten des Therapeuten für eine erfolgreiche Therapie nötig sei, und erläutert: *Ein Wissen, ähnlich dem, das Sherlock Holmes als Intuition in der Detektivarbeit fordert. Die aktive therapeutische Arbeit ist gar nicht so verschieden: Suchen nach Hinweisen (cues), Folgerungen daraus ziehen und das Rätsel (mystery), in diesem Fall das Problem des Patienten, lösen.*

Für Moris sollte ein Psychotherapeut möglichst ähnlich denken wie Sherlock Holmes. *Die Wissenschaft von Analyse und Schlussfolge-*

rung, wie Conan Doyle es nannte, man muss auf die Fakten achten, sie analysieren und die verschiedenen Möglichkeiten ableiten.

Dabei spiele Empathie eine wichtige Rolle, sie lasse sich aber nicht von der Intuition trennen. *Empathie basiert auf Intuition, wie kann ich meine Patienten emotional verstehen, mitfühlen oder, wie Erika Fromm es einmal ausdrückte, quasi in ihren Schuhen laufen, wenn nicht durch Intuition?* Intuition sei für ihn ein zentraler Begriff, weil er auf Verständnis, Erfahrung, Neugierde und Fachwissen (learning) gegründet sei. *Ein guter Therapeut muss meines Erachtens zumindest über Wissen, Neugierde, Intuition, Empathie, Erfahrung und Empfindsamkeit verfügen*, fasst Kleinhauz das bisher Gesagte zusammen und betont, dass ein Therapeut natürlich auch Sinn für Humor haben sollte. Es gäbe noch vieles mehr zu nennen, doch dies seien für ihn die wichtigsten Voraussetzungen.

Vielleicht noch, fügt er an, *eine gewisse Flexibilität im Denken und der Fähigkeit, die eigenen Vorannahmen zu ändern, den Tatsachen anzupassen.* Diese Flexibilität müsse auch darin zum Ausdruck kommen, nicht nur einem theoretischen Konzept verhaftet zu sein: *Wenn du ausschließlich im psychoanalytischen oder behavioristischen oder systemischen Rahmen denkst, bist du nicht flexibel. Du solltest beispielsweise hypnotherapeutische, verhaltenstherapeutische und familientherapeutische Techniken beherrschen und sie entsprechend den Bedürfnissen des Patienten kombinieren können.* Zwar bestehe hier eine gewisse Gefahr der Oberflächlichkeit, zu sehr in die Breite und zu wenig in die Tiefe zu gehen, doch mache dies gerade den guten Therapeuten aus, wirkungsvoll Techniken des einen Ansatzes mit einem anderen Ansätzen kombinieren zu können.

Er selbst habe, wie alle Therapeuten damals, mit dem psychodynamischen Ansatz begonnen. *Als ich dann anfing, mit Hypnose zu arbeiten, hatte ich ein neues Werkzeug in der Hand und begann, es weiterzuentwickeln. Ich war neugierig, was ich damit erreichen könne. Auf diese Weise beginnst du zu kombinieren, es ist auch eine historisch bedingte Entwicklung.*

Kleinhauz lässt kurz die für ihn wichtigsten Abschnitte in der Geschichte der modernen Psychotherapie Revue passieren, die auch in etwa seine eigene Entwicklung als Therapeut widerspiegeln: zunächst die suggestiven Behandlungsansätze von Bernheim, Liébault und Coué, bei denen in Entspannung und Hypnose Suggestionen für Veränderung und Heilung gegeben wurden.

Dann der zweite Schritt, Breuer und Freud, mit der dynamisch-kathartischen Therapie der Psychoanalyse und all den verwandten Ansätzen, wie zum Beispiel Gestalttherapie oder Transaktionsanalyse, die im psychoanalytischen Denken, dass Gefühle die Hauptursache von Störungen seien, verwurzelt sind.

Wenn auch mit anderen Techniken, zielten die humanistischen Therapien, wie die Klientzentrierte Therapie, ebenso darauf ab, Gefühle zu bearbeiten, während sich die Kognitive Verhaltenstherapie auf die Gedanken konzentriere und die systemischen Ansätze auf Interaktions- und Beziehungsmuster.

Als junger Arzt, erinnert sich Kleinhauz, *begann ich, zum Beispiel bei Schmerzen und zur Geburtsvorbereitung mit spezifischen und unspezifischen Suggestionen zu arbeiten, später benutzte ich Hypnose im Rahmen des dynamisch-analytischen Ansatzes, um Verdrängtes zu erinnern, und kombinierte sie schließlich auch mit kognitiver Therapie. Ich nenne das Integration, Techniken des einen mit anderen Ansätzen zu verbinden.*

Auf meine Frage nach Kriterien für dieses integrative Arbeiten stehen für Kleinhauz klar die Bedürfnisse und Konflikte des Patienten im Vordergrund. Natürlich sollte ein guter Therapeut mit Methoden arbeiten, die ihm vertraut und somit auch leicht anwendbar sind. Auf welche Art der Therapeut beginne und die Therapie gestalte, sei für ihn ein intuitiver und meist erst im Nachhinein bewusst erklärbarer Prozess, der *von selbst ins Fließen kommt: Es beginnt meist am Telefon, wo du bereits eine Beziehung anbahnen kannst und einen ersten Einstieg. Wenn du den Patienten dann zum ersten Mal siehst und ihm zuhörst, bekommst du einen Eindruck von seiner Persönlichkeit, seinen emotionalen Bedürfnissen und Problemen.*

Die therapeutische Vorgehensweise entwickle sich analog eines Flussdiagramms, erläutert Kleinhauz. Um für ein Symptom oder eine Krankheit den angemessen Behandlungsansatz zu finden, müssten verschiedene Faktoren berücksichtigt werden: genetische, psychische und somatische, die ihrerseits wieder in ihrer Art und Entstehung differenziert werden sollten. *Die Unterscheidung gefällt mir eigentlich nicht, aber in dieser Phase ist sie notwendig*, meint er und fährt fort: *Bei den somatischen Faktoren zum Beispiel müssen wir zwischen biologischen und physiologischen unterscheiden, zwischen Veränderungen von Funktionen und Veränderungen von Gewebe sowie möglichen Wechselwirkungen. Eine physiologische Veränderung, wie zum Beispiel Bluthochdruck, führt, wenn sie über längere Zeit anhält, auch zu biologischen Veränderungen.*

Auch bei den psychologischen Faktoren sei eine Differenzierung nötig: *Eine mehr emotionale Thematik bedingt mehr ein analytisch-gesprächstherapeutisches, eine mentale mehr ein kognitiv-verhaltenstherapeutisches Vorgehen.* Da sich alle Faktoren gegenseitig beeinflussten, entstehe ein Wirkungskreis, kommentiert Kleinhauz und erläutert: *Wenn du dich körperlich schlecht fühlst, beginnst du, darüber nachzudenken und dich auch schlecht oder deprimiert zu fühlen, alle Faktoren können sich gegenseitig beeinflussen.* Dazu kämen soziale Faktoren und Umwelteinflüsse, die physiologische, biologische und psychische Probleme verursachen könnten: *So ergibt sich ein sozio-bio-psychologisches System, wie ich es nenne, das ich bei jedem Patienten zu Beginn evaluieren muss. Wenn ich den Eindruck habe, das Problem liegt mehr im physiologischen Bereich, beginne ich vielleicht mit Tiefenentspannung und benutze Imagination und Metaphern, um erste Veränderungen anzubahnen.*

Wichtig sei es vor allem, nach dem sozusagen schwächsten Punkt der Pathologie, der Achillesferse, zu suchen, *wo ich am schnellsten und wirkungsvollsten intervenieren kann. Ist es im Familiensystem, beginne ich mit Familientherapie, sind es Verhaltensmuster, dann mit Verhaltenstherapie, denn Veränderungen führen zu weiteren Veränderungen.* Diese komplexe Sichtweise ermögliche ein sehr differenziertes, aber auch variables Vorgehen. *Jeder Therapeut hat sein eigenes Instrumentarium, um diese Punkte zu klären. Die Evaluation kann Stunden oder auch nur Minuten dauern, aber ich kann nicht mit der Therapie fortfahren, ohne ein einigermaßen vollständiges Bild zu haben.*

Viele Informationen erhält Kleinhauz durch exakte Beobachtung. Bewegungen, Kleidung, Schmuck, jede Kleinigkeit könne ihm Informationen liefern. *Beobachten, folgern und analysieren, ich schaue, wie ein Bart gepflegt ist, pedantisch genau oder nachlässig, ich achte auf die Schuhe oder die Armbanduhr und bekomme so eine Menge an Informationen, die ich nicht erst erfragen muss, aber verwenden kann.* Wenn er zum Beispiel einen Patienten in der ersten Sitzung aufgrund seiner Beobachtungen auf dessen Sinn für Ästhetik anspreche oder ihn frage, wie weit sein Perfektionismus mit den angesprochenen Problemen in Zusammenhang stehe, *erzeugt dies sofort ein intensives Gefühl, verstanden zu werden, weil es den Tatsachen entspricht. Mit dieser Art von Verstehen und etwas Sinn für Humor entwickelt sich Empathie und damit eine tragfähige Beziehung, in der die Patienten beginnen, Vertrauen zu entwickeln, und das ist das Wichtigste, die Fähigkeit zu einer guten therapeutischen Beziehung.*

In einem Erstgespräch könne es andererseits ebenso wichtig sein, dass der Therapeut nur zuhöre. Letztendlich führe es zum Vertrauen seiner Patienten in ihn und dazu, ihre tieferen Bedürfnisse zu erkennen, zu verstehen und ihnen weitgehend zu folgen, *dann können sie dir nicht „nicht vertrauen"*.

Lange Zeit sei ihm nicht bewusst gewesen, dass er mehr und auf andere Art beobachte als die meisten Therapeuten. Erst in Gesprächen mit Kollegen sei er darauf aufmerksam geworden und habe darüber auch mit Milton Erickson, dessen außergewöhnliche Beobachtungsgabe von allen bewundert wurde, diskutiert: *Wir fanden viele Gemeinsamkeiten. Wir sind beide farbenblind, ebenso amusisch, das heißt, wir können keine Melodien, erkennen und unsere Geschmacks- und Geruchssinne sind stark reduziert.* Vielleicht, vermutet Kleinhauz, habe er seine Beobachtungsgabe kompensatorisch entwickelt und sei es bereits in seiner Kindheit sein Weg gewesen, zusammen mit Einfühlungsvermögen und Humor überhaupt Zugang zu seiner Umwelt zu finden und akzeptiert zu werden.

Während es in der Regel die therapeutische Beziehung beschleunige und vertiefe, Beobachtungen und Folgerungen auch auszusprechen, und dies für Patienten einen Beweis für das intensive Interesse vonseiten des Therapeuten darstelle, könne es bei paranoiden und schwer narzisstischen Patienten aber auch die Angst auslösen, der Therapeut lese ihre Gedanken.

Glaubwürdigkeit und Authentizität des Therapeuten sind für Kleinhauz ebenso zentrale wie selbstverständliche Faktoren. Viorica Delano erläutert, er wirke stets fürsorglich, aber authentisch: *Selbst wenn er eine fürchterliche Person als liebevoll bezeichnet, wirkt er glaubwürdig, weil er in diesem Moment wirklich davon überzeugt ist und das Liebevolle in diesem Menschen sehen kann*, und Kleinhauz ergänzt: *Ich kann einem Patienten sagen, dass er heute wirklich schlecht aussieht, oder einen anderen fragen, ob er sich nicht für sein immenses Übergewicht schäme. Ich bin einfach aufrichtig, und die Patienten fühlen sich so verstanden.*

Auch in der Ausbildung legt er großen Wert darauf, diese Ernsthaftigkeit in der therapeutischen Beziehung durch Erfahrung zu vermitteln: *Wir behandeln die Teilnehmer so respektvoll wie unsere Patienten und demonstrieren viel. Es passiert häufig, dass Gruppenteilnehmer zunächst überrascht reagieren: Wie kannst du solche Dinge bereits im ersten Interview fragen oder ansprechen?, während mich die Person in der Patientenrolle als sehr einfühlsam erlebt und sich verstanden fühlt.*

Für Kleinhauz ist die Ausbildung von Therapeuten generell zu sehr auf den jeweiligen Ansatz eingeengt. *Man sollte Studenten den größtmöglichen Freiraum lassen, denn jeder hat seine eigene Art, zu lernen. Wenn man sie in Techniken einsperrt, wird man ihnen nicht gerecht. Ich würde einen eher zwanghaften Therapeuten etwas anderes lehren als einen sehr intuitiven, einen sehr rational orientierten etwas anderes als einen mehr emotional handelnden Therapeuten.*

Die Persönlichkeit des lernenden Therapeuten sollte höhere Priorität haben als theoretische Ansätze und Techniken. Er erinnert sich an seinen ersten Vorgesetzten in einer psychiatrischen Klinik: *Es war für mich als Autodidakt die beste Ausbildung, die ich je hatte. Er sagte zu mir: Du kannst tun, was immer du für richtig hältst, ich werde nur dann intervenieren, wenn ich den Eindruck habe, dass du deinen Patienten schadest*, und meint nachdenklich: *Jeder braucht eben etwas anderes, um zu lernen.*

Angesprochen auf die Bedeutung von Selbsterfahrung, erzählt er schmunzelnd, wie er sich bei einem renommierten Analytiker und Schüler von Freud um eine Lehranalyse bewerben musste. Damals sei das in Israel der übliche Weg gewesen, als Psychotherapeut ausgebildet zu werden, und darüber hinaus die Bedingung für seine erste Anstellung. *Ich wollte diese Stelle, und es blieb mir nichts anderes übrig. Nach dem ersten Interview teilte er mir mit, dass er mich als Analysand akzeptiere und sich bei mir melde, sobald ein Platz frei werde. Er meldete sich nicht, und ich fragte nicht nach – etwas Besseres hätte mir nicht passieren können*, meint er rückblickend.

Er habe auch später nie eine Selbsterfahrung oder Therapie begonnen und wehrt sich auch hier gegen rigorose Vorschriften. *Es gibt Künstler, die eine technische Ausbildung benötigen, und andere, deren Arbeit dadurch zerstört würde*, vergleicht er und plädiert dafür, die Entscheidung darüber jedem Einzelnen zu überlassen. *Jeder Therapeut sollte selbst herausfinden und entscheiden, wie viel Supervision und Therapie er braucht.* Andererseits könne man es nicht alleine den angehenden Therapeuten überlassen, wann sie ihre Ausbildung als abgeschlossen betrachten, und generell fordert Kleinhauz ein breites Grundlagenwissen, aufbauend auf einem Studium der Medizin, Psychologie oder klinischer Sozialarbeit: *Sie sollten die Basisliteratur der wichtigen Schulen studieren, lieber ein Buch richtig als zehn oberflächlich. Und natürlich Sherlock Holmes. Die Entscheidung, wie viel Selbsterfahrung und Supervision, würde ich schon deshalb offen lassen, da ich*

Kollegen kenne, die mit zehn Jahren eigener Therapie immer noch schlechte Therapeuten sind, andererseits welche mit keiner oder minimaler Selbsterfahrung, die sehr gut arbeiten.

Auf meine Frage, nach welchen Kriterien er einen Therapeuten für sich oder eine nahe stehende Person auswählen würde, meint er spontan: *Für mich selbst, das kann ich mir nicht vorstellen, mir selbst helfen zu lassen gehört nicht zu meiner Persönlichkeit.* Er gesteht ein, *das konnte ich nicht mal nach einem Herzinfarkt zulassen. Für meinen besten Freund müsste es jemand sein mit Sinn für Humor, Sensibilität und Empathie und Intuition, mit all den anfangs erwähnten Eigenschaften. Aber im konkreten Fall,* meint er nachdenklich, *wäre es sehr schwierig, auf jemand zu vertrauen, außer auf Viorica.*

Kleinhauz übernimmt einen großen Teil der Verantwortung in seinen Therapien: *Ja, ich übernehme Verantwortung und bin sehr direktiv, nicht diktatorisch, aber direktiv im Sinne von aktiv. Als Therapeut musst du die Führung übernehmen.* Diese Führung könne durchaus auch darin bestehen, den Klienten in die führende Position zu bringen, aber sozusagen mit seiner Erlaubnis: *Zum Beispiel die junge Frau heute nachmittag, du erinnerst dich, sie hatte große Schwierigkeiten, eine Trance zu entwickeln, so sagte ich zu ihr: „O. k., wir stoppen hier, Sie können in das Zimmer nebenan gehen, und ich erkläre Ihnen, wie Sie es alleine machen können", und sie schaffte es bestens.*

Bereits in unserem Vorgespräch hatte er provokativ formuliert, ein guter Therapeut müsse auch ein guter Manipulator sein, und kommt jetzt auf diesen Ausdruck zurück: *Das verstehe ich zum Beispiel unter Manipulation, ich wollte, dass sie sich entspannen und in ihrer Vorstellung am Strand befinden konnte. Als es in unserer Anwesenheit nicht gut funktionierte, insistierte ich nicht, sondern änderte meine Strategie.*

Diese Art der Manipulation sei ausschließlich auf den Vorteil des Patienten ausgerichtet und dürfe auf keinen Fall in einen Machtkampf führen, *da mein einziges Interesse das Wohl und die Bedürfnisse des Patienten sind. Einen Machtkampf, mit oder ohne Hypnose, wirst du als Therapeut immer verlieren.* Um Machtkämpfe zu vermeiden, sei es manchmal nötig, Empathie und Distanz auszubalancieren, trotz zu erwartender Skepsis einen Vorschlag zu machen, aber dann die Verantwortung und Entscheidung dem Patienten zu übergeben. *Ich sage zum Beispiel zu einem Patienten mit Depressionen und ablehnender Haltung gegenüber Medikamenten,* erläutert er seine „manipulative" Vorgehensweise, *schauen Sie, Ihre Depressionen werden eine bestimmte Zeit dauern, ich kann nicht sagen, wie lange, bis eine Besserung eintritt. Mit Medikamenten können Sie diese Zeit erheblich verkürzen. Aus meiner Sicht ist es bedauerlich, wenn Sie sich diese Unterstützung nicht erlauben, obwohl wir Medikamente zur Behandlung verwenden könnten. Ich erzähle Ihnen das alles, aber ich werde Ihnen heute keine Medikamente geben, auch dann nicht, wenn Sie welche haben möchten. Denken Sie zuerst darüber nach, und teilen Sie mir mit, wie Sie sich entschieden haben.*

Die Manipulation bestehe darin, dem Patienten zu sagen, dass er Medikamente brauche sie ihm aber zunächst vorzuenthalten, das heiße, auch die ablehnende Haltung ernst zu nehmen. *Wenn ich Konfrontation oder einen möglichen Machtkampf rieche, ändere ich sofort die Strategie, mache einen Umweg und gehe mit dem Widerstand,* erklärt er seine Vorgehensweise, *durch genaue Beobachtung der Mimik, Gestik oder anderer nonverbaler Reaktionen, während ich zum Beispiel verschiedene Behandlungsmöglichkeiten aufzähle, erkenne ich seine Haltung im Voraus und kann meine Strategie darauf einstellen.*

Kriterien für die Beurteilung einer Therapie sind für Kleinhauz in erster Linie der Patient und seine Aussagen, aber auch seine diesbezügliche Kongruenz im nonverbalen Verhalten, die den Verlauf einer Therapie einschätzen lassen, und er definiert: *Eine Therapie ist dann erfolgreich, wenn der Patient mich nicht mehr braucht.*

Abschließend betont er nochmals, Therapie sei keine Routine, sondern ein intensiver und intuitiver Prozess, der stets die hundertprozentige Aufmerksamkeit erfordere.

Nach mehr als zwei Stunden beenden wir das Interview und bereiten das Abendessen vor, das uns die Möglichkeit gibt, auf den einen oder anderen Aspekt nochmals zu sprechen zu kommen. Wie stets verläuft der Abend in sehr freundschaftlicher und humorvoller Atmosphäre.

Prof. Dr. phil. Siegfried Mrochen

Geboren 1943, besuchte er nach der Grundschule zunächst die Real-, dann die Handelsschule, absolvierte eine kaufmännische Lehre und nach dem Wehrdienst vier Jahre ein Lehrerseminar. Es folgte eine Ausbildung zum Volksschulleiter, bevor er 1968 mit dem Studium der Sonderpädagogik begann. Von 1970 bis 1978 war er zunächst als Sonderschullehrer, dann als akademischer Rat/Oberrat am Institut für Sozialpädagogik der Universität Hildesheim tätig.

Dem Diplom in Erziehungswissenschaften 1972 folgte das Diplom in Psychologie 1978 und später die Promotion. Von 1978 bis 1993 war er Professor für Sozialpädagogik an der Evangelischen Fachhochschule in Berlin.

Seit 1993 ist er Universitätsprofessor für Sozialpädagogik an der Universität-Gesamthochschule Dortmund.

Mrochen bildete sich in verschiedenen Psychotherapiemethoden aus (Mrochen 1993) und ist Ausbilder für personzentrierte Psychotherapie für Kinder und Jugendliche, für hypnotherapeutische (Mrochen 1989) und systemische Arbeit mit Kindern und Jugendlichen (Mrochen u. Bierbaum-Luttermann 2000a) sowie Ausbilder für Verhaltenstherapie.

Im deutschsprachigen Raum ist er bekannt für seine kreativen Methoden (Mrochen u. Bierbaum-Luttermann 2000b) in der Kinder-, Familien- und Kurzzeittherapie (Mrochen u. Bierbaum 1993; Mrochen 2000).

Interview mit Siegfried Mrochen

„... ich sage meinen Klienten regelrecht,
dass ich während der Therapie Dinge mache,
die man als Manipulation bezeichnen könnte."

Wir haben uns abends in seinem Hotel in Bern verabredet. Die Begrüßung ist herzlich und humorvoll, wie stets seit unserer ersten Begegnung auf der Workshop-Tagung über ericksonsche Psychotherapie bei Kindern und Jugendlichen 1990 in Rottweil. Seither hatten wir uns mehrere Male auf Kongressen getroffen, und es war Mrochen, der mich 1992 für sein Buch „Die Pupille des Bettnässers" zu meinem ersten psychotherapeutischen Artikel überredet hatte (Hain 1993).

Meine Anfrage für dieses Interview hatte ihn sehr gefreut, und er war gerne bereit, dafür einen Abend zu opfern. Das Hotel stellte einen separaten Raum zur Verfügung, der uns ein intensives und teilweise sehr persönliches Gespräch ermöglichte.

Es ist mehr als das Einfühlungsvermögen, beginnt er auf meine Frage hin, was auf seiten des Therapeuten für eine gute und erfolgreiche Psychotherapie wichtig sei, und versucht, den inneren Prozess zu beschreiben: *Ich meine das, was in meinem „Rückenmark" passiert, wenn ich genügend Informationen bekommen habe, die ich dann über mein theoretisches Vorwissen und meine Erfahrung habe laufen lassen – im Grunde ist es etwas anderes, etwas viel Intensiveres: Ich bekomme ein Bild, ich kriege ein Gefühl, das verbunden ist mit einem „Aha" und oft auch eingebunden in eine Art Arbeitstrance. Vielleicht,* meint er nachdenklich, *ist es das, was Rogers mit Empathie gemeint hat oder mein früherer Professor als Intuition bezeichnet hat, aber ich würde es eher als Diagnosestrategie bezeichnen, das halte ich für wichtig.*

Voraussetzung dafür sind *Rapportfähigkeiten: Ich benutze als Kurzzeittherapeut ganz bewusst dieses Rapportkonzept für eine Arbeitsbeziehung, die – im schlechtesten Fall – zunächst von einem Minimum an Kompetenzzuweisung und einem Minimum an Vertrauen in meine Integrität* (vonseiten der Klienten/Klientinnen) *getragen ist und mir dann die*

Möglichkeit gibt, mich über „Pacing"- und „Leading"-Strategien einzuklinken.

Er ist überzeugt, dass therapeutische Techniken und Interventionsstrategien leer laufen, *wo kein Funken rübergeht … dieser Beziehungsfunke fehlt, der sich im Rapportgeschehen verbirgt, der – auch paraverbal oder körpersprachlich – Facetten hat von Motivation, der Facetten hat von Provokation, von Ermutigung.* Wenn therapeutische Interventionen die Klienten nicht oder nur kognitiv erreichten, so meist deshalb, *weil nichts oder wenig für die Motivation* (der Klienten) *getan wird, auch nichts für Ermutigung oder Konfrontation – vielleicht auch noch nicht einmal mit Humor.*

Humor spielt für Mrochen eine bedeutende Rolle, da er einerseits *ein ganz wichtiges Beziehungselement ist* und es andererseits *ermöglicht, Perspektivenwechsel vorzunehmen.* Nicht nur für die Beziehungsgestaltung am Anfang, sondern für die Beziehungspflege während der ganzen Therapie seien *Ermutigung, Humor und Konfrontation* wesentlich. Er ist überzeugt, dass *das, was während der Beziehung, also durch den Rapport, passiert, das steuert die psychophysiologischen Zustände von Klient und Therapeut,* und er betont: *Wenn der Therapeut es versteht, die psychophysiologischen Zustände, die mentalen Zustände, die Befindlichkeiten vielleicht nicht maximal, aber optimal herzustellen, dann finden am ehesten Veränderungen statt. Und das läuft alles über das Rapportgeschehen und nicht über die Intervention.*

Dieser zentralen Kompetenz des Therapeuten, Rapport herzustellen und eine möglichst intensive Beziehung zu gestalten, komme nach seiner Erfahrung bei der Arbeit mit Kindern eine noch wichtigere Bedeutung zu: *Kinder haben in dieser Beziehung überhaupt keine Höflichkeit, wenn sie sich langweilen, gucken sie in die Luft oder machen was anderes, und dann läuft gar nichts.* Virginia Satir und Frank Farrelly, die er als Rapportkünstler bezeichnet, seien seine persönlichen Vorbilder für diese Fähigkeit, *die einen durchschnittlichen von einem guten oder sehr guten Therapeuten unterscheidet, ohne Rücksicht auf die* (Therapie-)*Schule.*

Er veranschaulicht diesen intensiven, fesselnden Beziehungsprozess am Beispiel hypnotherapeutischer Arbeit. *Ich arbeite bewusst mit unterschiedlichen psychophysiologischen Zuständen, wobei ich unterscheide zwischen den Gefühlen, die der Klient hat, und den Zuständen, in denen er sich befindet.* Er schildert eindrücklich und engagiert, wie es in seiner therapeutischen Arbeit mit Kindern oft darum gehe, verbunden mit der inneren Vorstellung eines Ortes von Sicherheit und Geborgenheit, spezielle Befindlichkeiten (Trancezustände) aufzubauen, wie zum Beispiel Kompetenz und Stolz bezogen auf eine bestimmte Fähigkeit eines Kindes, um sie dann mit dem vorher erarbeiteten Zielzustand (z. B. Prüfungssituation) zusammenzubringen.

Der Katalysator für alles ist der Trancezustand. Ich habe „Sicherheit" und „Geborgenheit" sowie „Stolz" und „Kompetenz", und das Ganze wird durchlässig gemacht durch Trance. Gerade das setze aber voraus, *dass ich ständig in einem hohen Kontakt mit dem Kind bin und permanent beobachte, in welchem Zustand es ist. Der Lohn ist, dass das Kind vielleicht nach der ersten oder dritten Stunde sein Verhalten ändert.* Natürlich kommen bei Mrochen auch in der Arbeit mit Kindern modifizierte, explizite Tranceinduktionen zur Anwendung, aber er bekräftigt meine Vermutung, diese aktive, intensive Beziehungsgestaltung führe an sich schon zu einer Art von Trance: *Im Grunde hast du Recht, jede gelungene Kommunikation ist in diesem Setting bereits eine Trance.*

Diese Art der therapeutischen Arbeit sei sehr *intensiv, konzentriert und anstrengend,* bestätigt er mir, und gut geeignet für Kurzzeittherapie sowie die Arbeit mit Kindern in Anwesenheit der Familie: *Wenn ein Vater seinen Sohn in einer tiefen Trance erlebt, so wie er das (noch) nie gesehen hat,* illustriert er, innerlich nachvollziehend was er zu beschreiben versucht, *und meine Worte hört, die Kommunikation, die wir beide haben, ist er so dicht dabei und in einem so anderen Zustand, dass die Beziehung zu seinem Kind und auch zu mir nicht mehr die alte ist.* Natürlich habe auch diese Intensität ihre eigenen Gesetze und könne nicht einfach generalisiert werden: *Bei begleitenden Langzeitkontakten vertrete ich das Konzept der Inselbildung,* antwortet er auf meine diesbezügliche Frage und erläutert, wie vereinzelt *hochkarätige Sitzungen, Hypnose-Inseln* innerhalb einer längerfristig angelegten therapeutischen Begleitung jeweils eine Art Richtungsschub auslösen könnten und somit auch in einer länger konzipierten Behandlung gut integrierbar seien.

Die Situation zu reframen – umzudeuten ist vielleicht zu wenig gesagt –, sie so umzugestalten, dass sie die Basis wird für einen Fortschritt, ist für ihn eine weitere therapeutische Kompetenz, die er kurz anhand eines Beispieles illustriert: Martin (Name geändert) wird von seiner allein erziehenden Mutter gebracht, weil er zu Hause und in der Schule dauernd hustet. Er scheint Partnerersatz zu sein, wirkt altklug *und hustet ihnen was.* Für Mrochen ging es darum, *dem Jungen ein Konzept anzubieten, zu sagen: „Überleg mal, der kleine Huster, den du da gerade losgelassen hast, was könnte das geheißen haben, wenn du stattdessen etwas gesagt hättest?“*, und er bot ihm mögliche „Botschaften“ an: *„Hier ist es so langweilig!“ oder „Was redet der für ein dummes Zeug!“ oder „Wann komm ich endlich hier raus?“.*

Die Idee, dass Husten noch etwas anderes heißen könne, als zu stören, deutete das „Symptom“ für Martin um, und Mrochen fragte ihn: *„Wenn dein Husten ein Symbol wäre, eine Metapher, ein mathematisches Bild“ – der Junge war gut in Mathematik –, „ein geometrisches oder ein sprachliches Bild, was wäre es?“ Er sagte: „Ein Pfeil.“ Da wusste ich, ich hatte den Fuss in der Tür, dass er sozusagen ein neues Konzept gefunden hatte: „Wo könnte ich den Pfeil hinschicken?“ Der* (anwesenden) *Mutter ist die Kinnlade runtergefallen,* fährt er schmunzelnd fort, *ihr Ziel war: „Der soll nicht mehr husten“, aber das ist kein Ziel. Das Ziel ist im Grunde, autonom zu sein und kontrollieren zu können, wann und wie und wo und wie viel und wie laut du hustest.*

Dass therapeutisches Handeln oft tief in oder der eigenen persönlichen Entwicklung verwoben ist, bringt er kurz und eindrücklich auf einen Nenner: *Mach aus Scheiße Rosen, das ist mein Weltbild!* Auf sehr persönliche Art schildert er, wie er *als kompletter Schulversager jede Menge Niederlagen integrieren musste. Das hat mich zum Utilisieren gebracht.* Auch seine Haltung, dass er weder von seiner Grundausbildung her – *ich bin zwar klinischer Psychologe, aber ohne eindeutige Psychologenmentalität, bin gelernter Sonderschullehrer und Professor für Sozialpägagogik* – noch über eine bestimmte Therapieschule fest zugeordnet werden möchte – *ich denk auch so, dass ich nirgendwo wirklich zu Hause bin, weder bei den Rogerianern, wo ich auch Ausbilder bin, noch bei den Familientherapeuten noch bei der M. E. G.* (Milton H. Erickson Gesellschaft für klinische Hypnose), *weil alle irgendwie eine Einbindung der Personen und der Ressourcen versuchen –,* bringt er mit seinem bereits in der Kindheit entwickelten Freiheitsdrang und der Weigerung, *gläubig zu sein,* in Zusammenhang. So falle es ihm leichter, *zu mischen,* meint er, auf das Thema Integration angesprochen.

Als *wissenschaftstheoretische Position* findet Mrochen einen *verantwortungsvollen Eklektizismus, wie ihn G. D. Martin in seinem Buch „Gesprächspsychotherapie als Lernprozess“ beschrieben hat,* sinnvoll, *also zu schauen, wo sind die interessantesten Ostereier versteckt.* Hinzu komme bei seiner spezifischen akademischen Sozialisation, *dass ich nie von*

Theorien oder Konzepten fasziniert war, sondern immer von persönlichen Modellen. Ein wichtiges Kriterium für die Auswahl an Techniken und Methoden sei das eigene Empfinden: *Die* (Methode) *passt zu mir, oder ich hab sie so zugeschnitten, dass sie passt und trotzdem noch als Methode erkennbar bleibt*, und er präzisiert: *Ich kann nicht Farrelly oder Satir kopieren, ich muss meinen Stil finden.*

Auf meine Frage, woran das Ergebnis mess- oder spürbar sei, sucht er nach Beschreibungen seines inneren Erlebens: *Wahrscheinlich ist die Antwort nicht sehr wissenschaftlich: Wenn ich merke, ich probier was aus, und es sich mit Leichtigkeit wiederholen lässt, es gut zusammenpasst, und ich hab das Gefühl von Integrität. Ich spüre es körperlich und habe entsprechende innere Bilder dazu.* Und auf einer anderen Ebene: *Auch wenn die Situation noch so traurig ist, muss es mir irgendwie Spaß machen, es muss interessant bleiben.* Nicht zuletzt *muss es natürlich auch Wirkungen zeigen, dass ich das Gefühl habe, ja, das ist es, und es wirkt!*

Wie er sich selbst die Kreativität und Freiheit zugesteht, dass *ich Dinge, die ich gut finde und übernehme, damit auch immer verändere*, schätzt er es ebenso, wenn Therapeuten und Therapeutinnen bei ihm Gelerntes weiterentwickeln und er die Erfahrung machen kann, *da ist was völlig anderes draus geworden, es stimmt als Prozess, als Intervention, prima. Diesen kreativen Faktor würde ich mir nicht durch irgendwelche Vorschriften klauen lassen.*

Inwieweit auch die Glaubwürdigkeit in der Wahrnehmung von Klienten und Klientinnen für eine erfolgreiche Beziehungsgestaltung und diesen eklektischen oder integrativen Prozess von Bedeutung sei, meint Mrochen: *Für mich wäre eher der neutralere Begriff der Plausibilität wichtig*, und erläutert, *wenn der Klient das Gefühl hat, in sich das Wissen entwickelt, das war jetzt gut für mich, die Interventionen stimmten, meine Gefühlsreaktionen stimmten, die Konfrontation des Therapeuten stimmte, also wenn er so ein Gefühl von Stimmigkeit hat, das wäre Plausibilität für den Klienten.*

Aber auch für den Therapeuten *wird es ähnlich sein. Wenn ich* (nach der Therapiestunde) *den Eindruck gewinne, ein gut gestimmtes Kind, das in der Lage ist, mit dieser augenblicklichen Belastung und seiner Krise zu leben, verlässt das Zimmer, wenn ich diesen Eindruck habe, dann war das plausibel.*

Darauf angesprochen, was noch zu den Voraussetzungen für diese Intensität der Beziehungsgestaltung gehöre, um die Therapie nicht, überzeichnet ausgedrückt, zum Theater oder zur reinen Manipulation werden zu lassen, erinnert er sich mit etwas Zögern: *Der* (Prof.) *Schmidtchen hat, immer wenn er mich arbeiten sah, gesagt: „Das ist Liebe, du liebst die Klienten."* *Ich habe mich immer dagegen gewehrt*, relativiert er, *aber was sicherlich richtig ist, ist, dass es ganz wenige Menschen gibt, die ich nicht mag. Das würde ich denn auch generalisieren, eine grundsätzliche Bereitschaft, diese Personen anzunehmen, die Personen, nicht die Handlung*, und verweist auf die von Carl Rogers formulierte Variable „Akzeptanz". *Also ernsthaft, da fühl ich mich verstanden, ernsthaft ist das*, reagiert er spontan auf meinen Einwand, dass mit der Bezeichnung „Liebe" von Prof. Schmidtchen wohl mehr gemeint sei als „Akzeptanz" und ich versucht hätte das, was er meint, mit „hochgradiger Ernsthaftigkeit" zu benennen, und er fährt nachdenklich fort: *Das so Aus-dem-Vollen-Schöpfen* (in der Therapie), *die Art meiner Arbeit mit Patienten, könnte etwas zu tun haben mit meinem eigenen Beziehungsverhalten. Ich habe meine Rolle als Hochschullehrer, als Supervisor und Therapeut, da fühle ich mich sicher, wirklich meine Ressourcen auszuloten, privat fühle ich mich manchmal reduziert oder schüchtern, bin sozusagen bedürftig … vielleicht gelingt es mir, mir damit selber was zu geben.*

Dies könne zwar die Ernsthaftigkeit der Absichten (des Therapeuten) zusätzlich verstärken, bedinge aber eine weitere wichtige Kompetenz des Therapeuten: *Sich immer wieder zu vergewissern, ist das jetzt seine* (des Klienten) *Bedürftigkeit, oder ist es meine, sind wir jetzt auf seiner Ebene oder auf meiner?* Dieser Kompetenz komme eine umso größere Bedeutung zu, je manipulativer Therapeuten und Therapeutinnen arbeiteten.

Zur Manipulation bekennt sich auch Mrochen und spezifiziert: *Manipulation bedeutet: kunstvoll handhaben. Ein großer Teil der Beeinflussung zwischen Eltern und Kindern, Kindern und Eltern oder Lehrern und Kindern ist nicht zu trennen von – sage ich mal – seriösen Manipulationsversuchen.* Bezogen auf seine Arbeit, betont er: *Ich sage meinen Klienten regelrecht, dass ich während der Therapie Dinge mache, die man als Manipulation bezeichnen könnte. Dass ich versuchen werde, Weichen zu stellen, und das durchaus so tun kann, dass sie es zunächst gar nicht merken werden.* Er bemerkt darüber hinaus, dass er diese Haltung im therapeutischen Bereich weitgehend für konsensfähig halte, und entgegnet auf meine Zweifel: *Wenn du Carl Rogers in seiner gesamten Entwicklung als Therapeut und Berater zur Kenntnis nimmst, dann wirst du herausfinden, dass das ein ausgezeichneter Manipulator gewesen ist.*

(Wenn ich an meine persönlichen Begegnungen mit Carl Rogers denke, muss ich Mrochen hier beipflichten.)

Angesprochen auf Kriterien, nach denen er für sich selbst oder für ihm nahe stehende Personen eine Therapeutin oder einen Therapeuten auswählen würde, lässt er zunächst seine bisherigen Erfahrungen als Klient Revue passieren und versucht, laut nachdenkend, eine Antwort abzuleiten: *Ich glaube, mir sind Personen wichtig, die nicht bewerten, die Aktivität käme erst an zweiter, dritter oder vierter Stelle. Schon auch Güte, Kompetenz und die Geduld, die Flexibilität, sehr unterschiedliche Seiten von mir aushalten zu können.* Auf die Frage, ob diese Person auch Kongruenz oder Glaubwürdigkeit ausstrahlen sollte, meint er: *Die dürfte auch Theater spielen. Wenn es ernsthaft, plausibel ist, wenn es darum geht, mich zu locken oder zu lockern, dann dürfte sie das auch*, räumt aber schmunzelnd ein, dass er sich bezüglich Ausmaß an Aktivität und Führung des Therapeuten *wahrscheinlich nicht einen solchen Menschen auswählen würde, wie ich einer bin.*

Wir kommen auf die Ausbildung von Therapeuten und Therapeutinnen zu sprechen und darauf, welche Bereiche stärker gewichtet werden sollten. *Was ich heute für unverzichtbar halte, sind Elemente wie Live-Arbeit – soweit möglich – und Videoarbeit*, argumentiert er, da es um *konkrete Rückmeldungsprozesse bezüglich verbalen und nonverbalen körpersprachlichen Verhaltens geht, egal ob zum Beispiel in einer Verhaltens- oder Gesprächstherapie.* Das sei umso wichtiger, denn *viele haben ein sehr gutes Gefühl für den Prozess, kriegen es aber nicht gebacken, einen Moment zu analysieren, es zu schaffen, sich mental von der momentanen Situation zu dissoziieren.*

Mrochen bezeichnet dies als eine Art *technische Basisfähigkeit für einen Therapeuten* und erläutert: *Wenn du den Prozess analysieren willst, dann musst du wie ein Videogerät oder ein Tonbandgerät aufzeichnen können, was eigentlich abläuft.* Im Bereich von Kinder- und Spieltherapie lasse sich das gut operationalisieren: *Wenn dir ein Kind einen Ball zuwirft oder einen Bauklotz, dann musst du aus dem Kontext heraus – bei verschiedenen Interpretationsmöglichkeiten – darauf reagieren. Will es Kontakt aufnehmen, ist es aggressiv, will es mit mir spielen, du musst die Situation zwangsläufig deuten, um eine angemessene Verbalisierung oder Handlung zu finden.*

Als Supervisor mache er immer wieder die Erfahrung: *Worauf ich gestoßen werde, ist die mangelnde Fähigkeit oder das mangelnde Training, wirklich mitzukriegen, was passiert jetzt in dieser Situation eigentlich.* Er bezieht sich auf Virginia Satir, die diesen Zustand hoher Konzentration *sehr anspruchsvoll formuliert: „Wenn ich mit einem Klienten spreche, werf ich alles andere raus aus meinem Kopf."*

Im Weiteren plädiert er für eine *Entideologisierung und Entmystifizierung von Psychotherapie* und hält es hier mit dem Standpunkt von Richard Bandler: *Uns interessiert nicht, was sie schreiben, was sie denken, ihre Theologien, sondern was sie wirklich machen*, und er ist überzeugt, *wenn sich in Ausbildungen der Blick ein wenig auf diese pragmatische Haltung richtet, dann wäre schon viel gewonnen.* Diesen Pragmatismus möchte er allerdings nicht im Sinne einer Vereinheitlichung der Ausbildung verstanden wissen: *Ich denke, dass so eine Vereinheitlichung eine Verarmung darstellt,* und wünscht sich *die Würdigung der Unterschiede und nicht die Nivellierung.* Sicher gebe es in einer Ausbildung zum Psychotherapeuten gewisse „Standards" und einige „Essentials", jedoch brauche es eine gewisse Großzügigkeit, in dem, *wie das jeder für sich umsetzt.*

Als deutlichstes Beispiel erwähnt er die Verhaltenstherapeuten, die seiner Meinung nach *weniger durch die Technik leben, die sie lernen, sondern durch die Art der persönlichen Umsetzung.* Auf meine Frage, was da vor allem wirke, meint er: *Charisma, die Persönlichkeit, Charme und Glaubwürdigkeit.* Und er fügt hinzu: *Als Methodenprofessor bin ich zutiefst davon überzeugt, dass sich immer dort neue Methoden, Schulen, Modelle bilden, wo andere ihre Arbeit nicht erfüllen, wo es Lücken gibt*, und nennt als typisches Beispiel *Farrelly, wo ja diese wunderbare Kombination aus persönlicher Eigenart einer Lücke zustande kam.*

Für Mrochen geht es nicht um die Alternative, Therapieschulen abzuschaffen oder beizubehalten: *Ich hab in allen* (meinen verschiedenen Ausbildungen) *Elemente gefunden, die mir gut gefallen haben, und in allen auch Elemente, auf die ich gut hätte verzichten können*, sondern darum, dass Schulen ihr konstruktives Potenzial entwickeln und nicht ein *krampfhaftes Festhalten* an ihren Dogmen *oder reumütiges Zurückkehren* zu ihren Lehren verlangen.

Letzteres sieht er auch durch seine Erfahrung als Ausbilder begründet: *Wie wir lehren, das, glaube ich, ist nur aus dem Kontext möglich, in dem sich der junge Therapeut mit seinem Klienten befindet, aus dem Setting und seiner persönlichen Situation. Leider ist es ja so, dass du eher etwas in negativen Rückmeldungen festmachst; du kannst leicht sagen, „Ach Gott, was macht der da"*, und er beschreibt, wie viel präziser es ist, Versäumnisse zu definieren, als eine eindeutige Position als Ausbilder zu formulieren: *Ich kann jemandem nicht vorschreiben, welche Formulierungen er gebrauchen soll, ich kann ihm nur drei oder vier Wahlmöglichkeiten geben, und dann kann seine Formulierung immer noch ganz anders aussehen.*

Abschließend möchte ich von Mrochen wissen, ob sich seine eigene Glaubwürdigkeit, so weit er diesen Begriff jetzt benutzen möchte, über die Jahre verändert habe. *Ich merke, meine Sicherheit hat sich verändert und damit vielleicht auch meine Glaubwürdigkeit*, überlegt er und ergänzt: *Wenn ich in den letzten Jahren gemerkt habe, ich hab mich übernommen, dann hat auch die Qualität meiner Arbeit nachgelassen. Ich glaube, dass das die Klienten auch merken, diesen Verlust an Präsenz.* Aus diesem Grund habe er mehr und mehr begonnen, Klienten und Setting bewusster auszuwählen, *einfach aufgrund meiner Arbeits- und Lebenssituation.* Ein Verlust an Präsenz (ver)führe dazu, *dann einfach mit Routine zu handeln. Also, das glaube ich schon, dass das … nicht geht!*

Nach gut zweieinhalb Stunden ist nun auch unsere Präsenz am Nachlassen. Wir sind beide in einer eher bedächtigen Stimmung, und das Plaudern über Projekte, Termine und das Scherzen über Belanglosigkeiten hilft uns, wieder aufzutauchen.

Frank Farrelly, MSW.

Geboren 1931 in Missouri und in einer sehr kinderreichen Familie aufgewachsen (Farrelly 1997), wollte Frank Farrelly zunächst Priester werden und hatte bereits ein Jahr im Kloster verbracht als er sich für ein Studium in klinischer Sozialarbeit entschied. Bereits Anfang der 60er-Jahre entwickelte er die Provocative Therapy im Rahmen seiner therapeutischen Tätigkeit am Mental Health Hospital in Madison, die von Carl Rogers wissenschaftlich betreut wurde. Er lehrte als Clinical Professor an der Schule für Soziale Arbeit der Universität von Wisconsin und als „Assistant Professor" an der Psychiatrischen Abteilung. Frank Farrelly arbeitete viele Jahre therapeutisch mit chronisch schizophrenen, schwer depressiven und drogenabhängigen Patienten sowie kriminellen Psychopathen am Mental Health Hospital, bevor er eine private Praxis in Madison eröffnete. Seit 25 Jahren bildet er Therapeuten aus und gibt seit 15 Jahren regelmäßig Seminare in Australien und Europa.

Sein Buch „Provocative Therapy" liegt in deutscher, französischer und italienischer Übersetzung vor (dt.: Farrelly und Brandsma 1986). Grundlegende Beschreibungen des Provokativen Ansatzes mit Farrellys Mitwirkung finden sich bei Wippich und Derra-Wippich (1996) und Höfner und Schachtner (1995).

Interview mit Frank Farrelly

„... ich provoziere ihren Realitätssinn,
indem ich mich idiotisch, surreal und dumm verhalte,
meine Erhabenheit aus dem Fenster werfe,
um ihnen zu neuen Erfahrungen zu verhelfen."

Ich habe Frank Farrelly vor 15 Jahren kennen gelernt, als er seine „Provocative Therapy" zum ersten Mal in Deutschland präsentierte. In den folgenden Jahren organisierte ich für ihn Workshops in der Schweiz, besuchte ihn in seiner eigenen Praxis, und neben der beruflichen Ebene entwickelte sich auch eine Freundschaft mit ihm und seiner Frau June. So war es keine Frage, dass ich das Heim der Farrellys in Madison als Ausgangsbasis meiner Trips nach Chicago (Fromm), New York (Gendlin) und Nashville (Strupp) nutzen durfte und sich Frank Farrelly natürlich auch als Interviewpartner zur Verfügung stellte. Nach einem langen, ermüdenden Flug von Zürich über Chicago erwarteten sie mich am Flughafen mit Auto und Motorrad sowie meiner Ausrüstung: Helm, Lederjacke und Handschuhe. Der frische Fahrtwind wirkte nicht nur wieder belebend, sondern brachte auch spontan viele Erinnerungen an meine früheren Besuche bei Frank Farrelly zurück und verwandelte so das Ankommen in ein Heimkommen.

Am nächsten Nachmittag ziehen wir uns für das Interview in sein Arbeitszimmer zurück. Farrelly hat seine Praxis seit einigen Jahren aufgegeben und seine Arbeit auf das Schreiben sowie Workshop-Trips in Europa und Australien, die ihn jährlich noch vier bis fünf Monate unterwegs sein lassen, reduziert.

Auf meine erste Frage, was aufseiten des Therapeuten für eine erfolgreiche Therapie wichtig sei, weist er zunächst auf zwei prinzipielle Punkte hin. Seitdem in der Psychotherapieforschung differenziertere Untersuchungen gemacht würden, habe sich gezeigt, dass es eigentlich darum gehen müsse, auf die Unterschiede zwischen erfolgreichen und weniger erfolgreichen Therapeuten, auch innerhalb der gleichen Schule, zu achten. Er erwähnt beispielsweise Carly Truax' „Psychotherapy for better or worse", das neue Auswertungen empirischer Gruppenvergleiche lieferte: *Er konnte damals zeigen, dass der Erfolg in erster Linie davon abhängt, zu welchem Therapeuten man geht.* Spätere Studien hätten darüber hinaus belegt, dass sich erfahrene Therapeuten verschiedener Schulen ähnlicher seien als erfahrene und unerfahrene innerhalb der gleichen Schule.

Aber Farrelly wäre nicht Farrelly, hätte er das „Allerwichtigste“ verschwiegen: *In Berlin bei einem Workshop stellte ein Psychiater eine ganz ähnliche Frage: „Was macht einen guten provokativen Therapeuten aus?“ Und ich antwortete: „Gut, das Wichtigste ist, als Ire geboren worden zu sein“*, erinnert er sich schmunzelnd, bevor er auf seine persönlichen Erfahrungen und Einstellungen zu sprechen kommt.

Wenn wir jung sind, tendieren wir dazu, Erfolg damit zu begründen, dass wir vielleicht hart gearbeitet und viel gelernt haben, oder andererseits mit hoher Intelligenz, Talent oder speziellen Fertigkeiten. Gerade in der amerikanischen Kultur werden Individualität, Autonomie, Unabhängigkeit gepriesen. Aber haben wir wirklich alles selbst gemacht? Gene Gendlin habe vor vielen Jahren einmal gesagt, er vermute, unser Erfolg sei eine Art Antwort. Was wir erreichen und was wir sind, schuldeten wir in Wirklichkeit allen anderen. *Und ich glaube, Gene hatte Recht, wir verdanken anderen Menschen enorm viel.* Dies gelte auch für seinen eigenen Erfolg: *Ich habe gerade „Frannies Welt“, ein Buch über meine Kindheit beendet* (Farrelly 1997). *Mein Gott, was ich nur schon meiner Familie alles zu verdanken habe!*

Auf meine Frage, was seinen Erfolg mit der Provokativen Therapie begründe, kommt er zunächst auf den Humor zu sprechen. Auch wenn noch viele Therapeuten und Therapieforscher die Meinung verträten, Humor gehöre nicht in die Therapie, sei er überzeugt, *ein guter provokativer Therapeut sollte einen Hang zum Absurden und muss einen wirklich guten Sinn für Humor haben.* Für ihn lässt sich Humor nicht auf Freizeit und Wochenende begrenzen, denn schon die Philosophen des Mittelalters hätten den Menschen als „Homo est animal risibile“ charakterisiert. Für viele gehöre der Humor nicht in die ernsthafte Arbeit mit menschlichem Schmerz und Leid, *aber Humor ist zutiefst menschlich, und ich denke, er kann dem Therapeuten und vor allem dem Patienten helfen. Ich stimme zu, dass es tragische Elemente im Leben gibt, aber ich widerspreche der Auffassung, das Leben sei eine Tragödie. Nicht die tragische Maske, sondern die komische u n d die tragische, beide zusammen symbolisieren das Leben.*

Er verweist auf Viktor Frankls Aussagen, das KZ nur mit Humor überlebt zu haben, und betont: *Das ist kein Verdrängen, sondern das ist: dem Tod direkt ins Auge blicken!* Aber nicht nur im Konzentrationslager oder Krieg, sondern auch im täglichen Leben helfe es, die kleinen und großen Absurditäten zu entdecken, *dann ist es leichter, es humorvoll zu nehmen, gerade weil es auch Schmerzen und Probleme gibt.* Schmunzelnd erinnert er sich, wie ihm jemand unterstellte, er habe wohl noch nie Schmerzen erleiden müssen, und er geantwortet habe: *Nein, darüber habe ich bis jetzt nur in der Zeitung gelesen.*

Humor sei auch ein faszinierender Weg heraus aus Sackgassen und ausweglos erscheinenden Situationen oder „Double-binds“: *Double-binds lassen sich nicht durch logisches Nachdenken lösen. Carl Withaker präsentierte mir das ausweglose Dilemma eines jüdischen Sohnes, der sich eine der beiden Krawatten, die ihm seine Mutter zum Geburtstag geschenkt hatte, umbindet und daraufhin von ihr die vorwurfsvolle Bemerkung „Die andere gefällt dir wohl nicht?“ erntet.* Zu Withakers Verblüffung habe er spontan widersprochen: *Natürlich gibt es eine Möglichkeit*, und seine Lösung präsentiert: *Als Sohn würde ich mir die Krawatte weiterbinden, zu meiner Mutter gehen und ihr mit sanfter Stimme sagen: „Ehrlich gesagt, gefallen mir beide nicht besonders, aber dir zuliebe trage ich eine“, würde ihr einen kleinen Kuss auf die Stirne drücken und mich singend verabschieden.*

Double-bind-Situationen seien schon deswegen lösbar, meint er lächelnd, weil Menschen sie gemacht hätten und *man mit Humor durchgleitet wie ein heißes Messer durch die Butter.*

Abgesehen vom Sinn für Humor, seien es wahrscheinlich seine Intensität und Hingabe in der therapeutischen Arbeit, seine Energie und sein Engagement für die Patienten, die zum Erfolg beitragen: *Die Fähigkeit, sich ganz auf diesen Moment, diesen Patienten, dieses Paar oder diese Gruppe zu konzentrieren, als gäbe es nichts Wichtigeres auf der Welt.* „Love and do what you will“, mit diesen Worten habe es Augustinus ausgedrückt, und ein guter Therapeut brauche *ein Herz für seine Patienten, mit ihnen zu arbeiten, alle Energie aufzuwenden, aus dem einzigen Grund, weil sie* (die Patienten) *hier sind.* Was er damit meint, illustriert er am Beispiel seiner Nichte, die während eines Tornados Schwerverletzte bei Kerzenlicht operierte, um ihr Leben zu retten, und das während 36 Stunden ohne Pause: *Sie machte keine Fehler und ließ auch keine Scheren und Klemmen zurück. Warum tat sie das? Weil sie ein hingebungsvolles Herz hat und die Opfer einfach da waren.*

Aber auch Herausforderung, Ehrgeiz und die Sturheit, sich damals in der psychiatrischen Klinik gerade um die verlorenen Schafe, die so genannten hoffnungslosen Fälle, zu kümmern, haben Farrellys Arbeit geprägt: *Ich war auch darauf aus, gerade bei den als hoffnungs-*

los eingeschätzten Patienten einen Durchbruch zu erzielen, denn mit der üblichen Klientel zu arbeiten ist, wie wenn du mit der Schrotflinte auf Fische in einem Wasserglas schießt, du kannst sie gar nicht verfehlen.

Diese Ambitionen und sein Bedürfnis nach Anerkennung hätten viel aus ihm herausgeholt, gerade damals in der Projektgruppe unter der Leitung von Carl Rogers. *Ich habe ihnen* (Mitgliedern der Projektgruppe) *viel zu verdanken, sie waren sehr unterstützend und verständnisvoll. Carl verglich uns damals oft mit Hebammen und Gärtnern, die die Geburt und das Wachstum vorbereiten und begleiten. Ich sagte: „Ich bin weder Hebamme noch Gärtner, ich möchte bis ins Zentrum durchdringen und Leben injizieren". Gene Gendlin* (Supervisor der Gruppe) *versuchte, mich zu überzeugen, wie falsch das sei, doch Carl unterbrach ihn und meinte: „Lass ihn."*

Er habe sich vorgenommen als Therapeut aktiver und spontaner zu sein und sich nicht von Diagnosen und Theorien einschüchtern zu lassen. *Die meisten Therapeuten betonen die Hilflosigkeit, die Zerbrechlichkeit und die Schwächen ihrer Patienten und entwickeln Theorien über die Schwierigkeiten, mit ihnen zu arbeiten. Sie klingen wie „Einzelkinder". Ich bin Nummer neun von zwölf Kindern. Ich rede mit meinen Patienten, wie wir in unserer Familie geredet haben, und da wurde immer auch viel gelacht. Mein Vater machte noch auf dem Totenbett seine Witze, ohne dabei Schmerz und Leid zu verleugnen.*

Provokative Therapie sei nicht „politisch korrekt", man könne sich nicht hinter offiziellen Meinungen verstecken hinsichtlich dessen, was professionelle Therapeuten tun, denken oder fühlen dürften und müssten. Es brauche nicht nur Energie, sondern auch etwas Courage, die Menschen wirklich zu berühren: *Eine 175 kg schwere Frau wurde in Mendota* (Psychiatrische Klinik) *eingeliefert, sie war suizidal und depressiv. Ich berührte sie am Oberarm und klopfte ihr auf die Schultern mit den Worten: „Was für eine Menge Fleisch(eslust)* (flesh)*!" Sie lachte zuerst, dann liefen ihr Tränen über die Wangen. „Ich weiß, sie meinen es nicht so, aber Sie sind der erste Mann seit 17 Jahren, der mich berührt", und fuhr bewegt fort: „Sie können es ertragen, mich zu berühren."*

Zu den Klienten durchzudringen und sie im wörtlichen wie im übertragenen Sinn zu berühren, darauf komme es ihm an. Schon als Jugendlicher habe er sich gefragt, was passieren würde, wenn wir unsere Fähigkeiten in dieser Hinsicht besser nutzen könnten, und als er sich für das Berufsfeld der angewandten Psychologie entschieden hatte, wollte er herausfinden, wie man mit Menschen reden kann, die Hilfe brauchen. *Ich werde Ihnen einen guten Rat geben*, sage er dann und biete „verrückte" Lösungen an, *die sie herausfordern und dazu provozieren, selbst passendere und ihrer eigenen Überzeugung entsprechende zu entwickeln.*

Auf meine Frage, welchen Stellenwert er dabei seiner Glaubwürdigkeit beimesse, erinnert er sich, dass er als Therapeut in Carl Rogers Forschungsprojekt stets wesentlich höhere Ratings für „Kongruenz" bekommen hatte als alle anderen. Als er begonnen habe, provokativ zu arbeiten, habe er gelernt zu lügen: *Ich erzählte ihr* (seiner zweiten Klientin, mit der er provokativ arbeitete) *eine Menge Lügen, wie verdorben, schlampig und unfähig sie als Frau und Mutter sei, ich glaubte das nicht, sie aber ganz offensichtlich.* Dennoch habe er sich dabei als authentisch erlebt, denn *ich tat es mit einem Augenzwinkern, mit einem Lächeln in den Mundwinkeln und einem offenen Herzen. So kann ich jemandem ernsthaft lächerliche, surrealistische Vorstellungen ausmalen, dreidimensional, farbig, mit allen Tönen, Gerüchen und Gefühlen. In diesem Sinne bin ich dann auch völlig authentisch, denn ich beschreibe, was ich innerlich sehe, höre, fühle, rieche oder schmecke,* (schmunzelnd) *in einem anderen Sinne lüge ich gleichzeitig wie gedruckt.*

Er spiele in gewisser Weise damit, möchte seine Klienten indirekt dazu bringen, seine Aussagen zu dekodieren. Da er seine „Lügen" nonverbal kennzeichne, könne man auch von einer „transparenten Inkongruenz" sprechen. Viele Menschen seien in Schwierigkeiten, weil sie nicht wüssten, wie sie ihre eigenen Botschaften angemessen verschlüsseln und die der anderen entschlüsseln können: *Sie sind schüchtern oder verstecken sich hinter den Topfpflanzen in der Hotellobby des Lebens, beobachten nur und schielen auf das Leben der anderen. So provoziere ich ihren Realitätssinn, indem ich mich idiotisch, surreal und dumm verhalte, meine Erhabenheit aus dem Fenster werfe, um ihnen zu neuen Erfahrungen zu verhelfen. Manchmal fragen sie mich: „Glauben Sie das wirklich?" Und ich frage zurück: „Haben Sie das* (seine überzeichneten Bilder) *nicht auch schon selbst gedacht?", und sie nicken.* In diesem Prozess würden Klienten lebendiger, spontaner, begännen zu unterbrechen, seine „dummen" Aussagen zu korrigieren und die eigenen zu bekräftigen, was auch in ihrem nonverbalen Verhalten deutlich zum Ausdruck komme.

Du kannst diese Veränderungen bereits im ersten Interview erkennen, noch bevor sie es selbst merken. Über manche so genannten

„klinischen Weisheiten" muss ich wirklich lachen: „Du kennst dich selbst am besten", etwas vom Dümmsten, das ich je gehört habe. Unsere Familie, unsere Partner, Freunde oder Kollegen beobachten uns und unser Verhalten. Sie mögen vielleicht nicht immer alles artikulieren, aber sie haben ein immenses Wissen über uns und merken es, wenn wir uns verändern. Wirkliche Veränderungen müssen bemerkbar sein, und darauf bin ich aus: auf wirkliche Veränderungen, so schnell und schmerzlos wie möglich.

Natürlich gehe es in der Psychotherapie nicht ohne manch bittere Pille oder Konfrontation ab, aber gerade der Humor könne dann, wie es Mary Poppins ausdrückte, *der Löffel Zucker sein, der hilft, die Medizin zu schlucken und zu realisieren, ich bin nicht der Einzige, der diese Medizin zu schlucken oder diese Lektion zu lernen hat.*

Ein guter provokativer Therapeut müsse sich auch stets bewusst sein, wie sehr das Verhalten der Klienten andere beeinflusst und von anderen beeinflusst wird: *Etwas vom Wichtigsten, das es über jeden von uns zu wissen gibt, ist nicht, was wir über uns denken, sondern wie die anderen uns wahrnehmen und entschlüsseln.* Dies gelte natürlich auch für die Therapie, und leider würden viele Therapeuten und Therapeutinnen, in bester Absicht, ihren Klienten und Klientinnen implizit vermitteln, schwach, schonungsbedürftig und zerbrechlich zu sein, weil sie sich nicht getrauten, die Dinge beim Namen zu nennen. *Ich tue es, konfrontiere sie direkt und sage ihnen damit indirekt: „Du bist stark genug, das zu verkraften."*

Darüber hinaus sei er grundsätzlich optimistisch: *Für jeden gibt es Hoffnung, ich gebe nie auf*, beschreibt er seine Einstellung gegenüber seinen Klienten und Klientinnen und erläutert schmunzelnd: *Du kannst dich jetzt gleich verändern oder später, hier oder dort oben* (zum Himmel deutend), *aber verändern wirst du dich, lass dir Zeit, vielleicht mehr Zeit als nötig, in der Ewigkeit gibt es keinen Grund zur Eile.*

Er erinnert sich an einen wenig motivierten Klienten, der an Reinkarnation glaubte und dem er vorrechnete, dass er wahrscheinlich zehn Wiedergeburten im Abstand von je 100 Jahren benötigen werde, bis er sich schließlich werde ändern können. *Er reagierte ärgerlich: „Ich werde keine 1000 Jahre warten!", und ich ging zögerlich herunter auf 900. Nun machte er mir klar, dass er auch nicht eine einzige Wiedergeburt abwarten wolle: „Eine solche reicht mir!", und ich bot ihm zehn Jahre an. Es wurde zu einer richtigen Auktion, und er landete schließlich bei: „Drei Monate, höchstens!"*

Auf meine Frage, wie man einen eigenen glaubwürdigen Stil entwickeln könne, meint er provozierend, es sei Unsinn, zu glauben, man solle nicht andere Therapeuten imitieren: *Nachahmung ist der schnellste Weg menschlichen Lernens. Als ich die ersten Bücher über Klientzentrierte Therapie gelesen und eine Tonbandaufzeichnung gehört hatte, nahm ich mir vor: Im nächsten therapeutischen Gespräch bist du Carl Rogers persönlich. Du kannst wie jemand anderer sein. Mit der Zeit kannst du einige Aspekte beiseite legen und andere betonen, so wie es besser zu dir passt.*

Er habe ein Leben lang Menschen imitiert und imitiere auch seine Klienten: *Ich imitiere ihre Art zu denken, zu sprechen, sich zu bewegen.* Auch Provokative Therapie lerne man zunächst am besten durch Nachahmung. *Ihren eigenen, persönlichen Stil können die Therapeuten dann später entwickeln, wenn sie wollen,* meint er und differenziert dann: *Wenn jemand beginnt, mich zu imitieren, ist es natürlich seine Imitation von mir, gefiltert durch seine Wahrnehmung, seine Lebenserfahrung, seine persönliche Art.*

Er erinnert sich, wie Richard Bandler ihn einmal so treffend imitiert habe, dass einige Teilnehmer, die vorher weder Bandler noch ihn erlebt hatten, glaubten, er sei ein Schüler von Bandler. Farrelly kommentiert: *Nachher sagte Richard: „Wenn ich in sehr guter Stimmung bin, könnte ich so provokativ arbeiten wie Frank, wenn nicht, werde ich zu einem sarkastischen Stachel“*, und betont nochmals, mehr noch als Kongruenz, Glaubwürdigkeit oder Humor seien es Herz und Empathie, die den Unterschied ausmachten und die therapeutische Beziehung prägten.

So sei es vom ersten Moment an möglich, auf vielfältige Art Rapport zum Klienten herzustellen: *Eine attraktive Mutter brachte ihren intelligenten, nett aussehenden, braven achtjährigen Sohn Billy zu mir. Sie berichtete, er sei gesund, habe Freunde, es sei alles bestens, bis auf das Rülpsen. Er rülpse dauernd und überall, es sei nicht auszuhalten. Billy schaute abwesend in die Gegend, ich drehte mich zu ihm und begann: „He, Rülps!, seit wann machst du das schon?“, und fing selbst an zu rülpsen, „Bgrg“. Er wandte sich mir augenblicklich zu, und ich fuhr fort: „Bgrg!“, rülpst du auch in der Schule?“, „Bgrg!“, und dieser Junge starrte mich an, ein Leuchten quoll ihm aus den Augen, als wollte er jubeln: „Da ist noch so einer wie ich auf diesem Planeten.“ Ich rülpste fortan bei jedem Satz, was der Mutter nicht gerade gefiel. Sie hätte zwar von meinen unorthodoxen Methoden gehört, aber könne keinen Sinn darin entdecken, dem Jungen auch noch ein schlechtes Beispiel zu geben. Ich entgegnete ihr mit einem Rülpsen: „Ich habe nicht gerülpst, bevor Sie ihn hier hereinbrachten.“*

Der Junge lachte lauthals, und die Mutter stöhnte, ein Lachen unterdrückend, jetzt habe sie zwei von dieser Sorte. Sie konnte schon ihren Jungen in diesem Punkt nicht kontrollieren, und jetzt auch noch ein Therapeut, der sich ebenso benahm. „Frauen sagen, bgrg, Männer sind kleine Jungs in langen Hosen", bestätigte ich, zu Billy gewandt.

Das Gespräch sei noch einige Zeit so weitergegangen, er habe Billy auch noch erzählt: *Da gibt es einen Ort, da wärst du der große Hit, bgrg, in Indien. Dort ist es eine Beleidigung, wenn du nach dem Essen nicht kräftig rülpst.*

Da der Vater aus beruflichen Gründen verhindert war, hatte Farrelly die Sitzung aufgezeichnet und übergab schließlich der Mutter das Band mit dem Auftrag, es ihrem Mann vorzuspielen. *Sie rief mich wie verabredet einige Tage später an und berichtete, wie ihr Mann die ganze Zeit gelacht habe, als sie ihm das Tonband vorspielte. „Der ist auch nicht besser", meinte sie halb lachend, halb vorwurfsvoll. Was sie sich überhaupt nicht erklären könne, sei, dass Billy nicht mehr rülpse, weder zu Hause noch in der Schule, nur stets einmal kurz nach dem Essen, was völlig akzeptabel sei. Vielleicht treffe die Vermutung des Hausarztes zu, Billy habe wohl eine Zeit lang zu viel Luft beim Trinken geschluckt. Ich hörte ihr aufmerksam zu und sagte nur: „Bgrg!, wir Jungs und Männer lernen und praktizieren solche Dinge, bgrg!"* Klienten so zu spiegeln, eine Art zweites Selbst für sie zu werden, ermögliche schnell Rapport und Beziehung. Es sei kein objektiver Spiegel und auch nicht der sanfte klientzentrierte, sondern mehr ein Zerrspiegel, ein Panoptikum, das vor allem auch die „verrückten" Seiten zur Geltung bringe.

Es gehe nicht darum, spaßig zu arbeiten, *sondern es macht Spaß, so zu arbeiten*, meint er, *und das hilft auch den Therapeuten. Schon Aristoteles fragte sich, ob wir etwas gut machen, weil es uns Spaß macht, oder ob es uns Spaß macht, weil wir gut darin sind.* Wenn die therapeutische Arbeit wirklich Spaß mache, geschehe das keinesfalls auf Kosten der Bedürfnisse der Klienten. Provokative Therapie stärke nicht nur Klienten, sondern auch Therapeuten und sei damit eine gute Burnout-Prophylaxe. (Farrelly selbst kann hier als gutes Beispiel dienen, es ist während des Interviews deutlich spürbar, dass ihm seine Arbeit noch immer Spaß macht.)

Bevor wir auf die Ausbildung von Therapeuten und Therapeutinnen zu sprechen kommen, erinnert er sich an die Geburtsstunde seines provokativen Ansatzes: *Es war das 91. Interview mit einem als chronisch schizophren diagnostizierten Patienten, und ich war langsam frustriert vom therapeutischen Prozess, der, wie Carl* (Rogers) *zu sagen pflegte, mit der Geschwindigkeit eines Gletschers ablief. Dieser Patient gab mir ständig zu verstehen, er sei wertlos, hoffnungslos, werde sich nie ändern und den Rest seines Lebens in der Anstalt fristen, während ich versuchte, ihm das Gegenteil zu vermitteln und sein Selbstwertgefühl zu heben. In der 91. Stunde gab ich auf: „Sie haben Recht, ich habe mich getäuscht, Sie sind wirklich hoffnungslos", begann ich, und es war nicht eine Sache von Wochen und Monaten, sondern von Sekunden und Minuten: Er fing an, sich äußerlich und innerlich zu bewegen und bekam Farbe im Gesicht, während ich ihm seine Meinung über sich selbst bestätigte.*

Er sei noch einen Schritt weitergegangen und habe ihm ausgemalt, wie die Jahre und Jahrzehnte vorübergingen und er schließlich mit einem motorisierten Rollstuhl durch die Gänge fahren werde. *Er musste herzhaft lachen und lehnte sich vor – die ersten 90 Stunden hatte ich mich vorgelehnt, und er saß zurückgelehnt. Es war wie eine Transformation, ich hatte mein Verhalten geändert und er seines. Eine sichtbare, relevante Veränderung!*

Farrelly hatte mit Klientzentrierter Psychotherapie begonnen, *nicht aus Zufall, sondern weil dieser Ansatz Sinn macht, es authentisch und glaubwürdig ist, Gefühle zu reflektieren, nicht nur den Inhalt,* er sei aber auch ein prinzipiell ungeduldiger und neugieriger Mensch, der immer noch mehr wolle, wie alle Forscher oder Pioniere: *Warum erstiegen Sie den Mount Everest? – Weil er da ist!"* Diese Einstellung sei ihm vertraut, meint er illustrierend. So habe er seine Provokative Therapie entwickelt, *nicht nur, weil ich mich selbst damit wohl fühlte und sie zu meiner Person passt, sondern vor allem, weil es funktionierte und ich die Auswirkungen sehen konnte.*

Er arbeite heute nicht grundsätzlich anders als vor 20 Jahren, habe seinen Stil über die Jahre weiterentwickelt, seine Erfahrungen vermehrt und sein Repertoire vergrößert. Seine Motivation als Therapeut beschreibt er als vielschichtig, es gebe sowohl „innere" wie „äußere" Motive, das Bedürfnis zu helfen ebenso wie das nach Erfolg und Anerkennung, und er erinnert sich lächelnd: *Anfangs wünschte ich mir, meine Motivation sei ausschließlich die reine innere Berufung, von der manche Psychotherapeuten wie auch Priester, Bischöfe und Rabbiner sprechen.* Sich der eigenen Motive bewusst zu sein erleichtere es, die Bedürfnisse anderer zu erkennen, meint er.

Es sei oft über ihn gesagt worden, er gebe seinen Klienten nicht, was sie wollen, sondern was sie brauchen, und das sei ein wesentlicher Unterschied: *Schon ein altes irisches Sprichwort sagt: Es sind meine Vorlieben, die die deinen erkennen It's the likes of me what knows the likes of you).*

Die Ausbildung für Psychotherapeuten und -therapeutinnen müsse vermehrt auch die sozialen Aspekte berücksichtigen: *Einer der wichtigsten Faktoren für dich, mich, unsere Klienten und Familien ist der, welchen Einfluss wir mit unserem Verhalten auf andere Menschen haben. Es geht nicht nur um innerpsychische, sondern auch um psychosoziale Muster. Wir leben nicht nur in psychischen, sondern auch in familiären, kulturellen, ökonomischen oder spirituellen Systemen.* Man dürfe weder die psychischen noch die sozialen Faktoren von Verhalten überbetonen und dürfe auch die physiologischen nicht vergessen.

Er betont, ein Therapeut müsse die eigenen Lebenserfahrungen mit einbeziehen, um die Lebensumstände der Klienten verstehen und wirklich glaubwürdig und kongruent sein zu können: *Alle verbeugen sich vor dem authentischen Mann,* besage ein altes buddhistisches Sprichwort. Viele Spezialisten ließen gerade die alltäglichen Umstände und Stressfaktoren unberücksichtigt: *Ich hatte oft den Eindruck, Bücher über Kinder oder Eltern-Kind-Beziehung seien von Leuten geschrieben, die als Einzelkinder in New York aufwuchsen und später selbst keine Kinder hatten. Wo sind die stinkigen Windeln, der Schlafentzug in den ersten Monaten, das strapazierende Schreien eines Babys mit einer Ohrenentzündung, die dauernd unterbrochene Privatsphäre der jungen Eltern?*

In der Ausbildung von Studenten und angehenden Therapeuten habe er stets darauf Wert gelegt, auch die alltäglichen und so genannten „unbedeutenden" Dinge mit zu berücksichtigen: *Ich führte sie anfangs in alle Arbeitsbereiche der psychiatrischen Klinik, von der Wäscherei bis in die Küche, von der Arbeitstherapie bis in die Landwirtschaft, sie sollten wissen, wovon ihre Patienten erzählen.*

Schmunzelnd erinnert er sich an einen Kollegen, der ihm eindrücklich von einem Hausbesuch bei einer Klientin berichtet hatte. Sie hatte ihm weinend am Telefon mitgeteilt, dass sie nicht in die Praxis kommen könne, und so habe er sich bereit erklärt, sie aufzusuchen. Er fand sie mit drei schreienden kleinen Kindern, zwei mit vollen Windeln, das dritte mit einer Halsentzündung, in einem ziemlichen Chaos vor. Der Ehemann hatte sie nach heftigem Streit am Abend zuvor verlassen. In den vorangegangenen Therapiestunden hätten sie über die existenzielle Identitätskrise dieser Klientin gesprochen, *aber stinkende, überquellende Windeln sind greifbarer Stress und keine Identitätskrise.*

Mit einer Befragung von angehenden Psychiatern, die in Kalifornien durchgeführt worden war, rundet Farrelly das Thema ab: *Diese Therapeuten glaubten, die Therapiestunde sei das mit Abstand wichtigste Ereignis im Leben ihrer Patienten, sie hatten keinen blassen Schimmer von den übrigen 167 Wochenstunden.* Aber gerade das sei ein überaus wichtiger Faktor in der Therapie, sich die Lebenssituation der Klienten eindrücklich vorstellen zu können. Viele Ansätze und Theorien seien ihm zu abstrakt, künstlich und lebensfremd formuliert, und der Trend zur Systematisierung und Kategorisierung führe *zu einer Art Krankheitsindustrie. Das DSM-IV enthält bereits über 400 Diagnosen, und jährlich kommen neue dazu – ein internationales Witzbuch.*

Humor und Sinn für das Absurde zu entwickeln ist ihm natürlich ein weiteres Anliegen in der Ausbildung. Es sei wichtig, wie die Arbeiten von Salameh und anderen Autoren zeigten, verschiedene Formen des Humors zu unterscheiden, von der aggressiven bis zur heilsamen. *Wohlwollender Humor ist heilsam und kann als starke Gegenkonditionierung wirken. Jeder kann lernen, seinen Humor zu entwickeln,* davon sei er überzeugt.

Darüber hinaus sollten sich Therapeuten aber auch eine gewisse Skepsis gegenüber gesellschaftspolitischen Strömungen und Ideologien bewahren. Als negatives Beispiel erwähnt er die immense Flut von Inzest-Klagen in den USA, die oft auch dann zu Verurteilungen führten, wenn die im Rahmen einer Therapie wieder entdeckten Erinnerungen der Opfer die einzigen Hinweise darstellten.

Auch für die Beurteilung des Erfolges einer Therapie zähle nicht nur das subjektive Empfinden der Klienten, sondern auch die Einschätzung wichtiger Bezugspersonen, wie Partner, Angehöriger oder Freunde. Wie für das therapeutische Setting, so gelte für ihn auch hier oft das Motto: *Bring in the families!*

Nach über zwei Stunden beenden wir das Interview. Natürlich könnte Farrelly noch stundenlang damit fortfahren, über seine „Provocative Therapy" zu sprechen, und ich könnte seinen bildhaft illustrierenden Schilderungen noch lange zuhören. Aber, wie er oft zu zitieren pflegt: *There is a time for everything, there is a time to live and a time to die* – und jetzt ist es Zeit für das Abendessen.

Prof. em. Erika Fromm, Ph. D.

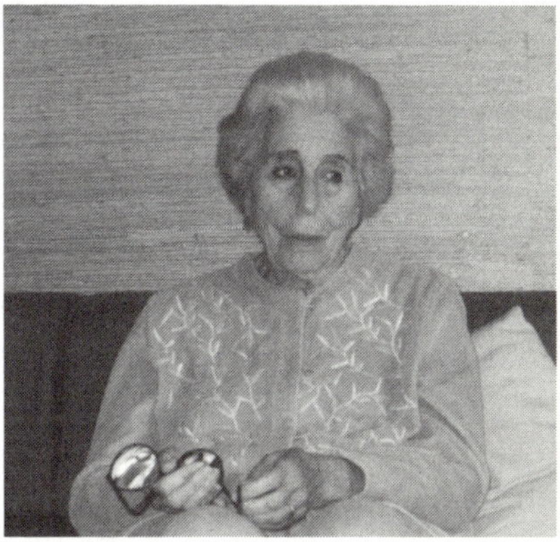

Geboren 1910 in Frankfurt, studierte sie Psychologie bei Prof. Max Wertheimer (1929–1933), bevor sie Deutschland endgültig zunächst in Richtung Holland verließ und 1938 in die USA auswanderte. Seit dem Zweiten Weltkrieg spricht sie nicht mehr Deutsch. Da sie sich bis heute weigerte, ihre Publikationen in deutscher Sprache zu veröffentlichen (vgl. den übersetzten Briefwechsel mit B. Peter, Fromm 1992), ist Erika Fromm hierzulande in Fachkreisen nur wenigen bekannt.

Erika Fromm machte sich nicht nur als klinische Psychologin und Forscherin (Fromm a. Nash; 1992, Professur von 1961 bis 1976 an der Universität von Chicago; über 25 Gastprofessuren bis 1988), sondern auch als Therapeutin (Fromm a. Kahn 1990) und vor allem als Pionierin der Hypnoanalyse (Fromm a. Nash 1996) international einen Namen. Sie publizierte seit 1934 über 100 wissenschaftliche Artikel und sechs Fachbücher als Autorin und Co-Autorin und erhielt 16 bedeutende Ehrungen, unter anderem „The Best Research Paper" (1965) „The Arthur Shapiro Award" (1973, 1991, 1993) für das beste Buch im Bereich Hypnose, und „The Best Clinical Paper" (1986) von der Society of Clinical an Experimental Hypnosis, den „Award for Outstanding Contributions to Psychoanalysis" der American Psychological Association, „The Best Teacher Award" (1989) der Chicago School of Professional Psychology und den „ISH (International Society for Hypnosis) Pierre Janet Award for Clinical Excellence" (1997).

Sie wird auch im „Who's Who in the World" und „Leaders in American Science" aufgeführt.

Seit über 50 Jahren lebt sie in Chicago. Sie ist immer noch therapeutisch und wissenschaftlich tätig und schreibt an einem neuen Buch.

Interview mit Erika Fromm

„... auch wenn alle anderen sagen, Intensität sei nicht gut, glaube ich, dass mein therapeutischer Erfolg wahrscheinlich dieser Intensität zu verdanken ist."

Ich hatte bereits 1992 beim Kongress der International Society for Hypnosis in Jerusalem die Gelegenheit, Erika Fromm kennen zu lernen. Da sie sich daran aber sicher nicht mehr erinnern würde und ich auch über ihre Vorbehalte gegenüber Deutschen und der deutschen Sprache wusste, bat ich einen Freund und Berufskollegen, Dr. Burkhard Peter, der in fachlichem und persönlichem Kontakt zu ihr steht, ihr mein Anliegen zu schildern, bevor ich telefonisch bei ihr anfragte.

Sie ist sehr kooperativ, macht mehrere Terminvorschläge und gibt mir auch Anweisungen für den Taxifahrer, da die Adresse nicht leicht zu finden sei, was sich dann auch wirklich bestätigte. Aber schließlich finden wir das alte Backsteinhaus im Universitätsviertel von Chicago, das, nach ihrer eigenen Beschreibung, auf drei Seiten von Slums und auf der vierten Seite vom Lake Michigan umzingelt ist. Ihre geräumige, alte Wohnung umfasst den 8. Stock des Gebäudes, hat sehr viel Atmosphäre und Ausblick. Ihre Hausdame und Betreuerin öffnet mir die Türe und bringt mich zum Arbeitszimmer, wo Fromm mich freundlich, auf einen *Walker* gestützt, empfängt. Nach einer Operation im Bereich des inneren Ohres ist ihr Gleichgewichtssinn stark beeinträchtigt, was eine ständige Betreuung und eine Gehhilfe erfordert sowie Reisen und Ausflüge erschwert. Sie macht einen wachen und präsenten Eindruck, der ihr Alter von 87 Jahren vergessen lässt. Sie präsentiert sich als vollendete Gastgeberin und bietet mir sofort ihre Hilfe beim Einlegen der Batterien in den Recorder an: *Ich bin gut in solchen Dingen.*

Es muss eine redliche Person sein, das ist das Allerwichtigste, beginnt sie auf meine Frage, was für einen Therapeuten am wichtigsten sei, und fährt fort, *und sie muss in diesem Beruf sein, weil sie sich um Menschen sorgt, und nicht, um Geld zu verdienen, diese Art von Therapeuten sind schrecklich.* Schließlich sollte sie mehrere Ansätze kennen, um dann zu entscheiden, welchen Weg sie einschlagen wolle. Sie möchte das aber nicht im Sinne eines wahllosen Eklektizismus verstanden wissen, *da und dort etwas herauspicken*, sondern als Kombination oder gegenseitige Ergänzung von Ansätzen und Methoden.

Angesprochen auf ihre eigene berufliche Entwicklung, beginnt sie bei Max Wertheimer, ihrem Professor in Frankfurt, der ein überzeugter Gestalt- und Experimentalpsychologe war, aber nichts von Statistik hielt. *Seine Maxime war: „Nimm zehn Versuchspersonen, wenn es bei allen zehn funktioniert", o. k., manchmal akzeptierte er auch neun, aber nie weniger. So war ich auch eine Experimentalpsychologin, und „Gestalt" wurde damals in gewisser Weise unser aller Weltanschauung.* Sie habe ihr Studium bereits nach sechs Semestern mit einer Dissertation abgeschlossen, um Deutschland verlassen zu können. In Holland arbeitete sie vier Jahre als Psychologin in der Psychiatrischen Abteilung der Universität von Amsterdam. Der Direktor hatte ihr versprochen, in allen psychiatrischen Institutionen Psychologen zu beschäftigen, wenn sie zeigen könne, dass Psychologen im psychiatrischen Bereich von Nutzen seien, *und ich schaffte es!*

Aus politischen Gründen habe sie 1938 zusammen mit ihrem damaligen Verlobten und späteren Ehemann Europa in Richtung Chicago verlassen.

Meine Frage, wann sie zur Psychoanalyse gekommen sei, beantwortet sie schmunzelnd: *Bereits als ich 14 Jahre alt war, und das ist eine lustige Geschichte: Meine Eltern waren sehr orthodoxe Juden. Vor dem Pessach-Fest mussten alle Bücher in der Bibliothek, ebenso wie alles andere im Haus, gereinigt werden. Vielleicht hatte ja jemand während des Lesens eine Brotkrume zwischen die Seiten fallen lassen.*

Es war nun damals meine Aufgabe, die Bibliothek zu reinigen, und die war wirklich groß. In jedem Regal stand eine Bücherreihe – mit einer Ausnahme. In diesem Fach waren in zweiter Reihe Bücher, die etwas mit Sex zu tun hatten und die mein Vater vor uns verstecken wollte. Lachend fährt sie fort: *Und ein 14-jähriges Mädchen beginnt natürlich, sie zu lesen. Einige waren von Freud, und so begann mein Interesse für Psychoanalyse.* Üblicherweise beginne sie diese Geschichte mit der Frage: *„Möchten Sie wissen, wie ich Freud entdeckte?"*, und antworte dann: *Er stand in der zweiten Reihe.*

Auch zur Hypnose sei sie nicht mit Absicht gekommen, eher im Gegenteil: *1958 veranstaltete die American Psychological Association ihren ersten Workshop. Da er in Chicago stattfinden sollte, wurden dort fünf Psychologen angefragt, inhaltliche Vorschläge zu machen. Es wurde viel diskutiert, bis ich vorschlug, eine repräsentative Auswahl von Mitgliedern nach ihren Wünschen zu befragen. Wir würden dann versuchen, Referenten für die fünf meistgenannten Themen zu finden.* Eines der meistgewünschten Themen sei Hypnose gewesen, und obwohl sie damals der Meinung gewesen sei, *Hypnose ist für die Katz, das organisieren wir nicht*, sei sie von den Kollegen auf ihren eigenen Vorschlag behaftet und überdies dazu delegiert worden, an diesem Workshop als Beobachterin und Begutachterin teilzunehmen. *Ich ging also zu diesem Workshop*, erinnert sie sich weiter, *und wurde augenblicklich von der Realität der hypnotischen Phänomene überzeugt und begann daraufhin, auf alle mögliche Arten Hypnoseforschung zu betreiben.* Als sie gelernt gehabt habe, wie man Hypnose anwendet, sei sie überzeugt gewesen, dass man mit ihr viel schneller zu unbewussten Inhalten gelangen könne als mit der Psychoanalyse, die zu dieser Zeit *nur für die Reichen und die ganz Armen möglich war. Für die Armen, weil an der Klinik Therapeuten in Psychoanalyse ausgebildet wurden, für die Reichen, weil sie es sich leisten konnten.*

Um ihre Arbeit effektiver gestalten zu können und so den Patienten Zeit und Geld zu sparen, habe sie dann begonnen, Psychoanalyse mit Hypnose zu kombinieren. Sie habe dies aus der Überzeugung heraus getan, dass es für die Patienten ein guter Ansatz sei, obwohl der Behaviorismus zu dieser Zeit bereits modern war und immer mehr an Einfluss gewann. *Wenn du von etwas überzeugt bist, musst du es tun. Diese Überzeugung hat natürlich auch viel mit der eigenen Weltanschauung zu tun. Psychoanalyse geht seit einiger Zeit mehr und mehr zurück, aber ich glaube, mit Hypnoanalyse können wir mehr in kürzerer Zeit erreichen.*

Für Fromm ist Glaubwürdigkeit und Vertrauenswürdigkeit des Therapeuten ein sehr wichtiger Faktor, gerade auch wenn man versucht, verschiedene Ansätze zu kombinieren und zu integrieren. Sie hat klare Vorstellungen von Vertrauens- und Glaubwürdigkeit: *Die Beziehung ist das Wichtigste, es muss eine vertrauensvolle Beziehung sein, du musst das Beste für deine Patienten wollen*, und erläutert dies am Beispiel der Hypnose: *Heute praktizieren wir die so genannte permissive Hypnose, die die autoritäre Hypnose kurz nach dem Zweiten Weltkrieg ab-*

löste. Ich fühle es ganz deutlich, dass wir damals verstehen konnten, nicht immer genau zu wissen, was das Beste für Patienten ist, gerade weil wir gegen die Nazis und ihren autoritären Führungsstil gekämpft hatten.

Diese offene, permissive Grundhaltung ermögliche es dem Patienten schließlich, zu erfahren, dass das Unbewusste nicht aus lauter Schrecklichem bestehe, *sondern Kreativität und alle möglichen wundervollen Dinge enthalte*, die es zu entdecken und aufzudecken gelte. So könnten Patienten das ihrer Meinung nach Wichtigste lernen: Bewältigungsstrategien. *Wenn du das wirklich spürst, kannst du ein vertrauenswürdiger Therapeut werden, andernfalls sollte wirklich kein Patient zu dir kommen*, meint sie kategorisch.

Auch sei ein gewisser Optimismus notwendig: *Wenn du den Eindruck hast – aus Gründen der Gegenübertragung oder warum auch immer –, dass du dem Patienten nicht oder nicht mehr helfen kannst, musst du ihn jemand anderem überweisen.* Sie erinnert sich an einen Studenten, der zu ihr kam, um mittels Hypnose den Prüfungsstoff vermittelt zu bekommen. Er hatte das ganze Jahr keine Party ausgelassen und kein einziges Mal die Bibliothek aufgesucht. *Das kann ich nicht*, habe sie ihm geantwortet, *aber ich kann dir wahrscheinlich helfen, dich besser zu konzentrieren, besser zu lernen und das Gelernte zu behalten.* Als sie so neben ihm saß, habe er sie an ihren Bruder in Israel, der ernsthaft an Krebs erkrankt war, erinnert, und dieser Eindruck habe sich in der zweiten Sitzung noch verstärkt. *Als Psychoanalytikerin fragst du dich natürlich, was das zu bedeuten habe. Ich erinnerte mich, dass mein Bruder mich immer dazu gebracht hatte, als ältere Schwester seine Hausaufgaben für ihn zu machen. Meist habe ich es gerne gemacht, und dieser Student versuchte nun dasselbe mit mir. Ich überwies ihn zu einem Kollegen, da ich wusste, mein Bruder würde wahrscheinlich bald sterben, und ich war mir nicht sicher, was ich dann mit diesem Studenten ausagieren würde.*

Sie hielt kurz inne und fuhr dann fort: *Drei Jahre später fuhr ich in der Rochester Avenue, einer Einbahnstraße, hinter einem jungen Mann auf einem Fahrrad und hupte. Da er nicht reagierte, hielt ich mein Auto vor ihm an: „Sie haben einen Termin bei mir am nächsten Mittwoch, könnten sie bereits am Montag kommen?" – „Ich habe keinen Termin bei Ihnen, ich war vor drei Jahren bei Ihnen, und Sie haben mich weiterverwiesen", antwortete er mir. – Da begriff ich, was ich offensichtlich mit dieser „Fehlleistung" wollte, es war der Wunsch, meinen Bruder wieder lebendig werden zu lassen.*

Aber nicht nur, wenn sie den Eindruck habe, die Gegenübertragung könnte für den Patienten ungünstig sein, auch wenn sie alles ihr Mögliche versucht habe, mit wenig oder keinem Erfolg, überweise sie zu einem anderen Therapeuten. Es könne auch sein, dass sie nur einen bestimmten Teil der Arbeit übernehme. *Ich bin zum Beispiel eine sehr mütterliche Therapeutin, und Borderline-Patienten brauchen eine sehr mütterliche oder väterliche Person, vor allem dann, wenn sie sexuell missbraucht wurden. So übernehme ich diesen Teil der Arbeit, oft auch die ganze Therapie, aber ich erinnere mich an einige Fälle, in denen meine Tendenz zur Bemutterung nach einer gewissen Zeit nicht mehr hilfreich war und ich die Patienten dann überwiesen habe.* Die eigenen Stärken und Grenzen zu erkennen hält sie für sehr wichtig, ebenso natürlich eine gewisse Intelligenz und Ausbildung. Hier bedauere sie die gegenwärtige Entwicklung zum Beispiel der HMO–Systeme (Managed Care), auf dem Gebiet der Psychotherapie die Ausbildungsqualität und das Fachwissen ständig zu senken und gleichzeitig vorzuschreiben, wie viel Stunden der Therapeut mit einem bestimmten Patienten benötigen dürfe.

Die immer stärkere Trennung zwischen Forschung und Praxis, die auch in neuen Titeln bzw. Berufsbezeichnungen wie Psy. D. (Psychological Doctor) zum Ausdruck komme, geht für Fromm in die falsche Richtung, und sie bringt es auf den Punkt: *Ich wollte immer eine wissenschaftliche Therapeutin sein. Ich glaube, das bin ich auch, und die anderen Therapeuten sollten das auch sein.* Es sei unerlässlich, dass man als Therapeut wissenschaftliche Artikel lesen und natürlich auch beurteilen könne. *Die wenigen klinischen Institutionen bieten zu wenig wissenschaftliche Inhalte, die Universitäten bieten viel zu wenig klinisches Training,* fasst sie die derzeitige Situation zusammen und vergleicht: *Im Hinblick auf die Psychotherapie haben Sozialarbeiter in ihrem Master-Studium eine viel bessere Ausbildung.*

Selbsterfahrung, wie sie zum Beispiel in der Schweiz oder Deutschland obligatorisch vorgeschrieben ist, erachtet Fromm *nicht unbedingt als notwendig. Ich halte sie aber für sinnvoll. Hier (in den* USA*) verlangen das nur die Psychoanalytiker.*

In ihrer eigenen beruflichen Entwicklung habe sie verschiedene Ausbildungen und Theorien durchlaufen und ihr therapeutisches Handeln stets weiterentwickelt. *Nach „Gestalt" und der dynamischen Psychologie kam ich zur Psychoanalyse und wurde Analytikerin. Dann kombinierte ich die „Ich-Psychologie" mit Hypnose und ergänzte die*

„Triebtheorie", „Es" – „Über-Ich" und „Ich-Ideal". Mein Hauptinteresse blieben aber Forschung und Lehre. In den letzten zwölf Jahren habe sie ihre therapeutische Tätigkeit auf wenige Patienten reduziert, um genügend Zeit für wissenschaftliches Arbeiten und Publikationen, wie die Herausgabe von sechs Fachbüchern und viele Artikel über Hypnose, zu haben. Hypnoanalyse wurde und blieb bis heute das Zentrum ihres wissenschaftlichen und therapeutischen Interesses.

Auf meine Frage, was sie außer ihrer ständigen Neugierde, der Integration von Wissenschaft und Praxis, ihrer Pionierrolle in der Hypnoanalyse noch als Spezialität ihrer Arbeit bezeichnen würde, antwortet sie spontan: *Meine Empathie ist sehr hoch. Ich sorge mich und leide mit meinen Patienten, wahrscheinlich mehr als die meisten meiner Kollegen.* Als Wissenschaftlerin relativiert sie sogleich: *Natürlich wäre es viel besser, nicht mitzuleiden, aber das habe ich nie geschafft*, und verteidigt gleichzeitig ihre Erfahrung: *Es ist zwar die allgemeine Überzeugung, dass ein intensives Mitgehen mit dem Leiden des Patienten weder für den Therapeuten noch für den Patienten gut sei, aber ich halte meine Intensität für sehr hilfreich!*

Zur Intensität, die hier zum Ausdruck komme, meint sie schließlich: *Auch wenn alle anderen sagen, Intensität sei nicht gut, ich glaube, dass mein therapeutischer Erfolg wahrscheinlich dieser Intensität zu verdanken ist – natürlich einer sehr fürsorgenden Intensität, nicht einer feindseligen.* Dieses intensive Einlassen bringe auch das ernsthafte Interesse des Therapeuten zum Ausdruck und verstärke bei den Patienten das Gefühl, nicht als Routinefall abgehandelt zu werden, *und das ist wirklich wichtig.*

Auch der Wunsch nach Erfolg und der Ehrgeiz gehören für Fromm dann zu einer guten Therapeutin, wenn sie im Dienst der Therapie und des Patienten stehen. Erfolg in der Arbeit mit Patienten sei sicher wichtig, damit man nicht entmutigt werde, andererseits könne man aus Fehlern meist viel mehr lernen als aus gelungenen Situationen: *Ich denke an eine schwangere Frau, die panische Angst vor den Wehen hatte, und ich verwendete eine Hypnosetechnik, das beobachtende Ich vom erlebenden zu separieren, sodass sie sich selbst bei der Geburt von außerhalb beobachten konnte. Der Fehler war, sie nicht für die letzten Minuten vor der Geburt in ihren Körper zurückzubringen. Zwei Tage lang war sie der Überzeugung, noch nicht geboren zu haben, und weigerte sich, „einem Baby einen Namen zu geben, von dem ich noch nicht einmal weiß, ob es ein Junge oder ein Mädchen ist".* Sie habe daraus gelernt, Patientinnen für die letzten zehn oder 15 Minuten vor der Geburt zurückzubringen, denn *zehn oder 15 Minuten Wehenschmerzen kann jede Frau ertragen.*

Was ihre eigene Entwicklung betrifft, sei es ihr noch wichtig, auf ihren Hang, zu opponieren, eine Art „jugendlicher Reaktion“, wie sie es oft genannt habe, hinzuweisen: *Ich spüre, dass ich aufgrund dieser jugendlichen Oppositionshaltung zur Pionierin geworden bin und es mir auch half, verschiedene Dinge zu integrieren.* Sie habe sich bereits mit 14 Jahren gegen Formen religiöser Orthodoxie aufgelehnt, etwa wenn ihre Eltern das nichtjüdische Hausmädchen instruierten, am Sabbat das Licht anzudrehen, wenn man ihr gesagt habe „die Sonne scheint“, obwohl dies nicht der Fall gewesen sei.

Später opponierte ich gegen alles Orthodoxe, und diese Haltung habe ich noch heute. Ich war Psychoanalytikerin, bis mir die Psychoanalyse zu orthodox wurde, so musste ich etwas Neues erfinden. Auch auf anderen Gebieten war und ist diese Opposition gegen Orthodoxie wahrscheinlich mein deutlichster Charakterzug – und ich will ihn behalten.

Auch als Therapeutin könne einem manchmal eine Art Auflehnung, zum Beispiel gegen Hoffnungslosigkeit, helfen: *Ich gebe wirklich sehr selten auf, speziell wenn mich Patienten – als Hypnosetherapeutin ist das relativ oft der Fall – als ihre letzte Hoffnung ansehen.* Diese Patienten kämen meist mit einer Art Elternübertragung und der Fantasie von magischen Kräften zur Hypnose, *und ich sage dann: „Oh, ich habe wieder neue Verwandte bekommen.“ Dann müssen sie lachen und merken, dass sie mit mir zusammenarbeiten müssen, dass ich es nicht allein für sie tun kann.* So kommen wir auch auf die Bedeutung von Humor zu sprechen, und auch hier treffen ihre emotionale und humorvolle Seite mit der wissenschaftlichen zusammen: *Forschungsergebnisse belegen, dass für Therapeuten und Therapeutinnen ein Sinn für Humor eminent wichtig ist. Es ist ein bedeutsamer Seitenpfad.*

Zum Abschluss unseres Gespräches unterstreicht sie ihre bisherigen Aussagen: *Ich würde sagen, du musst deinen Beruf lieben. Ich bin jetzt bereits mehr Jahre, als ich zugeben möchte – also über 60 Jahre –, Psychologin und liebe meinen Beruf noch immer. Die Pensionierung war wahrscheinlich das Härteste für mich, aber es musste sein, und ich bin ja weiterhin wissenschaftlich und therapeutisch tätig. Wie gesagt, Beruf lieben oder es sein lassen.*

Sie erlaubt mir, ein Foto von ihr zu machen, und bittet mich, ihr meine Arbeit zu schicken. Sie zeigt sich interessiert an der Psychotherapieszene in der Schweiz und in Deutschland. Wir plaudern noch über den Kongress in Israel (1992) und zukünftige Anlässe, während ich zusammenpacke. Ihre Hausdame bringt mich zum Taxistand. Ich habe den Eindruck, nicht nur um eine Begegnung, sondern auch in meiner Arbeit bereichert worden zu sein.

Prof. em. Dr. h. c. Hans Hermann Strupp, Ph. D.

Hans H. Strupp, geboren 1921 in Frankfurt am Main, kam 1939 in die USA und studierte in Washington, DC, Psychologie (A. B. 1945, A. M. 1947, Ph. D. 1954).

Nach verschiedenen leitenden Positionen in den Bereichen Forschung und Psychotherapie wurde er 1962 ordentlicher Professor für Psychologie der Universität von North Carolina und 1966 ordentlicher Professor für Psychologie an der Vanderbilt-Universität in Nashville, der er bis heute als Distinguished Professor, Emeritus, angehört.

Hans Strupp gilt international als einer der bekanntesten Forscher auf dem Gebiet der Psychotherpie (Strupp a. Bergin 1969). Neben der Weiterentwicklung therapeutischer Ansätze (Strupp u. Binder 1991) beschäftigt er sich seit Jahrzehnten mit Wirkfaktoren und der Person des Therapeuten im Therapieprozess (Strupp 1995; 1996; Strupp, Horowitz a. Lambert 1997). Strupp erhielt zahlreiche wissenschaftliche Auszeichnungen von Universitäten oder der American Psychological Association und 1986 den Ehrendoktortitel der Medizinischen Fakultät der Universität Ulm. Er wird im „Who's Who in America" und im „American Men and Women of Science" geführt, publizierte seit 1949 weit über 300 wissenschaftliche Arbeiten, die zum Teil in mehrere Sprachen übersetzt wurden, und ist bis heute wissenschaftlich wie auch therapeutisch tätig.

Interview mit Hans H. Strupp

„Zuerst und vor allem geht es um eine menschliche Beziehung ganz spezieller Art, eine höchst persönliche Beziehung in einem höchst unpersönlichen Rahmen."

Hans Strupp stand ursprünglich nicht auf meiner Liste. Anlässlich eines berufspolitischen Hearings in Bern hielt er einen Vortrag, der mich sehr beeindruckte. Ich sprach ihn spontan an, als er sich auf den Heimweg machen wollte, skizzierte in zwei, drei Sätzen mein Anliegen und freute mich über sein Interesse und seine grundsätzliche Bereitschaft, sich für ein Interview zur Verfügung zu stellen. Er gab mir seine E-Mail-Adresse, die ich dann drei Monate später auch benutzte, um einen Termin zu vereinbaren.

Die herzliche Art seiner schriftlichen Zusage beeindruckte mich und machte mich neugierig, ihn in Nashville zu besuchen. Die terminliche Planung erforderte noch einige Telefonate, Faxe und E-Mails, bis ich mich schließlich von Madison für einen Tagestrip über Chicago nach Nashville und dort zur Universität aufmachen konnte.

Dank der guten Beschreibung finde ich sein Arbeitszimmer, das sich durch ein Vorzimmer von den anderen unterscheidet, problemlos. Ich bin fünf Minuten zu früh, die Türen stehen offen, und so kann ich einen ersten Blick in das relativ kleine, mit Büchern, Manuskripten, Ordnern, Regalen, Geräten, einem Besprechungstisch mit Sofa vor dem großen Schreibtisch, Pflanzen und einem elektrischen Teekocher mit Geschirr sympathisch überladene Büro werfen. Bereits Campus und Backsteingebäude ließen an alte Filme denken, Strupps Büro vertieft diesen Eindruck, als er vom anderen Ende des Flurs, schon von weitem winkend auf mich zukommt und mich lächelnd willkommen heißt. Er führt mich in sein Zimmer, beginnt, Tee zu kochen, und erkundigt sich nach meinem Aufenthaltsort in den USA, der Schweiz, den anderen Interviewpartnern, meinem Projekt und meiner beruflichen Tätigkeit.

Er erzählt mir, wie er vor vielen Jahren im Rahmen einer wissenschaftlichen Untersuchung, auf die er auch später im Interview zu sprechen kommen sollte, erfahrene Therapeuten befragt hatte. Inzwischen ist auch Dr. Vakoch, wissenschaftlicher Mitarbeiter und Psychotherapeut, eingetroffen, der uns auf Wunsch von Strupp Gesellschaft leistet. Mit Rücksicht auf Dr. Vakoch findet das Interview in Englisch statt.

Strupp hatte sich offensichtlich auf unser Gespräch vorbereitet und einige Artikel und Bücher griffbereit. Meine erste Frage, was aufseiten des Therapeuten neben Techniken und Methoden für den therapeutischen Erfolg notwendig sei, beschäftigt ihn schon seit Beginn seiner wissenschaftlichen Tätigkeit, und er versucht, sich zum Teil aus seinen eigenen Artikeln zitierend, möglichst klar gegliederte und präzise Antworten zu geben: *Es ist dokumentiert, dass empathisches Zuhören wahrscheinlich das grundlegendste Prinzip darstellt, das von allen psychotherapeutischen Ansätzen und von klinischen Praktikern verschiedener Orientierungen geteilt wird,* beginnt er seine Aufzählung und erläutert: *Es geht darum, den Patienten, seine oder ihre Gefühle, Ängste, Kämpfe und Anliegen zu verstehen.*

Der Therapeut könne durch Empathie an der Zweierbeziehung (Einzeltherapie) teilnehmen und habe so das im Einzelnen wichtigste, menschliche und technische Werkzeug *(human and technical tool)* zur Verfügung. *Zuhören bedeutet*, fährt er fort, *sich in die innere Welt eines anderen Menschen zu vertiefen, sich dabei zu erlauben, sich auf die ausgesprochenen und, noch wichtiger, auf die unausgesprochenen Botschaften einzustimmen und sich dabei der eigenen Gefühle, Bilder, Fantasien und Assoziationen bewusst zu sein.*

Er beschreibt Therapie als einen intuitiven Prozess, der nach folgenden Regeln abläuft: *Lasse die Initiative so weit als möglich bei den Patienten, erlaube ihnen zu explorieren, ihren eigenen Bedürfnissen zu folgen und ihre eigenen Entdeckungen zu machen.*

Hier teile er den Standpunkt der Psychoanalytiker. Dieses Auf-sich-gestellt-Sein" fördere Unabhängigkeit und Selbststeuerung, zeige den größten Respekt vor Patienten als erwachsenen Menschen und sei somit oft ein wirkungsvoller Kontrast zu dem, was Patienten von ihren Eltern oder anderen wichtigen Bezugspersonen gewohnt seien. Darüber hinaus *ist die größte Hilfe, die du Ihnen geben kannst, sie darin zu bestärken, mehr auf die eigenen als auf deine Ressourcen zu vertrauen.* Den Patienten und ihrem gegenwärtigem Thema Raum zu geben, ohne dabei einsilbig zu werden oder unangenehmes Schweigen entstehen zu lassen, sei ebenso wichtig wie das Wecken der Neugierde der Patienten auf sich selbst. *Therapie ist ein ernsthaftes Geschäft, aber es muss kein grimmiges sein,* meint er schmunzelnd *ein gelegentlicher „touch of humor" kann die Last verringern und die Zusam-*

menarbeit verstärken. Ich denke, es ist sehr wichtig für Therapeuten, Sinn für Humor zu haben, und sich daran erinnernd, dass ich ihm anfangs auch von „meinen" Humorkongressen erzählt hatte, *ich glaube, darüber könnten wir noch eine ganze Weile reden.*

Er kommt zu den nächsten Punkten: Man solle eine einfache, verständliche Sprache verwenden und es vermeiden, Vorträge zu halten oder langfädige Erklärungen abzugeben. Auch sollten dogmatische Behauptungen gemieden und die Vorläufigkeit der therapeutischen Aussagen betont werden. *Und dann würde ich sagen – mit einem Ausrufezeichen: Sei geduldig! Geduld ist das Kennzeichen eines guten Therapeuten, vor allem wenn sie auf die Probe gestellt wird.*

Da Gegenübertragungsreaktionen oft eine äußerst wertvolle Informationsquelle bezüglich des Patienten und seiner Probleme darstellten, sei es wichtig, den eigenen Gefühlen gegenüber dem Patienten und den Reaktionen auf ihn Beachtung zu schenken, und er verweist darauf, dass er und sein Forschungsteam diese Reaktionen des Therapeuten auf die Patienten seit Jahren ins Zentrum ihrer Arbeit stellen.

Bevor wir auf dieses Thema näher eingehen, vervollständigt Strupp: *Sei dir deiner eigenen Grenzen und Schwächen bewusst, aber entschuldige dich nicht dafür, anerkenne dir selbst und den Klienten gegenüber, dass deine Macht begrenzt ist*, und ergänzt: *Wir sprachen vor kurzem darüber in einer Gruppe mit Studenten, dass du manchmal dem Patienten offen eingestehen musst, dass es nichts gibt, was du tun kannst, dass du nicht die Macht hast, etwas zu verändern – und das ist ein sehr gewichtiger Punkt, dass alles, was du tun kannst, ist, es dem Patienten vielleicht zu ermöglichen, Veränderung zu erfahren und ein besseres Verständnis zu erlangen.*

Ebenso wichtig sei es für ihn, stets die Absicht der eigenen Interventionen zu überprüfen. *Als Therapeut musst du dich fragen: Mache ich eine bestimmte Aussage, weil sie meinen eigenen Anliegen nutzt, oder dient sie den Bedürfnissen des Patienten, wofür er schließlich auch gekommen ist?*

Auf keinen Fall Kritik zu üben und in jedem Fall abwertende Bemerkungen zu unterlassen, dieser Gedanke bringt ihn zu einem zentralen Anliegen, *vielleicht dem Leitmotiv unserer Forschungsarbeit: Therapists have to avoid pejorative statements!* Wir diskutieren die passende Übersetzung von „pejorative" mit „wegwerfend", „entwertend" oder auch „verniedlichend" im Sinne von „nicht ernst nehmend", und Vacoch weist darauf hin, dass das Pejorative oft mehr durch die

Art und Weise von Äußerungen zum Ausdruck komme als durch offene Kritik oder Feindseligkeit. Für Strupp ist diese Art der abwertenden Kommunikation in der psychotherapeutischen Beziehung *absolut zentral, weil dabei der Patient irgendwie erniedrigt wird – und dies so einfach passieren kann.*

Er sei entgegen der Meinung vieler Fachleute überzeugt, *dass das sehr oft passiert*, und weist darauf hin, dass die meisten Patienten schon in einer Atmosphäre von Abwertung aufgewachsen seien und diese Art der Abwertungen ihnen somit gar nicht mehr auffiele. Besonders ausgeprägt sei dies in Deutschland: *Ich sage es nicht gerne, aber gerade deutsche Eltern – ich bin ja dort aufgewachsen – machen sich schuldig, ihre Kinder runterzumachen mit Äußerungen wie: „Stell dich nicht so an!"* Auf die therapeutische Situation bezogen, unterstreicht er: *Wir fanden es immer und immer wieder, dass Therapeuten in einen abwertenden Kommunikationsstil verfallen.*

Bereits 1960 sei er auf dieses Thema gestoßen, als er für sein erstes Buch in Washington niedergelassene Therapeuten aufsuchte, ihnen Äußerungen von Patienten vorlegte und um therapeutische Antworten bat. Hier seien ihm abwertende Aussagen in einem Maße aufgefallen, dass er in einem zweiten Durchgang den Film einer therapeutischen Sitzung mit einem schwierigen, nicht sehr differenzierten Patienten mit Phobien und Ängsten, der von einem wenig empathischen Psychiater interviewt wird, vorspielte.

Der Film wurde an 28 verschiedenen Stellen angehalten, die spontanen Interventionen und Reaktionen der Therapeuten aufgenommen und hinterher ausgewertet. Er kann sich noch heute an eine Reihe der erhaltenen Antworten erinnern, als der Patient den Psychiater am Schluss der Stunde unvermittelt fragt: „Das ist es, was ich Sie fragen wollte, werden mich diese Angstanfälle umbringen? Werden sie dazu führen, dass mein Herz eines Tages unten aus mir herausplumpst, oder werden sie mein Nervenkostüm schädigen oder gar mein Denken?" Neben einigen mehr empathischen Reaktionen, wie: „Ich spüre, dass Ihr seelisches Problem wirklich sehr viel wichtiger ist als eine Herzerkrankung, aber wir könnten sie auch medizinisch untersuchen lassen", oder: „Nein, aber die Anfälle quälen Sie sehr", und „Ich weiß, diese Gefühle sind sehr beunruhigend ...", gab es vonseiten der befragten Therapeuten abrupte Themenwechsel: „Sie sagen, Sie haben diese Anfälle auch zu Hause" oder: „Ich würde mit Ihnen jetzt gerne mal auf ihre beruflichen Tätigkeitsbereiche zu sprechen kommen", natürlich auch die Standardantwort: „Was denken Sie selbst darüber?", bis hin zur offenen Verletzung: „Wenn Sie Glück haben, werden Sie überleben und leiden."

Strupp resümiert aus seiner damaligen Arbeit: *Diese Antworten illustrieren auf recht dramatische Weise den Aufforderungscharakter negativ feindseliger Übertragung und zeigen Komplementärreaktionen, die sie beim Therapeuten hervorzurufen neigen. Diese Herausforderung stellt die Festigkeit des Therapeuten auf die Probe. Sie zählt zu den wichtigsten und schwierigsten Aufgaben, denen ein Therapeut sich zu stellen hat.* Dieses Thema stehe bis heute im Zentrum seiner Forschungsarbeit und der Auswertungen von aufgezeichneten Live-Interviews.

Auf der Seite des Therapeuten muss eine echte Verbindlichkeit bestehen, Patienten zu helfen, der Therapeut muss sich wirklich verpflichtet fühlen und sich um den Patienten sorgen, bringt er einen weiteren Faktor ins Spiel und betont: *Therapie sollte vom Klienten nie als Routine oder Geschäft erfahren werden.* Carl Rogers habe diese Verpflichtung zur echten Verbindlichkeit „unbedingte Wertschätzung" genannt, *aber die aufzubauen ist unmöglich, weil wir alle Menschen sind, letztendlich keiner von uns wirklich dazu fähig sein kann.*

Zusammenfassend hält er hier nochmals fest: *Wirkliches Sorgen und echte Verpflichtung sowie Empathie und Mitschwingen (what Orlinsky called resonance) auf der einen Seite, das Vermeiden herabsetzender Kommunikation auf der anderen Seite, das ist essenziell für den therapeutischen Erfolg!*

Bei der Frage, ob die Glaubwürdigkeit des Therapeuten eine wichtige Rolle spiele, suchen wir nach der relevanten englischen Übersetzung und landen bei Fromms Begriff „trustworthyness", der für Strupp große Bedeutung hat, aber auch eine etwas andere Facette bekommt: *Des Patientenvertrauens würdig; diese Vertrauenswürdigkeit muss unbedingt zum Ausdruck kommen.* Dies umso mehr, als nach der Auswertung unzähliger Videobänder für ihn feststeht: *Ich denke, die Technik an sich ist nicht sehr wichtig.*

Er präzisiert diese Aussage mit Forschungsergebnissen, die zeigten, dass die Überzeugtheit eines Therapeuten von seinem Ansatz ein bedeutsamerer Wirkfaktor sei als der Ansatz selbst („allegiance effects"). Seine eigenen Erfahrungen gingen in eine ähnliche Richtung: *Ich denke, es ist die Person* (des Therapeuten) *in Kombination mit der Technik,* wobei der persönlichen Erfahrung für ihn eindeutig der höhere Stellenwert zukommt: *Die eigene Lebenserfahrung ist viel wich-*

tiger als jede Technik, jedes Fachbuch, ob es nun von Rogers ist oder von Freud oder von wem auch immer. Ich würde sagen, (therapeutische) *Techniken stehen im Dienste der therapeutischen Beziehung.* Oft werde, gerade von Verhaltenstherapeuten, bewusst nur auf die Techniken fokussiert und die Beziehungsgestaltung weder konzeptualisiert noch formell als Basis anerkannt, obwohl sie in Ton- und Videoaufzeichnungen klar erkennbar sei.

Auf die Frage, inwiefern er sich selbst über die Jahre als Therapeut verändert habe, meint Strupp: *Das Vermeiden negativer Prozesse und herabsetzender Kommunikation sowie das Gewahrwerden der Tendenz zu solch negativen Abläufen haben für mich immer größere Bedeutung bekommen – und natürlich all die vorher erwähnten positiven Qualitäten.*

Wenn man das Gewahrwerden und das Vermeiden von „herabsetzender Kommunikation" nur im Zusammenhang mit der Erfahrung und der eigenen Sicherheit des Therapeuten sehe, greife man jedoch zu kurz. Dies führe ihn auch zu Überlegungen, ob es generell möglich sei, die Bedürfnisse einzelner Klienten überhaupt zu stillen: *Ich denke da auch an die frühe Mutter-Kind-Beziehung. Das Kind will stets mehr, als die Mutter geben kann.* (Nachdenklich) *Als junger oder auch erwachsener Patient, wollen wir da nicht auch mehr, als uns ein Therapeut geben kann? Als Patienten den Therapeuten quasi ausquetschen (squeezing the therapist dry) – nichts ist genug?* Diese für einen Therapeuten manchmal bedrängenden Bedürfnisse von Klienten könne herabsetzende oder unterschwellig feindselige Äußerungen des Therapeuten fördern, und daher stelle sich die zentrale Frage, die Analytiker in ihre Konzepte einbezogen haben, die Klientzentrierte Psychotherapie weniger, die Behavioristen überhaupt nicht: *Wie helfen wir Patienten, diese Bedürfnisse zu überwinden? – Falls das überhaupt möglich ist*, setzt er seine Überlegungen fort, *denn ich glaube, es ist grundsätzlich wahr, dass wir immer mehr wollen!*

So sei es für ihn einerseits grundlegend, dass der Patient in der Therapie die Erfahrung machen muss, wirklich etwas Wertvolles *(something valuable)* vom Therapeuten zu bekommen, da eine Therapie nirgendwohin führt, *wenn Patienten spüren, dass sie nicht ein gewisses Ausmaß an Bemutterung, Sorge oder emotionaler Nahrung bekommen.*

Andererseits müssten Patienten lernen, die Grenzen von Therapeuten zu akzeptieren, lernen, was andere Menschen geben können, welche Erwartungen realistisch sind und *was überhaupt menschlich möglich ist. Patienten müssen lernen, Begrenztheit zu akzeptieren.* Dies habe die Psychoanalyse klarer und besser erkannt als andere Theorien. Es sei der Wunsch nach unbegrenzter Liebe, Nahrung und Aufmerksamkeit, wie er beim Baby am deutlichsten erkennbar, aber bereits da nicht ganz erfüllbar sei, an dem viele Patienten litten. Unabhängig von therapeutischen Techniken und Settings sei es für ihn eine Voraussetzung für den Erfolg, dass diese emotionale Nahrung für den Patienten im Kontext der Therapie erfahrbar werde.

Wir kommen auf die Ausbildung von Therapeuten und Therapeutinnen zu sprechen, und Strupp plädiert für ein intensives Analysieren verbaler und nonverbaler Kommunikation mittels Videoaufzeichnungen von Therapiesitzungen, nur so könne ein Bewusstsein für diese abwertenden Kommunikationsmuster entwickelt werden. Auch sollte mehr Forschung in dieser Richtung betrieben werden.

Für *absolutely essential* hält er die therapeutische Selbsterfahrung: *Ich würde sagen, man lernt mehr aus der eigenen Therapie als von irgendwas anderem.*

Und ergänzend dazu betont er die Bedeutung der eigenen Lebenserfahrung, *denn jeder hat seine eigene Lebensgeschichte*, und der Neugierde, *so viel als möglich über die menschliche Natur zu erfahren. Du kannst mehr von den großen Romanen lernen als aus den meisten Psychotherapie-Fachbüchern.*

Die Zeit verging wie im Flug, und es fiel mir im Verlauf dieses Interviews oft schwer, nicht in inhaltliche Diskussionen einzusteigen. In diesem Moment bedauerte ich es, dass Zeit und Rahmen es verunmöglichten, in dieser angenehm anregenden Atmosphäre weiterzudebattieren und einige Themen vertiefen zu können. So blieb mir abschließend noch die nach dem bisherigen Gespräch fast schon rhetorische Frage, nach welchen Gesichtspunkten Strupp einen Therapeuten, eine Therapeutin für sich oder ihm nahe stehende Personen auswählen würde. *Ich glaube, das ist bereits auf dem Band*, meint er und fasst doch nochmals zusammen: *Klinische Erfahrung, Geduld, „caring qualities"* (siehe oben*), klinische und persönliche Sensibilität und was wir sonst noch erwähnt haben.*

Er habe den Eindruck, dass die wichtigsten Fragen besprochen worden seien, meint lächelnd: *Ich habe das Gefühl, Sie haben mich ausgequetscht wie eine Zitrone, und ich habe Ihnen all meine Weisheiten gegeben*, und beschließt das Interview: *Zuerst und vor allem geht es um eine menschliche Beziehung ganz spezieller Art, einer höchst persönlichen Beziehung in einem höchst unpersönlichen Rahmen.*

Ich bedanke mich und packe meine Sachen zusammen. Strupp lässt es sich nicht nehmen, mich im Regen zum nächsten Taxistand zu begleiten. Eine gute Gelegenheit, noch die eine oder andere persönliche Frage zu stellen und diese für mich sehr eindrückliche Begegnung ausklingen zu lassen. Auf der Rückreise nach Madison begleiten mich seine guten Wünsche, zwei Artikel, die er für mich kopiert hat, und die Hoffnung, ihn vielleicht eines Tages in Deutschland oder der Schweiz wiederzusehen. Eine noch unveröffentlichte Arbeit, die er mir gerne zeigen möchte, wird er mir nachsenden.

Eugene T. Gendlin, Ph. D.

Eugene T. Gendlin ist Professor für Psychologie an der Universität von Chicago. Er gilt als bedeutender Psychologe und Philosoph. Als Psychotherapeut zählt der ehemalige Mitarbeiter von Carl Rogers und Begründer des „Focusing" zu den international bekanntesten Pionieren, er wurde bereits mehrmals zur „Evolution of Psychotherapy"-Conference eingeladen. Einige seiner Werke sind in zehn Sprachen übersetzt (Gendlin 1987), von seinem Buch „Focusing" (Gendlin 1981) wurden über 400 000 Exemplare verkauft. Gendlin hat bisher über 200 Artikel auf den Gebieten der Psychologie und der Philosophie veröffentlicht und in den letzten Jahren an schulenübergreifenden Ansätzen gearbeitet (Gendlin 1998; Gendlin a. Wiltschko 1999). Prof. Gendlin erhielt mehrere Ehrungen, unter anderem von der „American Psychological Association" sowie auf dem ersten Weltkongress für Psychotherapie in Wien (1996).

Seit einem schweren Unfall bei einer Taxifahrt (1997) hat er seine Reise- und Lehrtätigkeit sehr reduziert.

„... es ist etwas, was wir innen im Körper und außen als Situation erleben, es ist innen und außen."

Da ich Eugene Gendlin noch nie persönlich kennen gelernt hatte, erkundigte ich mich bei einer „gemeinsamen" Bekannten, die mindestens einmal jährlich Seminare mit ihm in der Schweiz veranstaltet. Von ihr erfuhr ich, dass er zumindest bis Sommer 1998 alle Europa-Termine aus gesundheitlichen Gründen (Unfall) abgesagt hatte. So erhielt ich seine Telefon- und Faxnummer und versuchte es spontan.

Die Zusage kam schnell und einladend, jedoch gestaltete sich die Terminplanung kompliziert und bis zum letzten Moment unsicher. Die Anreise ging über Chicago nach New York, und der Taxifahrer setzte mich vor einem kleineren Apartmenthaus in Manhattan mit Ausblick auf Docks und Lagerhallen ab. Der Portier nahm kurz telefonisch Rücksprache und zeigte mir dann den Weg zum Fahrstuhl.

Gendlin erwartet mich bereits an der Tür und bittet mich lächelnd herein. Ich hatte ihn 1996 beim Wiener Weltkongress am Rednerpult gesehen, jetzt zeigen sein viel schmaleres Gesicht und die gebückte Haltung noch deutlich die Folgen seines Unfalles, während seine tragende Stimme und seine spontane Herzlichkeit einen deutlichen Kontrast dazu bilden.

Die Wohnung ist klein und eher spärlich eingerichtet, Gendlin erklärt mir, dass er sich hier meist während der Woche zusammen mit seiner Tochter aufhalte, die eine Musikschule in New York besuche. Ansonsten wohne die Familie außerhalb der Stadt. Aufgrund der noch nicht ausgeheilten Unfallfolgen „thront" er auf mehreren aufeinander gestapelten Kissen und bietet mir einen Platz gegenüber auf dem Sofa an. Während ich mein Tonbandgerät aufbaue, fragt er mich ein wenig nach meinem beruflichen und privaten Hintergrund und freut sich sehr über die von mir überbrachten Grüße aus der Schweiz sowie „guter alter Bekannter" wie Erika Fromm, Hans Strupp und vor allem von meinem Gastgeber in den USA, Frank Farrelly, die er alle schon lange nicht mehr gesehen hat. Er informiert mich über möglicherweise zu erwartende Unterbrechungen unseres Gesprächs, da seine Tochter bald kommen und er ihr das Mittagessen zubereiten werde, er außerdem auch während des Interviews telefonisch erreichbar bleiben müsse.

Auf meine Frage nach den wichtigsten Wirkfaktoren aufseiten des Therapeuten beginnt Gendlin: *Erstens, dass man als Person da ist und einem die Methode und alles andere nicht wichtiger ist als der Mensch, der da kommt*, und fährt fort: *Und das Zweite, dem Klienten zu helfen, mit dem Körper in Kontakt zu kommen, denn der Körper weiß schon, wo es hapert, wo das Problem ist – und man nicht jahrelang da oben herumredet, ohne wirklich tiefer zu kommen.* Bevor er auf die einzelnen Punkte näher eingehen möchte, nennt er noch: *Ein Drittes, viele Methoden zu verbinden, wir brauchen etwas, wie zum Beispiel Methoden der Verhaltenstherapie, um Klienten zu aktivieren, sie in Bewegung, zu Taten zu bringen*, und fügt an, dass wir, viertens, auch über Philosophie sprechen müssen, um seine Aussagen wirklich verstehen und einordnen zu können.

Bereits in dieser ersten Phase des Interviews wechselt er die Ebenen, spricht sowohl über das Thema wie über seine innere Befindlichkeit in Bezug auf das Thema als auch über unsere momentane Beziehung. Da er ohne Vorwarnung wechselt, muss ich konzentriert versuchen, ihm zu folgen, zu erkennen, wo er sich gerade befindet.

Er beginnt, die therapeutische Präsenz zu formulieren, zu beschreiben, was „Dasein" in diesem Kontext für ihn bedeutet. Er erinnert sich an den Beginn seines therapeutischen Trainings: *Wenn man anfängt, ist man sehr scheu, man ist nur eine Maschine, die machen soll, was man gelernt, hat und dann dauert es 30 Jahre, bis man sich so ganz wohl fühlt* (Anm.: in der therapeutischen Situation) *und wieder ein normaler Mensch ist*, und meint zurückblickend: *Auch wenn man schon 20 Jahre praktiziert, ist man noch ziemlich künstlich in der Situation.*

Er versucht, sich auf mehreren Wegen heranzutasten, dieses „Dasein" beschreibend zu präzisieren: *Inhaltlich lege ich alles, alle Methoden, alles Wissen, alle persönlichen Dinge auf die Seite, nahe zu mir, aber auf die Seite und bin einfach mal da. Wenn mir jemand in die Augen schaut, wird er gleich sehen, dass ich nicht so ein stabiler oder starker Mensch bin, wie ich vielleicht sein sollte, aber ich bin da, und das ist wichtiger als „wie gut, wie schön" oder „wie gescheit" ich bin.*

Er fährt fort, das Gesagte gleichsam innerlich nachempfindend: *Nach einer Weile weiß man, dass das etwas sehr Wirkliches ist. Am Anfang würde man es vielleicht nicht glauben: Meine Anwesenheit soll so wichtig sein?*, und lässt auch Intensität – … *und wenn du mich nicht anschaust, o. k., ich kann Jahre warten, bis du mich anschaust, aber wenn du aufschaust, wirst du sehen, ich bin da* – und Absicht erkennen: *Absichtlich, ja, aber ohne eine bestimmte Absicht.* Er umreißt damit auch gleich eine

Grundhaltung: *Besonders wenn du mich anstellst, ich für dich arbeiten soll, dann bist du mir wichtiger als alles andere. Auch wenn ich weiß, dass für dich vielleicht wichtiger ist, ob du gut bist, ob du Erfolg hast oder was auch immer – bei mir wirst du wichtiger sein als alle deine Sachen und alle meine Sachen, und das gibt mir eine gewisse Ruhe, das ist meine Absicht.*

Auch wenn das einfach erscheine, bedeute es doch ein großes Wissen und sei auch eine Basis dafür, als Therapeut die Hälfte der Situation zu besetzen, *nicht mehr, aber auch nicht weniger, die Hälfte gehört mir, die muss ich ausfüllen.*

Er grenze sich klar ab von Therapeuten, die ihren Klienten überhaupt keinen Raum ließen und bei denen die ganze Stunde eigentlich nur eine Übung für sie selber darstelle, und solchen, die sich richtiggehend versteckten und sich erst nach drei Wochen entscheiden könnten, ein Wort zu sagen.

In der Ausbildung, wo er es meist mit scheuen Menschen zu tun habe, die zu lange warten und nicht unterbrechen wollen, trainiere er dies bewusst: *Diese Woche musst du alle unterbrechen, immer und überall, alle Klienten, alle Freunde, nächste Woche werden wir darüber nachdenken, an welcher Stelle man dies am besten tun kann. Wenn du immer auf den besten Moment wartest, kannst du es nicht lernen.* Es ist für Gendlin ethisch notwendig, *dass du für dich* (als Therapeut) *auch Platz machst. In dem Moment, wo du nicht mehr da bist, musst du was tun*, und erläutert, wie er sich gegebenenfalls durch Räuspern, Bewegung oder durch Unterbrechen wieder bemerkbar mache.

Hier wechselt er abrupt zu unserer Interviewsituation und ermuntert auch mich, mehr zu unterbrechen und nachzufragen, ich müsse mich mehr in die Situation des Lesers versetzen, der vielleicht genauere Beschreibungen benötige.

Er stimme mir zu, dass es hier um die Beschreibung eines Prozesses von Intensität und auch von Führung gehe und sich der Therapeut (ebenso wie der Interviewer?) nicht „an die Wand reden lassen" dürfe: *Genau. Ich sage immer, wie würdest du dich fühlen, wenn du mit jemand deine tiefsten Sachen herausbringst, und der denkt sich, ah, lass ihn reden.* So wird denn für ihn diese Verbindung zwischen Klient und Therapeut, diese Beziehung *zu einer körperlichen Sache, die man im Magen erlebt, wenn man sich dessen vielleicht auch nicht ganz bewusst ist,* und die Veränderung vom „Untergrund" herauf entstehen lässt.

Das Bedürfnis, als Klient nicht nur inhaltlich, sondern auch – körperlich wahrnehmbar – in der Beziehung vom Therapeuten verstanden zu werden, kenne er aus eigener Erfahrung und es sei für ihn elementar. Die manchmal aus der Perspektive von Klienten unüberbrückbar erscheinende Diskrepanz zwischen dem „gesunden, sonnigen Therapeuten“ und der eigenen Situation, die verständlich zu machen wohl Tage dauern würde („Mich kann niemand verstehen“), sei eine zentrale therapeutische Herausforderung, die sich nach seiner Erfahrung auch nicht mittels Fragebogen zur therapeutischen Beziehung darstellen lasse.

Dabei gehe es nicht so sehr um wörtliches Verstehen – denn oft träfen gerade Bilder oder Metaphern, die der Therapeut anbiete –, sondern um genaues Verstehen: *Es genügt nicht, wenn man so global verbalisiert „das macht Ihnen Angst“, sondern da, wo etwas dran ist, muss man es genau zurückbringen.* Zurückblickend meint er: *Das ist oft so beim Klientzentrierten Zuhören, dass man eigentlich alle Keime, die grünen Wurzeln, die wachsen wollen, abschneidet, indem man nur ungefähr verbalisiert, aber dann geht es nicht weiter.*

Dieser Verdichtungsprozess ist für Gendlin ein „organismischer Prozess“ in einer „organismischen Verbindung oder Beziehung“, der für den Klienten nicht immer schon von Anfang an beobachtbar sei: *Denn wenn jemand wirklich große Schwierigkeiten hat, dann glaubt er gar nicht, dass man ihm helfen kann; lange nicht.* Diese Überzeugung könne manchmal auch dann noch vorherrschen, wenn schon erste Veränderungen eingetreten seien, und der Therapeut solle nicht darauf hinweisen, bis diese Veränderungen von „unten herauf“ auch für den Klienten spürbar werden.

So kommen wir auf „Focusing“ zu sprechen. *Focusing ist eine Anwendung meiner Philosophie, die tiefe Wurzeln in Amerika und Deutschland hat*, beginnt er und erläutert: *Dilthey ist mir schon als Student sehr wichtig gewesen, er hat über das Erlebnis geschrieben, was ich mit „experiencing“ übersetzte. Meine Philosophie dreht sich um das Erlebnis, das mit der Sprache, mit dem Sprechen einhergeht.*

Einen Satz könne man zwar aufschreiben, führt er weiter aus, aber nicht das wirklich Gesagte und seine Auswirkung. So seien in den meisten Situationen nicht die Worte oder Begriffe das Wesentliche, sondern nur im gegebenen Kontext lasse sich verstehen, was ein Satz wirklich bedeute: *Wenn man ihn rausnimmt und irgendwo anders aufschreibt, heißt er wieder etwas anderes.* Mit dem Kontexterlebnis könne man besser denken als vorher mit den Begriffen, und daher sei es nötig, *Begriffe zu schaffen, die den organismischen Teil mitbringen, denn der Prozess, der wirklich vorgeht, den der Organismus erlebt, der wird immer ausgelassen.*

Nach Gendlin haben wir zwar viele schöne Worte, doch wird es notwendig, *dass man über Therapie mit dem Körper denken kann.* Die Schwierigkeit bestehe nun darin, dass unsere vorhandenen Begriffe bereits „besetzt" seien. *Um das wirklich zu durchdenken, muss man all die alten Worte zunächst wegwerfen und dann umarbeiten. Denn das, was man erlebt, während man etwas sagt oder tut, das ist immer breiter oder anders als die Namen, die wir dafür haben. Es ist etwas, was wir innen im Körper und auch außen als Situation erleben, es ist innen und außen. Es gibt in unserer Sprache überhaupt kein Wort dafür.*

Bezogen auf die therapeutische Situation, sei er überzeugt, dass bereits viele Therapeuten *genau das tun, was ich beschrieben habe, sie nehmen nicht nur den Inhalt, sondern die Ganzheit von Ton, Körper, was dahinter liegt und wie er* (der Klient) *darauf kommt – einen „felt sense" – wahr. Was aber fehlt, ist die Theorie über Therapie.*

Für ihn sei dies eine philosophische Frage, denn es brauche eine Theorie, die Sprache und Körper verbinden könne. Auf meine Frage, wie dies vom Begriff der Intuition abzugrenzen sei, meint er: *Intuition heißt immer, dass ich etwas weiß und nicht erklären kann, wie ich es weiß.* Diese Philosophie müsse beschreibbar sein, damit sie für jeden Menschen zugänglich werde, nicht nur für Gurus oder solche mit besonderer „Intuition", und zeigen, wie die Worte wieder Neues aussagen könnten. *Ich spreche im Focusing und auch in der Philosophie von einer „tieferen Schicht"*, fährt er fort, die tiefer liege als die Gefühle, die uns normalerweise vertraut sind. *Wenn man dem Körper von innen die Aufmerksamkeit schenkt, die Gefühle durchgeht, wo sie tiefer sind, dann kommt eine unbekannte „Schicht", wie Nebel. Dort kann man nichts sagen und doch klar wissen, worum es sich handelt*, beginnt er, diesen Prozess der „Tieferung" – wie er ihn nennt – zu beschreiben, *und dann, ein wenig tiefer, dort ist „Focusing". Dort spricht etwas, was nicht vertraut ist, aus einer Tiefe, wo der Körper gesund und weise ist. Diese „Vertieferung" auf den wirklichen Körper, das ist mir das Wichtigste.*

Mich erinnert das an das ericksonsche Konzept der Weisheit des Unbewusste und wir versuchen, den Prozess der Hypnose und innerer Suchprozesse mit dem des Focusing zu vergleichen. Schließlich bringt er das Bild von verschiedenen Aufzügen, die, quasi parallel, verschieden tief hinunterfahren: *Ich zeige dir den anderen Aufzug, der ist nur ein paar Schritte weiter und geht nur den halben Weg hinunter, wo man noch den ganzen Körper fühlt und der Körper in einer anderen Weise antworten kann als in der Hypnose. Man ist noch nicht oder nur ganz leicht in Trance, aber es ist ein anderer Aufzug. Der Hypnose-Aufzug geht direkt hinunter, auf dem „Focusing"-Stockwerk gibt es keine Türe.*

Er kommt auf den eingangs erwähnten dritten Punkt zu sprechen, Focusing mit anderen Methoden und Techniken zu verbinden: *Focusing ist wie ein Motor. Wenn man den einspannt, wird jede Methode besser laufen*, oder, anders formuliert: *Focusing füllt das Loch überall. Es gibt eine oberflächliche und eine tiefe Variante jeder Methode.*

Ob Rollenspieltechniken in der Gestalttherapie oder die Reaktion des Klienten auf eine psychoanalytische Deutung, jeder Therapeut werde dafür plädieren, dass diese Antworten des Klienten möglichst tief von innen heraus, vom Körper kommen sollten, erläutert Gendlin, *keiner wird sagen, ich will es von „oben"*. Doch sei es meist dem Klienten oder dem Zufall überlassen, ob diese Tiefe überhaupt erreicht werde.

Nach seiner Beschreibung scheint mir Focusing das Getriebe zu sein, das entscheidet zwischen Vorwärtsgang (= „Tiefgang") und Leerlauf. *Genau, ganz genau*, bekräftigt Gendlin, *und jede, der das erkennt, wird es beibehalten wollen.* Aber wenn er dann andere Therapeuten frage, wie sie diesen Tiefgang herbeiführen könnten, bleibe meist nur ein Ausdruck der Hoffnung, dass er sich schon irgendwie einstellen werde. Andererseits gehöre natürlich auch eine Karosserie dazu, *wenn du nur einen Motor mit Getriebe hast, wirst du auch nicht sehr weit kommen.*

So kommen wir auf die Kombination oder Integration von Ansätzen zu sprechen. Für ihn ist es unabdingbar: *Man muss sie zuerst von innen erleben, sonst kann man sie nicht kombinieren*, und er ergänzt, *einige Stunden selbst als Klient ist besser als fünf Jahre Training.* Seine ganze Geschichte sei letztendlich eine Antwort auf meine Frage nach den Voraussetzungen für eine glaubwürdige Integration verschiedener Ansätze: *Wenn man über diese Prozesse nicht mit dem körperlichen „felt sense" denken kann, ist man in einer ungünstigen Position. Es bleibt nur eine Art unzusammenhängendes Menü, aber dann ist man auch kein guter Therapeut.*

So sei der Focusing-Prozess sich gerade eine Möglichkeit, wie eine Integration erreicht werden könne, er habe in seinem neuesten Buch „Focusing-orientierte Psychotherapie" (1998) versucht, das vorsichtig darzustellen. Egal auf welcher Ebene, in welcher Modalität man gerade arbeite, mit Träumen, Gefühlen, Rollenspielen, Ideen oder Bildern, *man muß immer wieder zum körperlichen Gefühl zurückkommen*, und illustrierend skizziert er: „*Bild, Bild, Bild ist nichts – Bild/Körper, Bild/Körper, Bild/Körper muß es sein oder Idee/Körper, Idee/Körper …*"

Somit stellt für ihn der Focusing-Prozess einen schulenübergreifenden Wirkfaktor für den therapeutischen Erfolg dar: *Ich will nicht sagen, dass alles davon abhängt, aber ein Faktor ist es sicher*, und selbstverständlich sollten Therapeuten sich damit auskennen. *Wenn man Focusing wirklich kennt, kann man sich gar nicht mehr vorstellen, das der andere das nicht kennt.*

Für den integrativen Prozess sei es nicht so wichtig, *ob die Stücke „da oben" zusammenpassen, sondern ob sie „von unten herauf" zusammenwachsen.* Wenn ihm in einer therapeutischen Situation Gedanken von C. G. Jung helfen, etwas zu verstehen, *so bin ich ihm dankbar*, und einige Minuten später eine Theorie von Freud, *bin ich ihm auch dankbar. Muss ich nun die beiden zusammenbringen? Nein, die schon abgeschnittenen Stücke brauchen wir nicht zusammenzusetzen, das ergäbe bestenfalls eine Collage, keine Integration.* Das, was man sich herausnehme, müsse auf einer tieferen Ebene zusammenwachsen und bilde dann das Fundament für unsere Aussagen und ein relevantes Kriterium für den therapeutischen Erfolg.

Im Rahmen einer Philosophie und Theorie über Therapie sei es nun *das Wichtigste, die Sprache wieder frisch als Erlebnis zu gestalten und ihr zu erlauben, etwas Neues von der Tiefe auszusagen.* Für den von mir verwendeten Begriff der Glaubwürdigkeit brauche es auch eine neue Bezeichnung. Man dürfe nicht nach bereits vorhandenen Begriffen suchen, die vielleicht noch am besten passen könnten, denn die vorhandenen Worte sind schon mit Bedeutungen besetzt. *Schreibe einen Satz, den man so versteht, wie du ihn verstanden haben willst, man wird ihn verstehen oder nicht verstehen, aber man wird ihn nicht missverstehen*, wäre für ihn eine sinnvolle Vorgehensweise.

Abschließend frage ich ihn nach der Bedeutung von Humor und nach Kriterien, den therapeutischen Erfolg einzuschätzen. Als Kriterium sei ihm wichtig, dass das Leben des Klienten, dort wo es nach seinem eigenen Empfinden stockte, wieder lebendig werde, doch sei diese Einschätzung oft nicht einfach: *Man muss hören, von wo die Aussage kommt.* Nur die gesprochenen Worte wie „Ja, es geht mir besser" oder „Selbstverständlich hat es mir geholfen" seien noch lange kein Beleg. Darüber hinaus sei es ihm wichtig, nicht zu idealisieren, oft sei seine therapeutische Arbeit nur ein Stück auf dem Weg.

Während des Interviews und auch bei einigen Telefonaten mit Klienten schmunzelte und lachte Gendlin sehr häufig, und seine verschmitzte, manchmal fast schelmische Art begleitete weite Strecken des Geprächs.

Auf den Humor kann ich nur eine ernste Antwort geben, beginnt er auf meine letzte Frage, *es gibt eine Art von Humor, der bereits alles Ernste mit in Kauf nimmt und trotzdem Humor bleibt, diese Art Humor ist sehr hilfreich.* Er erwähnt die griechische Komödie, die stets auf die Tragödie folgte, und verweist darauf, dass Lachen meist dann entstehe, wenn zwei Auffassungen aufeinander prallen. Die mittelalterlichen Schulphilosophen hätten gesagt, der Mensch sei ein rationales Wesen und nur der Mensch könne lachen. *Ich drehe das um, für mich ist das Rationale nur eine Anschauung, das Lachen ist mehr.* Schmunzelnd philosophiert er weiter: *Wenn man es auf altmodische Weise ausdrücken möchte, so hat Gott doch alle Anschauungen zur gleichen Zeit, da müsste man doch immer lachen!*

Während ich meine Utensilien zusammenpacke und wir noch über dies und das plaudern, tauche ich langsam wieder aus der Intensität dieses Gespräches auf. Zu meinem Erstaunen war ich bereits seit zweieinhalb Stunden in dieser Wohnung, die Tonbandaufzeichnung, ohne telefonische Unterbrechungen und ohne die Zeit, die er in der Kochecke verbracht hatte, umfasst etwa 100 Minuten. Er gibt mir Grüße an Farrelly mit, und wir verabschieden uns herzlich. Da ich meinen Schirm liegen gelassen habe, stehe ich fünf Minuten später wieder vor seiner Türe, er erwartet mich schon.

Auf der Fahrt mit dem Taxi zum Flughafen wirkt diese Intensität immer noch nach, und ich habe das Gefühl, eine für mich persönlich wichtige Begegnung erlebt zu haben, auch wenn ich noch nicht so recht erklären kann, warum.

Prof. Dr. phil. Paul Watzlawick

Paul Watzlawick ist als Bestsellerautor von Sachbüchern, als Psychotherapeut und als Kommunikationswissenschaftler weltweit bekannt.

Er wurde 1921 in Villach (Österreich) geboren, studierte in Venedig Philosophie und moderne Sprachen und ließ sich nach dem Doktorat am C.-G.-Jung-Institut in Zürich zum Psychotherapeuten ausbilden. 1957 wurde er an die Universität von El Salvador berufen, bevor ihn 1960 der Psychotherapeut Don Jackson nach Palo Alto in Kalifornien (USA) an das „Mental Research Institute" holte, dem er bis heute angehört. Seit 1976 lehrt er auch an der Stanford University in Palo Alto.

Prof. Watzlawick, der sich selbst als radikalen Konstruktivisten bezeichnet (Watzlawick 1988), gilt als Pionier auf dem Gebiet kurzzeittherapeutischer Ansätze (Watzlawick u. Nardone 1999). Im Jahre 1969 veröffentlichte er zusammen mit J. H. Beavin und Don D. Jackson ein Standardwerk über die Grundmuster von Kommunikationsstrategien: „Menschliche Kommunikation" (Watzlawick et al. 1969, 10. Aufl.). Es folgten „Interaktion" (Watzlawick u. Weakland 1980), „Lösungen" (Watzlawick et al. 1974) und „Die Möglichkeit des Andersseins" (Watzlawick 1977). Mit Titeln wie „Anleitung zum Unglücklichsein" (Watzlawick 1983), oder „Gebrauchsanweisung für Amerika" (Watzlawick 1978) erreichte er ein Millionenpublikum.

In den letzten drei Jahrzehnten hat wohl kaum jemand die Psychotherapeutenszene so maßgeblich beeinflusst wie Paul Watzlawick, der zu allen „Evolution of Psychotherapy"-Konferenzen geladen war.

Interview mit Paul Watzlawick

„... das ist genau das Ziel des Therapeuten,
in die Wirklichkeit des Betreffenden einzutreten
und dann dort in der Wirklichkeit
dieser Wirklichkeit etwas zu verändern."

Paul Watzlawick hielt einen Hauptvortrag auf dem ersten Basler Humorkongress 1996, und ich hatte Gelegenheit, ihn am Vorabend beim Referentenessen persönlich näher kennen zu lernen. Schon während des Studiums hatten mich seine Bücher fasziniert, und seine Theorien begleiteten mich durch einige Ausbildungen. Also hoffte ich, auch ihn für ein Interview gewinnen zu können.

Auf meinen ersten Anruf reagierte er zurückhaltend, wollte vor allem nicht, dass ich wegen dieses Interviews nach Kalifornien reisen müsse. Er gab mir aber seine Einwilligung und schlug vor, uns anlässlich eines Psychotherapie-Kongresses vier Monate später in Basel zu treffen. Wir vereinbarten zu telefonieren, sobald er dort eingetroffen sein werde. Entgegen seiner Annahme bei unserem ersten Telefonat war er nun zeitlich viel mehr beansprucht, wollte seine Zusage aber trotzdem einhalten. Der durch die äußeren Umstände entstandene Zeitdruck war leider auch während des Interviews spürbar. Seine präzisen Antworten und Stellungnahmen erlaubten zwar einen kürzeren Zeitrahmen, doch war die Atmosphäre nur selten locker und entspannt.

Ein guter Therapeut ist der, der den Leidensdruck des Klienten vermindert, der dem Klienten hilft, das immanente Problem zu lösen, beginnt Watzlawick zu beschreiben, worauf es ihm ankomme.

Auf meine Frage nach den wichtigsten Faktoren unabhängig von der therapeutischen Methode oder Technik mag er so nicht eingehen, denn *es gibt nur eine Unzahl von verschiedenen Ansätzen, und die meisten dieser Ansätze werden von denen, die sie verwenden, als die endgültige, die beste Form betrachtet.*

Mit leicht sarkastischem Unterton skizziert er diese nach seiner Erfahrung allzu oft anzutreffende Haltung von Therapeuten: *Wer ein für alle Mal überzeugt ist, dass er den richtigen Ansatz hat, lehnt natürlich alle anderen Ansätze ab. Sollte er erfolgreich sein, dann kann das nur eine oberflächliche, rein kosmetische Sache sein, die nicht dauern kann.*

Auf seine eigene Überzeugung angesprochen, erläutert er seine Absicht möglichst die Richtung zu verfolgen, die er im Hinblick auf Resultat und Kürze der Behandlung für die Wirksamste halte, wobei er gleichzeitig hoffe, dass in fünf Jahren noch bessere und wirksamere Techniken und Ansätze zur Verfügung stehen werden. Er bezeichnet sich selbst als radikalen Konstruktivisten: *Das heißt, für mich gibt es keine endgültige Wahrheit*, und erläutert dieses Verständnis, das in Philosophie (Kant, Jaspers) und Physik (Einstein) schon längst erkannt sei: *Weil wir Teil jener Wirklichkeit sind, können wir nicht, sozusagen von außen her, diese Wirklichkeit als richtig oder wie immer gestaltet erfassen. Einstein hat in einem Gespräch zu Heisenberg 1928 in Kopenhagen bereits gesagt: „Es ist falsch zu glauben, dass die Theorie sich auf Beobachtungen aufbaut. Das Gegenteil ist der Fall, die Theorie bestimmt, was wir beobachten können."*

Unter diesem Gesichtspunkt ist für Watzlawick auch die Definition der geistigen Gesundheit als Anpassung an die „Wirklichkeit" eine längst überholte Sichtweise, *die sich meines Wissens nur in unserem Fach erhalten hat.* Aus dieser veralteten Perspektive sei es das skandalöseste Dogma des Konstruktivismus, dass wir von der wirklichen Wirklichkeit immer nur wissen können, was sie nicht ist: *Denn nur im Zusammenbruch unserer Konstruktionen begreifen wir, dass die Welt nicht so ist, wie wir sie bisher gesehen haben.* Natürlich räumt er ein, dass wir uns stets ein Konzept von der Wirklichkeit machen: *In meinem eigenen Leben arbeite auch ich mit einer Wirklichkeitskonstruktion, und solange die einigermaßen passt, lebe ich ein einigermaßen angenehmes Leben*, doch gerade dann, wenn ein Konzept, zum Beispiel bei unseren Klienten, zusammengebrochen sei, *kann jemand helfen, der dem Betreffenden eine andere Wirklichkeitskonstruktion mitzuteilen vermag.*

Dabei gehe es nicht darum, Klienten diesen Ansatz glaubhaft zu machen, sondern um die Therapie des „Als-ob". *Bitte verhalten Sie sich, a l s o b das und das der Fall wäre. Ich sage nicht, dass das der Fall ist, ich möchte nur, dass Sie sich so verhalten, a l s o b das der Fall wäre*, könnte eine therapeutische Verhaltensverschreibung als „Hausaufgabe" lauten. Damit würde sich die Wirklichkeitskonstruktion des Klienten verändern und somit eine Lösung möglich.

Zum Beispiel sei ein Firmenchef zu ihm gekommen und habe sich darüber beschwert, dass alle seine Mitarbeiter ihm gegenüber meist unhöflich und aggressiv seien. Im Gespräch habe sich herausgestellt, dass er gegenüber diesem Verhalten der anderen selbst eine autoritäre Rolle einnahm und kalt wirkte. Für Watzlawick *ein wunderbares Beispiel von einem Teufelskreis, der ununterbrochen weitergeht, da jeder annimmt, nur gegen das Verhalten des anderen zu reagieren. Nun ist es mir gelungen, diesen Mann dazu zu bringen, ein Experiment auszuführen.* Er habe ihm vorgeschlagen, wenn er es das nächste Mal mit einem unangenehmen Mitarbeiter zu tun habe, *verhalten Sie sich so, als ob der andere Angst hätte und Ihrer Beschwichtigung bedürfe. Ich sage nicht, dass das wahr ist, ich bitte Sie nur, so zu tun, als ob.* Der Klient sei zurückgekommen und habe gesagt, die seien alle netter geworden!

Es kommt nur darauf an, dass ich es fertig bringe, in der Sprache des Klienten zu sprechen, das heißt, dass ich in seine Wirklichkeit eingetreten bin, antwortet Watzlawick auf meine Frage, unter welchen Voraussetzungen Klienten seine Vorschläge annähmen und inwiefern dafür eine gewisse Glaubwürdigkeit vonseiten des Therapeuten wichtig sei. In das Weltbild der Klienten einzutauchen und *dort in einer gewissen Weise die Änderung herbeizuführen zu versuchen, das lernt man am besten – zumindest ging es mir so in meiner Ausbildung – in der Hypnotherapie.* Wenn man Hypnose betreibe, dann sei es absolut notwendig, sich in die Welt des Betreffenden hineinzubegeben und die Suggestionen in einer Weise anzubieten, die für ihn wirksam und annehmbar seien. Als Beispiel nennt Watzlawick ein oft verwendetes Trancephänomen: *Wenn man eine Trance herstellen will, versucht man oft als Erstes, eine Handlevitation herbeizuführen, und vielleicht beginnt die Hand langsam nach oben zu gehen. Das bedeutet nicht, dass die Hand nun leichter als Luft geworden ist, sondern nur, dass der Betroffene sich so verhält, als ob die Hand nun leichter als Luft sei. Und das ist schon eine großer Vorteil, denn für den Betreffenden selbst ist es erstaunlich, dass die Hand da hinaufgeht. Wenn man mal diesen Zustand hergestellt hat, kann man dann Suggestionen geben, die sehr wirkungsvoll sein können.*

Damit wolle er nicht sagen, dass Hypnotherapie der beste Ansatz sei, aber von Vorteil für denjenigen, der am konstruktivistischen Ansatz interessiert ist.

Er selbst habe sich zunächst zum jungschen Analytiker ausgebildet, aber durch den späteren Kontakt mit der Bateson-Gruppe, mit Jackson und seine Arbeit am Mental Research Institute habe sich alles vollkommen geändert. *Also, ich versuche nicht mehr, die Ursache in der Vergangenheit zu erfassen und dem Betreffenden mitzuteilen, um dann diese herrliche Sache, genannt Einsicht herbeizuführen, die dann das Problem löst,* meint er in leicht ironisierendem Ton und ergänzt: *In meinen Jahren der Arbeit als jungscher Analytiker habe ich das niemals erlebt, auch nicht in meiner eigenen Lehranalyse* (lacht).

Er spricht engagierter, als er einerseits seine Überzeugung, *in dem Augenblick, wo wir annehmen, dass wir alle nur eine Konstruktion der Wirklichkeit haben, ist es meines Erachtens Aufgabe der Therapie, eine Änderung in dieser Konstruktion zu schaffen,* und andererseits sein Unverständnis zum Ausdruck bringt: *Und da frage ich mich heute noch vergeblich, wie kam es, dass man in meinem Fach komplizierteste dogmatische Grundlagen erarbeitete, die auf vollkommen merkwürdige Sachen zurückgehen, statt sich zu fragen, wie es kommt, dass sich im menschlichen Leben unzählige Male durch ein Zufallserlebnis eine Änderung ergibt. So kommt es zum menschlichen Wandel außerhalb der Therapie, warum wird das nicht eingeführt innerhalb der Therapie?*

Wie eine neue Konstruktion in der Therapie entwickelt werden könne, diese Frage bringt ihn zur Kybernetik und dem Begriff des „Komplexitätsverminderers“: *Da gibt es zwei Grundfehler. Der eine ist, zu glauben, dass die Lösungsstrategie mindestens so komplex sein muss wie die Welt, in der ein Mensch lebt mit seinen Beziehungen und Interaktionen, der andere ist, zu versuchen, die Komplexität in ihre Einzelteile zu zerbrechen, sie separat zu studieren und anzunehmen, auf diese Weise zu einem Verständnis der Komplexität zu kommen. Das hat schon Goethe im „Faust“ gesagt: „Dann hat er die Teile in seiner Hand, Fehlt leider! nur das geistige Band.“*

Der Komplexitätsverminderer sei nun eine Intervention, die die Sache plötzlich handbar mache. Hinsichtlich des Straßenverkehrs zum Beispiel seien es die Verkehrsregeln, ganz einfache Regeln, die es ermöglichen, dass sich tausende von Autos gleichzeitig in einer Stadt bewegen können. *Und unser Komplexitätsverminderer ist die versuchte Lösung! Was die Menschen bisher getan haben, um mit dem Problem fertig zu werden, ist genau das, was das Problem erhält und noch schlimmer macht. Da versuchen wir zu intervenieren.*

Absolut wichtig, antwortet er auf meine Frage nach der Bedeutung von Humor und differenziert: *Da muss man wirklich eingetreten sein in die Wirklichkeit, die sich der Betreffende konstruiert hat. Das ist wichtig. Andernfalls könnte er sich verhöhnt fühlen.*

Für Watzlawick geht es in erster Linie um das Verständnis des Therapeuten: *Ich versuche zu begreifen, das ist alles!* Empathie, Beziehungsangebot oder gar Übertragung passen für ihn nicht in sein Konzept, und er möchte auch das „Sich-in-die-Welt-des-Klienten-Hineinbegeben" oder „In-die-Wirklichkeit-des-Betreffenden-Eintreten" von mir nicht als Beziehungsangebot bezeichnet haben: *Die andere Person kommt zu mir und erwartet, dass ich was tue, Punktum! Sie brauchen nicht zuerst eine Übertragung herzustellen und dergleichen mehr,* lässt aber gelten, dass sich beim vorher beschriebenen Vorgehen schnell ein intensiver Kontakt entwickelt, der auch eine aktive Beziehungsaufnahme vonseiten des Therapeuten beinhaltet: *Das ist genau das Ziel des Therapeuten.*

Mich interessiert, unter welchen Voraussetzungen Klienten seine Vorschläge, wie im erwähnten Beispiel des Firmenchefs, annehmen. Für Watzlawick ist es nicht eine Frage der Glaubwürdigkeit, Kongruenz oder Ähnliches: *Er* (der Klient) *kommt bestimmt nicht zu mir, weil er mir nicht traut. Er nimmt an, der kann mir helfen, das ist alles.* Diese Vertrauensbasis müsse sich der Therapeut schon vorher erarbeiten und *beruflich etwas leisten können. Ich gehe auch mit meinem Auto zu einem Mechaniker, von dem ich Grund habe anzunehmen, dass er besser ist als die anderen.*

Wir kommen auf die Ausbildung von Therapeuten und Therapeutinnen zu sprechen, und Watzlawick möchte sein Konzept auch hier umgesetzt wissen und auf die Welt des einzelnen Therapeuten eingehen: *Es ist klar, wenn ich jemandem hinsichtlich Ausbildung etwas geben will, muss ich mich natürlich auch mit ihm in einer Weise verhalten, die für ihn akzeptabel ist – und nicht einfach die Autorität spielen, die schon alles weiß.* Um meine Frage, wodurch er selbst am meisten gelernt habe, beantworten zu können, muss er nicht lange nachdenken: *Durch die Beobachtung der Art und Weise, wie diese großen Mentoren gearbeitet haben.*

Er erwähnt Don Jackson, den Gründer und ersten Direktor des Institutes (MRI), und schwärmt von der Art, wie dieser *bereits nach den ersten zehn Minuten der ersten Sitzung Therapie machte, nicht endlose Fragen nach der Vergangenheit gestellt hat und dergleichen mehr, sondern bereits aktiv interveniert hat. Das war genial, das habe ich niemals so fertig gebracht.*

Natürlich bin ich neugierig, und er illustriert die für ihn teilweise sehr erstaunlichen Interventionen Jacksons an einem Beispiel: Er sei einmal eingeladen worden, an der medizinischen Fakultät von Stanford vor Ärzten in psychiatrischer Ausbildung mit einem besonders schwierigen und komischen Mutisten zu arbeiten. *Es war ein Mann, der glaubte, Gott zu sein, und daher keinerlei Grund hatte, sich auch nur irgendwie mit den anderen Leuten zu befassen oder an den Abteilungsaktivitäten teilzunehmen. Er war natürlich auf der geschlossenen Abteilung, und da wollte man sehen, was würde Jackson nun mit ihm machen.* Dieser habe es zunächst auf alle üblichen Weisen versucht, mit denen man an eine solche Problematik herangehen kann, aber ohne Erfolg. *Schließlich ist Jackson aufgestanden, hat sich vor den Patienten hingekniet, den Schlüssel der Abteilung aus der Tasche gezogen und gesagt: „Wenn Sie Gott sind, haben Sie mehr Recht auf diesen Schlüssel als ich. Wenn Sie nicht Gott sind, dann würde ich Ihnen raten, dass Sie ein bisschen mehr Aufmerksamkeit darauf verwenden, was um Sie herum vorgeht." Damit ist er zu seinem Stuhl zurückgegangen, der Patient ist aufgestanden, hat sich vor Jackson hingesetzt und gesagt: „Mensch, einer von uns beiden ist verrückt."*

Diese Geschichte erinnert ihn auch an Milton Erickson, der ebenfalls *eine fantastische Art und Weise hatte, Menschen sofort zu beeinflussen.* Als Illustration dient der Fall eines jungen Mannes, der Angst hatte, die Straße zu überqueren, und sich telefonisch an Erickson wandte. Erickson habe sich, wie immer, auf den Fall vorbereitet, und als der junge Mann gekommen sei, habe er ihn sogleich um den Gefallen gebeten, einen äußerst dringenden Brief einzuwerfen, danach könnten sie dann mit der Behandlung beginnen. Er habe ihm den Weg zum Briefkasten gezeigt, und der junge Mann sei hinuntergegangen, habe die Straße überquert, den Brief eingeworfen, sei zurückgekommen und habe erst da gemerkt, dass er spontan genau das getan hatte, was ihm bis dahin so große Angst gemacht hatte.

Das ist Therapie!, beendet Watzlawick diese Geschichte und bestätigt meine Vermutung der darin erkennbaren Intensität der Therapiegestaltung und ergänzt: *Natürlich braucht es dann auch noch das Wissen, wie man nun intervenieren kann. Da gibt es eine ganze Reihe von Möglichkeiten, die zu lernen sind.*

Für Watzlawick ist jeder Fall spannend: *Ich bin an Sprachen interessiert, und daher sind für mich auch relativ langweilige Fälle interessant, weil ich jedes Mal eine neue Sprache lerne.* Das bewahre auch davor, in Routine zu verfallen. Routine sei dem therapeutischen Erfolg nicht förderlich, manchmal sogar schädlich.

Ebenso Diagnosen, die Klienten und Klientinnen schließlich in Gruppen zusammenfassen und der Einzigartigkeit der Klienten und der Welt, in der sie leben, nicht gerecht werden können. *Auf der Basis der Systemtheorie ist jedes System, also jeder Fall, seine eigene beste Erklärung und damit vollkommen einzigartig,* bekräftigt er diese Aussage. Die Gefahr von Routine und des Vergleichens mit ähnlichen Fällen könne er vermeiden, *indem ich den Komplexitätsverminderer exploriere, erfrage, was haben die Betreffenden bisher getan, um mit dem Problem fertig zu werden.*

Das sei nach der Definition des Problems die zweitwichtigste Information, die er in der ersten Sitzung zu bekommen hoffe, und darauf könnten die Betreffenden auch relativ leicht antworten, nicht nur in Bezug auf das, was sie selbst getan haben, sondern auch in Bezug auf das, was die anderen getan haben, um zu helfen. *All das spielt dann eben in die versuchte Lösung hinein, und das werde ich dann versuchen zu blockieren.*

Abschließend betont er, dass für ihn ausschließlich die Einschätzung der Klienten und Klientinnen den Erfolg einer Therapie bestimme: *Wenn es denen besser geht, wenn sie sagen, wir sind darüber hinweggekommen, zum Beispiel: „Jetzt habe ich keine Angst mehr, zu fliegen", das ist für mich eine erfolgreiche Therapie, nicht irgendwelche Stufen der Weisheit, die wir besteigen sollten.*

Während ich mein Tonbandgerät einpacke, erkundigt sich Watzlawick noch nach Form und Ziel dieser Arbeit und gibt mir einige Tipps mit auf den Weg.

Nach einer knappen Stunde sitze ich wieder im Auto und habe das Gefühl, manchmal nicht ganz in seine Wirklichkeit gelangt zu sein. Seine klaren und präzisen Aussagen werden mich aber wohl noch lange begleiten.

Prof. Dr. med. et phil. Helm Stierlin

Helm Stierlin gilt als international anerkannter Pionier der Familientherapie. Nach langjähriger Tätigkeit in den USA entwickelte er in über 18 Jahren als ärztlicher Direktor der Abteilung für psychoanalytische Grundlagenforschung und Familientherapie an der Universität Heidelberg neue Vorgehensweisen, um psychisch kranke Menschen wieder in ihr soziales Umfeld zu integrieren. Aus der Annahme, dass psychische Störungen sinnvolle Entwicklungen in einem gestörten System sind, entwickelte er gesellschaftstheoretische Ansätze, die nicht nur auf die Familie, auf Firmen oder Management, sondern auch auf die Integration ethnischer oder politischer Gruppierungen anwendbar sind (Stierlin 1994; 1997). Im Bereich der Psychosomatik beschäftigte er sich in den letzten Jahren intensiv mit Krebserkrankungen (Stierlin u. Grossarth-Maticek 1998).

Stierlin ist Autor zahlreicher Bücher und wissenschaftlicher Publikationen, die zum Teil in mehrere Sprachen übersetzt wurden. Bereits 1977 veröffentlichte er zusammen mit seinen Mitarbeitern „Das erste Familiengespräch", das inzwischen in der 8. Auflage erhältlich ist (Stierlin et al. 2001).

1985 wurde Stierlin mit dem „Distinguished Achievement Award" der American Familiy Therapy Association ausgezeichnet,

1999 erhielt er den „Preis für Anthropologische und Humanistische Psychologie" der Schweizer Dr.-Margrit-Egnér-Stiftung.

Interview mit Helm Stierlin

„... aber es bedarf eines hohen Maßes an Intensität, damit überhaupt eine Auswirkung erreicht wird."

Helm Stierlin gehört zu den Interviewpartnern, die ich erst aufgrund dieser Arbeit näher kennen gelernt habe. Seine freundlich zurückhaltende, aber stets zu einem Lächeln bereite Art machte es mir leicht, hier am Ufer des Lago Maggiore auf der Terrasse seines Feriendomizils nochmals kurz mein Anliegen zu skizzieren. Er beobachtet mich geduldig bei den nötigen Installationen und Tests für die Tonbandaufzeichnung. Es war, von einigen Telefonaten bezüglich Terminverschiebungen abgesehen, unser zweites Treffen, nachdem Bernhard Trenkle, der Organisator eines Kongresses zu hypnotherapeutischen und systemischen Konzepten für Kinder, Jugendliche und Familien in Heidelberg uns sechs Monate zuvor beim Referentenessen bekannt gemacht hatte. Stierlin sagte damals spontan zu und schlug vor, uns im Tessin zu treffen, da er dann ausreichend Zeit für dieses Interview haben werde.

Verschiedenes ist notwendig, für am wichtigsten halte ich die Fähigkeit, aus jeder neuen Situation neu zu lernen, beginnt er auf meine erste Frage, was er aufseiten des Therapeuten, abgesehen von Methoden und Techniken, als wichtig erachte, und ergänzt: *Also auch Grundannahmen, die man sehr lange gehegt hat, zu hinterfragen.*

Dass das nicht so einfach und selbstverständlich ist, soll ein Zitat von Nietzsche illustrieren: *Es kommt nicht auf den Mut der Überzeugung an, sondern auf den Mut, seine Überzeugung auch angesichts dessen, was man lernt, infrage zu stellen.*

Die enorme Vielzahl der in den letzten 30 Jahren entstandenen therapeutischen Ansätze erfordere eine kritische Grundhaltung und Lernfähigkeit, *was ich brauchen und einbauen kann und was bloß alter Wein in neuen Schläuchen ist.*

Weiter sei es ihm enorm wichtig, *sich anzukoppeln an das jeweilige System, dass man verstanden wird und auch den anderen versteht, also immer wieder checken, sind wir auf derselben Wellenlänge. Das macht einen großen Teil meiner Fragetechnik aus, mich immer wieder zu vergewissern, sind wir noch im selben Boot.*

„Beziehungsempathie" und „Zuversicht", die ein guter Therapeut ausstrahlen sollte, nennt er im gleichen Atemzug: *Zuversicht scheint mir ein sehr gutes Wort. Zuversicht, dass sich auch in schwierigen Situationen Lösungen finden lassen, und dies vermittelt aufgrund der eigenen Lebenserfahrung und Kompetenz, die man im Laufe von Jahrzehnten gewonnen hat. Diese Fähigkeit, diese Ressource, Zuversicht auszustrahlen, die wächst natürlich mit der therapeutischen Praxis und der Lebenserfahrung.*

Darauf angesprochen, wie unerfahrene Therapeuten damit umgehen sollten, meint er, dass hier nur der Weg des Lernens, insbesondere über Versuch und Irrtum, bestehe, wobei man durchaus auch gewisse Risiken eingehen müsse. *Man lernt ja aus Fehlern und Misserfolgen im Grunde viel mehr. Aber die Frage des Alters ist schon wichtig,* und er beruft sich auf Martin Buber, der bei einer Begegnung in Washington meinte, ein Therapeut sollte nicht vor 40 Jahren anfangen, und Stierlin ergänzt: *Das ist schon ein wichtiger Faktor, denn Therapie setzt ja auch eine gewisse Vertrauensbereitschaft voraus.*

Er erinnert sich an die Diskussion mit einem Therapieforscher in den USA, der meinte, was die Alten an Weisheit voraushätten, würden die Jungen oft durch größeres Engagement wieder ausgleichen. Auf meine Frage, was wohl dann aus dem Engagement der Alten geworden sei, überlegt er: *Ich glaube, es gilt sicher nicht für alle Älteren* (Therapeuten). *Aber für viele, die eben nicht diesen therapeutischen Elan haben, kommt schon ein Effekt des Übersättigtseins. Das habe ich schon gesehen, und das wird zu Routine. Um Gotteswillen nicht für alle, ich möchte mich selbst nicht dazurechnen, aber ich sehe es bei anderen.*

Routine als Grundhaltung hält Stierlin für gefährlich, denn: *Jede Sitzung soll für den Klienten, irgendwie auch für den Therapeuten etwas Besonderes sein.* Ausgeschlafenheit und Eingestimmtheit sind hier für ihn persönlich ganz wichtig: *Das ist übrigens ein Grund, warum es mich aus der Analyse irgendwie hinausgetrieben hat, weil ich fand, diese Art von Alertheit und auch Bereitschaft, sich so einzustimmen, auf Neues auch, das ist schwer aufrechtzuerhalten, wenn man seinen Patienten über hunderte von Sitzungen sieht.* Dabei entstehe oft ein einschläfernder, hypnotisierender Effekt: *Man lässt sich selbst sozusagen in eine Trance bringen und meint, das ist die gleichschwebende Aufmerksamkeit.*

Auf weitere wichtige Stationen, Veränderungen und Entwicklungen angesprochen, sind es vor allem Erfahrungen mit bestimmten Patienten- und Klientenpopulationen und Settings, die seine Therapeutenlaufbahn entscheidend beeinflusst haben.

Die analytische Ausbildung schloss ich in Amerika ab, arbeitete viele Jahre als Psychiater, unter anderem fünf Jahre in Chesnut Lodge, als ich versuchte, die Analyse auch bei Psychosen anzuwenden, und wo ich Gelegenheit hatte, viele der damaligen weltberühmten Kapazitäten kennen zu lernen.

Die therapeutische Arbeit mit Familien von Psychotikern und die Forschung über Ablöseprozesse in der Adoleszenz am National Institute of Health führten schließlich zu einem Schlüsselerlebnis, *als mir deutlich wurde, wie wichtig, besonders bei Jugendlichen, bei Kindern, das Miteinbeziehen des Systems, in der Regel der Familie, ist.* Er erwähnt den Einfluss und die enge Zusammenarbeit mit Ivan Boszormenyi-Nagy in der Zeit, als er wichtige Eigenkonzepte, wie die Delegation oder Ausstoßungsmodi zur Inversion, erarbeitet habe, aber auch später die Erfahrungen aus der Arbeit mit bestimmten Patientengruppen (z. B. solchen mit Essstörungen) sowie die katamnestischen Auswertungen. *Und dann begann eben die vielleicht spannendste Phase, als wir uns weltweit als Erste mit unserer Heidelberger Gruppe klinisch und therapeutisch mit den Familien manisch depressiver Patienten beschäftigten. Das war, das möchte ich so sagen, die fruchtbarste Zeit, deren Resultate bis heute noch nicht ausgewertet und nicht so in das internationale Bewusstsein gerückt sind.*

Seit seiner Emeritierung im Jahr 1995 stehen nun mehr Privatpraxis und Psychosomatik im Vordergrund, ebenso wie Forschungsprojekte mit Krebspatienten, *weil ich meine, dass es enorm wegweisend ist, auch gerade für den Praktiker, diese systemische Sicht, dieses Zusammenspiel der körperlichen, der seelischen und der Umgebungsfaktoren, in den Mittelpunkt zu stellen und eben zu zeigen, wie sich da die Synergieeffekte deutlich potenzieren.*

Daneben haben für Stierlin im Laufe der Zeit auch philosophische Themen mehr und mehr an Bedeutung gewonnen, und zur Zeit beschäftigt ihn das Thema „Familie als Schule in der Demokratie", *die Rückbezüglichkeit zwischen demokratischen Lebens- und Regierungsformen und demokratischen Beziehungsformen in einer Zeit des Wandels.* Die Aufhebung alter Rollenklischees und der patriarchalischen Strukturen sowie die Frage, inwieweit sie eine Folge und Ausdruck eines „demokratischen Raumes" sind, finde er ebenso interessant wie Wechselwirkungen, die möglicherweise zwischen verschiedenen Bereichen stattfinden, wie zum Beispiel eine in Deutschland beobachtbare Enthierarchisierungswelle in der Psychiatrie. *Aber das halte ich auch für eine sehr interessante Entwicklung, gerade im deutschen Sprachraum, weil es zeigt, wie vieles da im Umbruch ist und auch die Vorstellungen von Therapie sich dabei ständig wandeln.*

Hier sei für ihn ein wichtiger Integrationsbereich für Therapeuten und Therapeutinnen: *Ein Weltbild, das sich aufschließt für diesen ungeheuren Wandel in Beziehungsstrukturen, sozialen Strukturen, Wandel im Gerechtigkeitsdialog, infolge von Globalisierung, wie sich das auswirkt auf unser therapeutisches Grundverständnis,* und er halte diesen Prozess der Integration für eine immense, noch nicht gelöste Herausforderung: *eine Lösung ist wahnsinnig schwierig, weil ja die zugrunde liegenden Konzepte schon unterschiedliche Vorgehensweisen diktieren.*

Er weist auf die Entwicklung hin, dass einerseits ganz bestimmte Behandlungsansätze für bestimmte Symptomkonstellationen als effektiv gelten, wie die verhaltenstherapeutischen Techniken bei Angstproblematik und Phobien, andererseits neue Techniken, wie zum Beispiel EMDR (Eye Movement Desensitization and Reprocessing), erfolgreich sind, aber noch große Rätsel aufgeben, während Versuche, integrative Ansätze zu entwerfen, meist zu kurz greifen, da sie den einzelnen Grundkonzepten nicht gerecht werden. *Ich wünschte, da gäbe es einen einfachen Nenner zur Integration, ich kenne ihn nicht.*

Vielmehr stellte sich die Frage nach dem therapeutischen Vorgehen für ihn im konkreten Fall komplexer, *denn* (Anm.: Er nimmt Bezug auf die skizzierte Entwicklung) *es gibt eine große Gruppe von Phobien und Ängsten, die natürlich im System sehr stark funktionalisiert sind. Da wird systemisches Denken dann wieder bedeutsam, die Grundüberlegung, wie weit ist es sinnvoll, hier beim Individuum ein typisches Expositionstraining anzusetzen, oder wie weit müsste man das System mit einbeziehen. Dasselbe gilt auch für „Rapid Eye Movement".*

So sollte ein erfahrener Therapeut mit großem Repertoire an Techniken intuitiv und situativ von seinem eigenen Erfahrungsschatz zehren: *Nehmen wir einmal Essstörungen. Es macht einen großen Unterschied, ob es ein junges Mädchen ist, das gerade anfängt, weil es der Mutter beweisen muss, sie kann es besser, oder eine über 25 Jahre festgefahrene Bulimikerin. Ein erfahrener Therapeut berücksichtigt automatisch all diese Gesichtspunkte und greift dabei auf sein Repertoire zurück.*

Mich interessiert noch mehr, nach welchen Kriterien sich dieses Repertoire zusammensetzt oder entwickelt, und Stierlin nimmt auch hier wieder Bezug auf die eigene Geschichte. Natürlich spielen einerseits Grundüberlegungen eine gewisse Rolle, wie etwa eine mehr individuelle oder mehr systemische Sichtweise, aber dann sind da für ihn auch noch andere Komponenten, wie Neugierde, Bedürfnis nach Erfolg oder auch Spaß, sehr wichtig.

Ich sehe mich als einen neugierigen Menschen, und ich sah einfach, ich hatte ja viele Jahre mit Psychotikern verbracht, vier- bis fünfmal mal die Woche, vielleicht war ich auch jung und unerfahren, aber ich habe es auch bei meinen Kollegen gesehen, und schließlich gab es auch die katamnestischen Studien – diese Arbeit hat nicht viel gebracht! Unser Heidelberger Vorgehen, wie wir es später entwickelt haben, dieses kurztherapeutisch, systemisch inspirierte, lösungs- und zukunftsorientierte, stellte sich in vielen Fällen als bedeutend effektiver heraus und hat mehr Spaß gemacht.

Auf Spaß und Humor angesprochen, ergänzt er: *Sicherlich ein wichtiger Faktor. Wir haben unheimlich viel Spaß gehabt und gelacht, unser Heidelberger Team, auch positiv beeinflusst von der mailändischen Lockerheit von Boscolo und seinen Mitarbeitern, die uns damals besucht haben,* und führt weiter aus: *Das halte ich für ungeheuer wichtig, weil der Humor eben aus Tragödien Komödien macht. Also Tragödien, etwas Besonderes, Tragisches – es geht schlimm aus –, sozusagen existenziell und einzigartig, und Komödie bedeutet, so sind wir halt alle, so ist das Leben.* Später im Interview kommen wir nochmals auf Humor zu sprechen, und er präzisiert: *Ich halte den Humor auch in der Arbeit für sehr wichtig. Ich war ursprünglich mehr so sozialisiert, den Humor nicht reinzulassen, und fand ihn* (später) *ungeheuer befreiend. Einen Humor, das hat auch Frank Farrelly sehr gut gezeigt, der den Patienten nicht entwertet, aber trotzdem sozusagen die existenziellen Widersprüche in der Situation in einer spielerisch humorvollen und doch akzeptierenden Weise zum Ausdruck bringt.*

Aber Spaß und Humor sowie eine oft damit einhergehende Leichtigkeit sind nach Stierlin auch Bestandteile des Grundkonzepts für einen Wandel zweiter Ordnung, was *nicht bedeutet, dass man viel Mühe reinstecken muss, sondern wenn man etwas im ganzen System dreht, dann kann sich dieses System neu organisieren. Es braucht weder lange Mühe noch Arbeit und Zeit, es* (das System) *braucht möglicherweise Zeit, sich spät noch einzubalancieren, aber Veränderungen können sehr schnell erfolgen.*

Voraussetzung für diese Wirkung ist eine intensive Gestaltung der therapeutischen Situation: *Es bedarf eines hohen Maßes an Intensität, damit überhaupt eine Auswirkung erreicht wird! Es geht ja darum, dass das auch in der Zwischenzeit wirkt.* Und dafür muss die Therapiesituation auch für die Klienten und Klientinnen *als etwas zentral Wichtiges herausstehen, wie ein außerordentliches Erlebnis.* Angesprochen darauf, wie er diese Intensität zu erreichen versucht, hält er es für das Wichtigste, *die Anliegen zu klären, dass man möglichst schnell effektiv fragt: „Was wollen Sie? Was erwarten Sie? Was ist ein gutes Resultat?", also die Auftragsklärung, sich möglichst schnell auf die Anliegen einzustimmen.*

Natürlich werde die Intensität auch von der Motivation der Klienten und Klientinnen geprägt, denn: *Manche sind nur Besucher, manche Klienten, manche kommen ohne besondere Motivation, weil sie geschickt wurden, und die* (Letztere) *verabschiede ich dann auch höflich* (lacht). Für diese besondere Intensität *muss ihnen schon auch was unter den Nägeln brennen.* Bis zu einem gewissen Grad gehört es für ihn zu den Aufgaben des Therapeuten, diese Motivation zu wecken oder zu stärken, aber *man hat auch nur eine begrenzte Zeit und begrenzte Möglichkeiten zur Verfügung und muss sich unter Umständen auch sagen, ich habe in diesem Fall* (er erwähnt hier als Beispiel einen langjährigen Alkoholiker ohne das geringste Problembewusstsein) *nicht die Energie, diese Arbeit zu leisten.*

Immer mehr in kürzerer Zeit zu erreichen, so charakterisiert er spontan, wie sich sein Stil und seine Einstellung über die Jahre verändert haben. Diesen Ehrgeiz möchte er so verstanden wissen: *Nicht, um besonders erfolgreich zu sein, aber in dem Sinne, möglichst effektiv zu sein. Dass die Klienten, was immer das Anliegen war, befriedigt sind, etwas auf den Weg bekommen haben, das ihnen neue Perspektiven und Optionen öffnet.*

Als Beispiel dafür, dass „kürzer" nicht gleich „weniger" sein muss, erwähnt er eine Studie mit Krebsrisiko-Patienten. Bei der Nachuntersuchung zeigte sich nach 20 Jahren unter anderem der erstaunliche Befund, dass von denjenigen Teilnehmern und Teilnehmerinnen der Therapiegruppe, die auf ein Autonomietraining (ein bis fünf Sitzungen) positiv angesprochen hatten, sich gerade die am erfolgreichsten erwiesen, die nur ein bis zwei Sitzungen hatten.

So arbeitet Stierlin heute mit weniger Sitzungen über längere Intervalle verteilt (von sechs Wochen bis zu einem Jahr).

Ja, das bin ich auch!, reagiert Stierlin auf meine Folgerung, er müsse im Verlauf seiner Tätigkeit wohl optimistischer geworden sein, und fährt fort: *Optimistischer, wie man etwas in kurzer Zeit in Gang bringen und Motivation sowie vorhandene Ressourcen optimal nutzen kann. Das kommt dem hypnotherapeutischen Verständnis sehr nahe.*

Gefragt, nach welchen Therapeutenpersönlichkeiten er für sich selbst oder ihm nahe stehende Personen Ausschau halten würde, meint er denn auch: *Das müssten sehr positiv und optimistisch gestimmte Personen sein, die viel Erfahrung besitzen und vor allem keine Angst haben – zum Beispiel vor psychotischen oder suizidgefährdeten Menschen – und diesen Mut auch ausstrahlen.*

Wir kommen auf die Ausbildung von Therapeuten und Therapeutinnen zu sprechen, und er bringt einen weiteren Aspekt ins Spiel: *Meine Erfahrung ist eben, dass auch Therapie eine Menge mit Talent zu tun hat. Ich habe viele kennen gelernt, die gehen von einem Fortbildungskurs zum anderen, und im Grunde hat sich nichts geändert, während andere in kurzer Zeit aus wenigem sehr viel gemacht haben.*

Es wäre für ihn wünschenswert, Talente möglichst früh erkennen zu können, andererseits sehe er auch äußere Zwänge: *Wenn ich mir diese Ausbildungsmanuale, zum Beispiel von Analytikern, anschaue, diese vielen Kontroll- und kasuistischen und sonstigen Sitzungen, das ist eher abschreckend und der Art von Selbstvertrauen, Kompetenz und Neugierde, die ich für wichtig halte, nicht förderlich. Diejenigen, die ich für die besten Therapeuten in meinem Team halte, die haben zum Teil die Prüfung bei den analytischen Gremien damals nicht bestanden.*

Auf die therapeutische Selbsterfahrung angesprochen, präzisiert er: *Selbsterfahrung sollte eine Explorierung der eigenen Vergangenheit, einschließlich Familiensitzungen mit der eigenen Familie oder Familienrekonstruktion, sein*, und er hält daher *eine gewisse Selbsterfahrung in jedem Fall für nützlich.* Schmunzelnd schränkt er ein: *Aber nicht diese endlosen Therapien und Analysen*, und begründet seinen Standpunkt: *Ich glaube, man lernt wirklich mehr in einer gelebten als in einer sich lange hinziehenden, der Selbsterfahrung dienenden therapeutischen Beziehung.*

Stierlin wehrt sich gegen *diese enormen Verschulungstrends*, die seiner Meinung nach die Situation verschlimmern und heute verhindern, dass *Leute etwa wie Farrelly oder viele andere Sozialarbeiter, die in der medizinischen oder psychologischen Hierarchie nicht hoch standen, die Möglichkeit haben, ihr Talent zu entfalten*, und vermutet in den für die

Ausbildungskriterien Verantwortlichen *nicht die innovatisten und besten Lehrer.*

Rückblickend hebt er Jay Haleys Standpunkt hervor, der sich im Bereich der systemischen, der Kurzzeit- oder der Hypnotherapie stets gegen Gesellschaftsgründungen, Curricula und Hierarchien sträubte, und schätzt sich *glücklich, dass ich hier in Deutschland und auch in Amerika noch an dieser Phase der kreativen Anarchie teilnehmen konnte, die, so habe ich den Eindruck, immer mehr zu Ende geht.*

Natürlich in erster Linie der Klient selbst, antwortet er auf meine abschließende Frage, wer den therapeutischen Erfolg beurteilen sollte, und ergänzt sofort, *aber dazu auch Außenbeobachter.* Er illustriert dies am Beispiel einer Familiensitzung mit einer damals 16-jährigen „Indexpatientin", die sich seit Monaten zwanghaft mehrere Stunden bis zu einem ganzen Tag ohne Unterbrechung unter der Dusche waschen musste und somit auch nicht in die Schule gehen konnte. *In der vierten Sitzung fragten wir* (zwei Therapeuten): *„Was hat sich verändert?", und der Vater sagte wie aus der Pistole geschossen: „Es ist alles viel schlimmer geworden!" Ich fragte nach, was denn passiert sei, und er antwortete: „Stellen Sie sich vor, sie hat mich ein Arschloch genannt!"* Amüsiert fährt Stierlin fort: *Und es wurde völlig übersehen, dass die Tochter inzwischen wieder zur Schule ging und dieses zwanghafte Waschen aufgehört hatte, es wurde nicht als Erfolg gewertet.* Wir lachen gemeinsam über diesen therapeutischen Misserfolg.

Nach dem Interview erkundigt sich Stierlin nach dem bisherigen und weiteren Verlauf meiner Arbeit und wünscht mir viel Glück. Das könne ich gebrauchen, sage ich, denn ich hätte bisher keine Übung im Bücherschreiben. *Dann wird's aber höchste Zeit!,* meint er aufmunternd. Die angenehme Atmosphäre begleitet mich auf meinem Weg nach Hause.

Cloé Madanes, Ph. D.

Geboren in Argentinien, schloss Cloé Madanes 1965 in Buenos Aires ihr Psychologiestudium ab (Licenciada) und kam nach einer analytischen Ausbildung als Researchassistant zu Paul Watzlawick und Don Jackson an das MRI (Mental Research Institute in Kalifornien). Im Mittelpunkt ihrer wissenschaftlichen und therapeutischen Arbeit mit Familien stand zunächst die Therapie von Suchtkranken (Madanes et al. 1980) und Jugendlichen aus sozialen Randgruppen (Madanes 1980). Später entwickelte sie international beachtete therapeutische Modelle für die Therapie von Opfern und Tätern und ist seit 1980 Direktorin des „Family Therapy Center" of Maryland.

Von 1979 bis 1984 war sie Lehrbeauftragte (Assistant Professor) an verschiedenen Departements der Universitäten Maryland und Washington, DC. Heute gibt sie Seminare in den USA, Europa und Südamerika.

Ihre zahlreichen wissenschaftlichen Beiträge und Bücher wurden zum Teil in acht Sprachen übersetzt. Zu den wichtigsten in deutscher Sprache erschienenen Werken gehören „Hinter dem Einwegspiegel" (1989), „Sex, Liebe und Gewalt" (1997) sowie „Geld und Gefühle" (1999).

Cloé Madanes war als Referentin zu allen „Evolution of Psychotherapy Conferences“ seit 1985 eingeladen und erhielt 1996 in Zürich den Preis der Dr.-Margrit-Egnér-Stiftung für Arbeiten auf dem Gebiet der Psychologie, Anthropologie und Philosophie.

Interview mit Cloé Madanes

„... nicht nur Empathie und Leidenschaft, sondern die Fähigkeit, eines anderen Leben stellvertretend zu (er-)leben ...“

Ich hatte mich gerade erst neben sie gesetzt und mein Tonband zwischen Tellern, Besteck und Gläsern installiert, die Speisekarte in der einen und meine Notizen in der anderen Hand, als Cloé Madanes bereits beginnt, mir die wichtigsten Eigenschaften und Fähigkeiten aufzuzählen, die eine gute Therapeutin ausmachen.

Obwohl ich mir den Rahmen unseres Interviews ganz anders vorgestellt und auch verabredet hatte, fühlte ich mich nicht überrumpelt, sondern sofort von ihr in Bann gezogen.

Wir wollten uns eigentlich um 19.00 Uhr in ihrem Hotel in Zürich treffen, ich war sehr gespannt darauf, sie kennen zu lernen, hatte schon viel von ihr gehört und einiges gelesen, sie aber noch nie live erlebt. Ein Telefonat auf gut Glück mit ihrem Institut und die Referenz eines gemeinsamen Kollegen hatten damals genügt, ihre Zusage zu erhalten und den Interviewtermin anlässlich ihres Seminars in Zürich zu vereinbaren.

Fast eine Stunde zu früh, beschließe ich, diese Zeit für einen Kaffee und die Zeitung in einem nahen Restaurant zu verbringen, wo man bei diesem schönen Wetter an einem stark frequentierten Platz im Freien sitzen kann. So „stolpere“ ich zufällig über Madanes, die mit unserem gemeinsamen Bekannten und anderen gerade das Essen bestellt. Dieser stellt uns vor, Madanes beordert mich gleich neben sich und erklärt mir, dass wir wegen ihrer Erschöpftheit entweder sofort beginnen oder das Interview verschieben müssten. Meine Angst um die Qualität der Tonbandaufnahme wird nach einer kurzen Sprechprobe und dank ihrer durchdringenden Stimme besänftigt, und los geht’s.

Ihr intensiver, humorvoll empathischer Gesprächsstil führt schnell zu einer vertrauten Atmosphäre, bekräftigt den Inhalt ihrer

Aussagen eindrücklich und lässt Unterbrechungen wie auch die beachtliche Lärmkulisse unbedeutend werden.

Empathie ist die Nummer eins, wichtig. Empathie – und Leidenschaft (compassion) *sind wichtig. Die Fähigkeit, sich selbst zu verlieren, nicht an sich selbst zu denken, aus sich selbst herauszugehen und sich in jemand anderen hineinzudenken, das ist die Nummer drei. Intelligenz ist sehr wichtig, vielleicht sollte das die Nummer eins sein, Intelligenz! Und Nummer fünf wäre das Interesse, das Leben anderer Menschen zu leben, sodass du nicht nur Empathie und Leidenschaft, sondern die Fähigkeit hast, eines anderen Leben stellvertretend zu (er)leben …,* so resümiert sie auf meine erste Frage, was für eine Therapeutin neben den therapeutischen Methoden und Techniken wichtig sei.

Bevor sie diese spontan erstellte Liste erläutert, erweitert und durch Beispiele veranschaulicht, erzählt sie mir ihren eigenen Weg des Lernens, als sie noch in einer Klinik in Argentinien arbeitete. Es gab wenig Bücher über Psychotherapie, die ihr damals wertvoll erschienen, eines von Virginia Satir, eines von Salvador Minuchin, einige Artikel von Don Jackson und vor allem Haleys „Selected papers of Milton Erickson".

Sie verglich ihre Fälle mit denen in den Büchern und versuchte, in die jeweilige Therapeutenrolle zu schlüpfen. Sie transskribierte jede Sitzung und verglich hintermals: *So versuchte ich, Milton Erickson zu sein oder Virginia Satir oder wer auch immer, nahm die Sitzung auf und verglich es daheim mit dem Buch, kritisierte mich selbst und machte dann die nächste Sitzung, ich schrieb alles auf. Ich transkribierte alles, verglich alles, und ich glaube, das ist der einzige Weg, einen persönlichen Stil zu entwickeln. Du entwickelst einen persönlichen Stil, indem du erkennst, wer du nicht bist* (vgl. das Interview mit Watzlawick).

Schließlich beeindruckten sie Ericksons Ideen am meisten, nicht zuletzt auch, weil *Erickson natürlich die meisten Fallgeschichten hatte* (schmunzelnd) *und ich versuchte, einen ähnlichen Fall zu finden, denn vieles in der Therapie ist, wie Agatha Christies Figur Miss Marple zu sein, die immer vergleicht: „Dies erinnert mich an einen jungen Mann, den ich aus meinem Dorf kannte …", alles ist eine Assoziation zu einem anderen Fall.* So ergänzt sie folgerichtig *Erfahrung* als weiteren bedeutsamen Faktor, der gleich hinter dem *Humor* komme. Sie erwähnt eines ihrer Kapitel zu diesem Thema und betont, dass die Bedeutung des Humors wie auch des Erickson-Ansatzes v. a. darin bestehe umzudeuten, und illustriert dies mit einer Fallgeschichte.

In dieser Fallgeschichte gelingt es ihr, auf wohlwollend humorvolle, fast listige Art und Weise eine Klientin, mit der sie schon früher gearbeitet und zu der sie eine gute Beziehung hatte, von der akuten und beklemmenden Befürchtung, vom Vater sexuell missbraucht worden zu sein, zu befreien. Auf die Frage, was denn passiert sei, begann die Klientin, sie sei zu einem Craniosacral-Therapeuten gegangen, als Madanes bereits schmunzelnd unterbrach: *Ich sagte: „Oh, das ist wundervoll, ich denke, ich werde dir für diese Stunde nichts berechnen, weil ich wahrscheinlich viel Spaß haben werde. Ich hatte noch nie ein Craniosacral-Opfer, du bist wahrscheinlich das erste. Ich weiß, du warst schon immer an Kalifornien und besonderen Dingen wie Kristallen interessiert, jetzt ist es Craniosacral. Was ist passiert?" Und sie sagte: „Cloé, du bringst mich zum Lachen, und dies ist ernst." Ich sagte: „Sorry, ich werde ernsthaft sein. Erzähl mir vom Therapeuten."*

Die Klientin erklärte kurz den Ablauf der Craniosacral-Sitzung und dass sie sich Notizen gemacht habe. *Sie öffnete ihr Tagebuch und berichtete, der Therapeut habe ihren Unterleib gedrückt. Ich fragte, wo, und sie zeigte eine Stelle sehr nahe an den Genitalien. Ich fragte, ist der Therapeut ein großer und starker Mann, und sie bejahte. „Zeig mir die Stelle noch mal", und sie tat es. „Du hattest sexuelle Gedanken?" Und sie begann zu lachen, denn sie erkannte die Absurdität, und ich sagte: „Ich will nichts andeuten, nur die Geschichte ordnen. In diesem Moment hast du an deinen Vater gedacht?" Sie antwortete: „Nein, ich ging heim und habe von ihm geträumt. Ich träumte, ich hatte Sex mit meinem Vater", und sie begann zu weinen. Ich sagte: „Weißt du, dass wahrscheinlich 95 Prozent aller Frauen zu irgendeinem Zeitpunkt in ihrem Leben träumen, dass sie mit ihrem Vater schlafen? Verzeih mir, aber das ist kein origineller Traum, er ist nicht so spannend wie das Craniosacral." Sie entgegnete: „Aber ich habe das noch nie zuvor geträumt, es war schrecklich." Ich sagte: „Es tut mir Leid, ich kann es dir nachfühlen. Aber als Therapeutin habe ich diesen Traum schon vorher gehört, er ist einfach nicht sehr interessant." Schließlich sagte sie: „Cloé, du machst mein ganzes Erlebnis kaputt!"*

Um es kurz zu machen, ich demystifizierte den Craniosacral-Therapeuten und sagte: „Wenn du Spaß haben willst, dann geh und genieße es, aber glaube nicht alles. Du kannst nicht glauben, dass ein Traum, in dem du Sex mit deinem Vater hattest, bedeutet, dass du wirklich Sex mit ihm gehabt hast. Es bedeutet einzig, dass du einen Traum hattest wie die meisten Frauen. Und wenn ein starker Mann deinen Unterleib zusammenpresst, hast du natürlich schreckliche Fantasien." Die Sitzung ging in diesem Stil weiter, und am Ende lachten wir gemeinsam über die Absurdität der ganzen Situation.

Aufgrund der humorvollen Art der Interventionen konnte die Klientin nicht nur schnell von ihrer Überzeugung Abstand nehmen, sondern auch ihr Gesicht wahren. Madanes betont, wie leicht es hier gewesen wäre, die Klientin in ihrer Fantasie zu bestärken und sie sozusagen nach Jahrzehnten und ohne irgendeinen konkreten Hinweis zu einem Opfer von sexuellen Übergriffen zu machen und den betagten Vater zum Täter.

Wir diskutieren diese Fallgeschichte, es kommen uns Ideen für weitere humorvolle Interventionsmöglichkeiten, die ihr gefallen, und schließlich ergibt sich *ein Gespür für Realität* als weiterer wichtiger Faktor, den sie mit dem bereits erwähnten Faktor Intelligenz in Verbindung bringt. Zur Intelligenz führt sie weiter aus: *Intelligenz gibt dir ein Gespür für Realität. Es gibt zu viele Dumme* (Anm.: Therapeuten und Therapeutinnen). *Das meine ich ernst. Zu viele Therapeuten und Therapeutinnen lesen überhaupt nichts, lernen nichts und denken einfach, es wird schon kommen – das ist nicht wahr. Du musst so intensiv studieren, als wenn du ein Mathematiker wärst. Humanwissenschaften werden oft nicht ernst genommen. Das ist das Problem mit den Human- und Sozialwissenschaften, aber ich denke, ernsthaftes Studieren ist ein wichtiger Schritt in die richtige Richtung.*

Für sie sei Psychotherapie aber auch eine Kunstform: *Auch Kunst! Kunst ist die höchste Form von Intelligenz und verlangt eine Menge Intelligenz. Viele Leute denken, Kunst bedeute nur Spontaneität, aber wirkliche Kunst ist sehr intelligent. Und eine Menge an Arbeit und Training.*

Sie plädiere nicht nur für Training der Intelligenz, sondern auch für die Aneignung eines breiten Wissens. *Ich las und lese eine Menge in Philosophie, Religion, Literatur, Geschichte, was auch immer, auf dem Gebiet der Psychotherapie musst du fähig sein, Verbindungen zu universellen Problemen herzustellen. Du musst intelligenter und gebildeter sein, vor allem wenn du ein bestimmtes Niveau erreichst. Wie willst du sonst mit sehr intelligenten Klienten reden können?*

Ich frage sie, ob Glaubwürdigkeit und ein persönlicher Stil ein wichtiger Faktor für den Erfolg in der Psychotherapie seien. *Sehr, sehr wichtig,* antwortet sie, *und du musst unbedingt überzeugt sein, von dem, was du sagst. Ich glaube nicht, dass Täuschung je funktioniert. Sogar bei paradoxen Strategien musst du völlig davon überzeugt sein, dass der Patient das Paradox wirklich auszuprobieren hat.*

Sie illustriert, dass auch paradoxe Strategien nicht als Trick funktionieren und dass Psychotherapeuten, wenn sie versuchen, Veränderungen anzubahnen, einer immensen Herausforderung gegenüberstehen. Aber gerade in dieser Schwierigkeit, zu verändern, besteht für Madanes der Reiz der Psychotherapie. Dabei sei es nach ihrer Erfahrung oft leichter, mit intelligenten Patienten und Patientinnen zu arbeiten, weil diese dazu tendieren, besser zuzuhören und Zusammenhänge besser zu verstehen. *Wie Intelligenz eine Menge mit den Fähigkeiten der Therapeuten zu tun hat, hat sie ebenso eine Menge mit den Fähigkeiten von Patienten zu tun.* Sie schränkt jedoch ein: *Wenn sehr intelligente Leute wirklich böse (evil) sind, dann hast du ein Problem. Aber die meisten Menschen, die schlechte Dinge tun, machen das nicht aus Bosheit.*

So kommen wir auf ihre Klientel zu sprechen, die nicht nur aus Opfern, sondern häufig auch aus Tätern besteht. Sie führt aus, dass wirklich Böses nicht notwendigerweise als kriminell gelten müsse und umgekehrt. Sie erzählt ein weiters Fallbeispiel, das sie bis jetzt noch nicht veröffentlicht hat. Es illustriert auf sehr eindrückliche Art und Weise den Erfolg einer direktiven Intervention, die den Abschluss eines therapeutischen Prozesses bildet.

Neben intelligenter Strategie und immenser Erfahrung kommt hier ihre besondere Fähigkeit zur *Über-Empathie* zum Ausdruck. *Ja wirklich, ich wurde ein Teil dieser Leute.* Sie beschreibt, wie sie in die Haut jedes Einzelnen der Beteiligten hineinschlüpfe, Empathie für jede und jeden entwickle und sich selbst dabei völlig vergesse. *Ich bin in der Welt dieser Familie, in der Welt dieser Person und nehme nichts anderes mehr wahr. Ich wollte wirklich das Leben dieses Mädchens retten* (Anm.: lebensbedrohliche Magersucht), *ich hatte „Überempathie" für das Dilemma des Vaters und „Überempathie" für diese völlig verrückte Mutter mit ihren Eltern im Holocaust und ihrem tragischen Leben.*

Auf mein Nachfragen schildert sie, wie sie das als farbigen Film erlebe und in jede einzelne Rolle hineinschlüpfe: *In diesem Moment dachte ich, ich wäre die Tochter, die versucht, ihrer Mutter zu helfen. Und ich war dieser Vater, total verwirrt. Wenn du dich nicht identifizierst, verstehst du nicht. Das Geheimnis ist, sich identifizieren zu können und Distanz zu halten!*

Natürlich bin ich neugierig, wie sie das genau macht. Sie erläutert, dass es darum von Vorteil sei, mit der Familie zu arbeiten, weil man in Einzelsituationen oft die anderen Personen, die mit der

Klientin ringen *(struggle)*, nicht sehe, sie sozusagen imaginieren müsse, wie zum Beispiel den „Craniosacral-Therapeuten". Sie beschreibt weiter, wie sie zwischen den Personen vermittle und interveniere, nachdem sie sich in jede Rolle hineinversetzt habe: ... *und ich erklärte dem Vater: „So fühlt sich Ihre Tochter. Sie will das Leben ihrer Mutter retten, aber sie liebt Sie. Sie sind der Vater. Und Sie sind ein berühmter Vater. Und so fühlt sich die* (Anm.: geschiedene) *Mutter. Sie ist alleine in der Welt, alle sind tot, der Holocaust, alles ist verloren"*, und präzisiert: *Wenn du es nicht schaffst, dich mit jeder, jedem zu identifizieren, funktioniert die Empathie nicht. Mit jeder Person im Therapieraum, unabhängig davon, welch schreckliche Dinge sie getan haben. Wenn du nicht ein Echo in dir finden kannst und nicht denken, kannst: „Ich könnte diese Person sein", kannst du nicht therapieren!*

Auf mein Nachfragen bekräftigt sie: *Ich identifiziere mich auch mit Sexualtätern*, und fährt fort, den Prozess zu erläutern: *Dann suche ich die Person heraus, mit der es meiner Meinung nach am einfachsten ist, die Veränderung zu starten. In diesem Fall dachte ich an den Vater, weil er ein sehr starker Mann ist und der intelligenteste. Das magersüchtige Mädchen ist sehr intelligent, aber sie war durch die Anorexie total geschwächt. Und die Mutter war psychisch zu krank (too crazy). So ging ich zu ihm – falls es nicht funktioniert hätte, wäre ich zu den andern gegangen, aber es konnte mit ihm nicht schief gehen – und machte ihm die Hölle heiß, dass er sich ändern muss. Zu seinem Glück tat er es schnell. Ich hätte einen Mann wie ihn nicht gehen lassen. Ich hätte ihm gesagt: „Du weißt, dass du die Position, die du in der Welt hast, nicht verdienst. Du kannst nicht ein berühmter XY* (Berufsbezeichnung aus Datenschutzgründen gestrichen) *und gleichzeitig ein Idiot sein! Das geht einfach nicht!"*

Dieses sehr direktive und lineare Vorgehen hier erklärt sie so: *Ich identifiziere mich mit jeder Person, und ich möchte das ganze Bild sehen, aber ich interveniere linear, weil es am schnellsten geht. Ich denke, Verantwortung ist immer eine individuelle Verantwortung, und Interventionen müssen dementsprechend sein, wenn du ein System verändern willst. Das System ist abstrakt, es existiert nicht in der Wirklichkeit. Alles, was du machen kannst, ist, die Art zu verändern, wie sich eine Person verhält. Oder zwei oder drei, aber du musst an einem Ort beginnen, und du wählst aus, mit wem du beginnen willst.*

In diesem Fall wählte sie also den Vater, der inzwischen wieder geheiratet und ein Baby hatte, aber zusammen mit seiner Ex-Frau auch das gemeinsame Sorgerecht für die Tochter. *Ich sagte zum Vater:*

„Ich muss Sie alleine sprechen", und erklärte ihm dann: „Sie haben ein Problem mit Ihrer Tochter, weil Sie sich mit Ihrer Ex-Frau im Krieg befinden und Ihre Tochter all die Geschosse abfängt. Immer wenn Sie auf Ihre Ex-Frau schießen, bekommt ihre Tochter die Kugeln ab. Sie ist der letzte Rest Familie, den sie als Mutter noch hat. Sie greifen die Mutter dauernd an, und das ist zu viel für ein 15-jähriges Kind, ihre Mutter gegen einen mächtigen Mann zu verteidigen." Er hörte mir aufmerksam zu, und ich fuhr fort: „Sie müssen Ihre Tochter nicht nur davon überzeugen, dass Sie ihre Mutter nie wieder angreifen werden, sondern auch davon, dass Sie sie stets beschützen und sich um sie sorgen werden, weil Sie Ihre Tochter lieben und sie die Mutter dieser Tochter ist! Und Ihre Tochter muss spüren, dass sie für den Rest ihres Lebens auf Sie zählen kann, dass Sie ihrer Mutter helfen werden, selbst um den Preis Ihres eigenen Lebens."

Madanes wies den Vater an, sofort damit zu beginnen und damit fortzufahren, bis die Tochter ihm glauben und es auch so erleben könne. *Und es war nur eine Angelegenheit von Wochen. Die Tochter aß wieder und konnte zurück auf die Schule, es ging ihr gut, auch der Mutter. Es klappte, weil der Vater verstanden hatte.* Und sie betont noch einmal, wie sehr hier die Intelligenz des Vaters ausschlaggebend gewesen sei, denn: *Auch ein anderer Mann hätte es vielleicht verstanden, aber es hätte länger gedauert, in diesem Fall möglicherweise zu lang!*

Dass sie, mit Opfern u n d Tätern arbeitet ein wichtiger Teil ihrer Philosophie und ihres Menschenbildes und für sie eine gewünschte Herausforderung. Sie gewann einen Wettbewerb für Behandlungskonzepte in Bezug auf Sexualtäter: *Ich interessierte mich sehr dafür, weil ich viel über Buddhismus gelesen hatte und das Prinzip verstand, dass es sehr einfach ist, Empathie für die Opfer zu empfinden. Das Geheimnis ist, Empathie für die Täter zu entwickeln. Darum nahm ich die Herausforderung an. Um die Welt zu verändern, musst du die Kriminellen ändern. Die Opfer sind nicht das Problem. Das Problem sind die Menschen, von denen Freud sagte, sie könnten nicht behandelt werden. Diese sind die Herausforderung für das gesamte Feld der Psychologie und der mentalen Therapie.*

Als ich auf den Teufelskreis von Gewalt auch im Hinblick auf Täter aus der Nachfolgegeneration von Opfern hinweise, ergänzt sie: *Dieser Kreis muss gelöst werden. Nicht alle Opfer werden später kriminell, viele Opfer begehen nie ein Verbrechen. Einige der berühmtesten Menschen auf der Welt waren Opfer, wie Victor Frankl, der im KZ war.*

Die Welt würde sich verändern, wenn wir verstehen könnten, was Menschen willkürlich zu Opfern macht oder zu willkürlicher Gewalt ver-

anlasst. Gewalt hat noch nie zu etwas geführt! Auf meinen Einwand, die Vereinigten Staaten seien als Land auch mittels Gewalt, zum Beispiel gegen die Indianer, entstanden, und daher seien wahrscheinlich viele Bürger der Überzeugung, Gewalt könne doch zu etwas führen, kontert sie: *Ja, aber diese Leute nehmen nur einen Aspekt aus der Geschichte*, und ergänzt schmunzelnd: *Und wer sagt, dass die Vereinigten Staaten ein fröhlicher Ort sind?*

Die Intensität, mit der sie in ihren Therapien arbeitet, die auch in unserem Interview für mich spürbar ist (die Betriebsamkeit und Lärmkulisse um uns herum wäre normalerweise für ein Interview undenkbar), lässt mich noch nicht los, und ich möchte wissen, wie viele Stunden am Tag sie überhaupt so arbeiten könne. *Ich mache das die ganze Zeit. Es ist wie eine Pathologie von mir, ich mache das auch im Kino. Ja, es ist schwer, ein (Privat-)Leben zu haben, nachdem du bereits alle anderen durchlebt hast.*

Dass sie auch etwas zurückbekomme, sei für sie ein wichtiges Indiz für die Qualität einer therapeutischen Sitzung: *Ich glaube, wie Carl Withaker, dass du aus jeder Sitzung etwas herausbekommen sollst. Wenn nicht, war es keine gute Sitzung. Du musst spüren, dass dir die Sitzung geholfen hat*, und fährt fort, *du bist in ihr* (Anm.: der Klienten) *Leben eingestiegen und hast erkannt, dass etwas in dir ähnlich ist, in deinem Leben, und es ist dir möglich, etwas Persönliches durchzuarbeiten oder etwas besser zu verstehen, zu bewältigen. Als ich dieses anorektische Mädchen war, habe ich etwas aus meiner Adoleszenz bearbeitet. Und als ich mit diesem Vater sprach, habe ich etwas mit meinem Vater durchgearbeitet, und in meiner Rolle als Mutter habe ich etwas mit meinen Kindern bearbeitet.*

So ist für sie jede Therapie gleichsam auch ein wenig Therapie für sie selbst. Aber es sei wichtig, zu differenzieren: *Das ist Empathie – du musst selbstlos sein. Das Schlimmste für einen Therapeuten ist* (Anm. in der Therapie), *selbstbewusst zu sein, ich meine, wenn du an dich selbst zuerst denkst, wenn du überwältigt bist von Gedanken deiner eigenen Wichtigkeit oder von dem, was du beweisen oder erreichen willst. Du musst dich selbst vergessen. Wenn ich in einer Sitzung weine, realisiere ich die Tränen nicht einmal, weil meine Gedanken nicht bei mir sind.*

Es macht für sie keinen Unterschied, ob sie sich in männliche oder weibliche Personen einfühlt, schwieriger wird es, *wenn es langweilig ist* (lacht).

Dann versuche sie, die jeweilige Person aus dieser monotonen, oft jammernden Grundstimmung herauszulocken, und sie schildert ein Beispiel, das wiederum ihren Sinn für Humor unter Beweis stellt. *Eine Patientin hatte die Tendenz, zu den Sitzungen zu kommen und über ihre Probleme am Arbeitsplatz zu klagen; auf eine höchst langweilende Art würde sie mir alle Einzelheiten schildern, bis ich ihr eine Lösung anbieten würde, die sie zufrieden stellen würde. Aber ich wollte das unterbrechen und mir nicht alle Details anhören müssen, und so sagte ich eines Tages zu ihr: „Es gibt eine Sache, die Sie verstehen müssen, und die ist, dass es in jedem Leben täglich eine gewisse Portion Scheiße (a certain amount of shit) gibt, überraschend ist eher, wenn da gar keine Scheiße ist. Also, wenn wieder etwas Unangenehmes bei der Arbeit passiert, anstatt zu denken: Das ist schrecklich, warum passiert das ausgerechnet mir?, müssen Sie denken: Das ist wahrscheinlich die Scheiße für heute (the shit for the day), und sollten nicht überrascht sein deswegen."*

Sie erzählt schmunzelnd weiter: *Sie war schockiert wegen meiner Sprache. Aber als sie begriffen hatte, begann sie eine ganze Reihe von Problemen außer Acht zu lassen (eliminate), weil sie zumindest einmal täglich denken konnte: „Frau Madanes hat gesagt, das ist die normale Ration Scheiße."*

Ich komme auf die Ausbildung von Therapeuten und Therapeutinnen zu sprechen und darauf, was ihrer Meinung nach daran geändert werden sollte. Sie beginnt spontan aufzuzählen, was sie an der derzeitigen Therapeutengeneration und an der konkreten Ausbildungssituation zu vermissen scheint: mehr Studium, besser beobachten lernen, live-Supervisionen, eine größere Bandbreite von Problemen und Diagnosen, mit denen die einzelne Therapeutin, der einzelne Therapeut arbeitet. *Die meisten Therapeuten und Therapeutinnen sind in einem sehr engen Bereich trainiert*, meint sie und ergänzt: *Und dann ist noch Reife wichtig, es* (die Therapie) *ist wirklich ein Feld, das man erst betreten sollte, wenn man 40 ist. Wenn ich an mich selber denke, ich war so dumm und so schwierig,* (überlegt) *nein, ich war nicht dumm, aber so verängstigt und so unreif. Ich denke, der ganze Bereich der Therapie ist zu lasch, die Anforderungen sollten viel höher sein.*

Sie erklärt mir, dass sich in den Vereinigten Staaten aufgrund mangelnder öffentlicher Finanzen die psychotherapeutische Versorgung der Armen verschlechtert habe und darüber hinaus durch „Managed Care" die Entlohnung und als Folge auch der Ausbildungsstandard von Psychotherapeuten gesunken seien, sich also alles in eine ungünstige Richtung entwickelten. Sie interessiert sich für die Verhältnisse in der Schweiz. Ich erläutere ihr kurz die Situation und steuere dann auf die Begriffe „Integration“ und „Eklektizismus“ zu. *Der strategische Ansatz war schon immer insofern eklektisch, als wir uns von allen Ansätzen das herausnahmen, was wirkt, und wir es integrierten. Aber es muss funktionieren, sonst ist es keine gute Integration.* Mich interessiert der Integrationsprozess, und sie erklärt: *Es muss klinisch relevant sein. Wenn du glaubst, du kannst jemand damit motivieren, wenn du über jungsche Archetypen sprichst, dann tu das, weil es deinen Patienten motivieren kann. Aber wenn es nur gerade auf einer Idee beruht, an der der Therapeut interessiert ist, das ist nicht genug.*

Ich möchte es noch genauer wissen, und sie präzisiert, dass dieses Kriterium nicht ausreiche, dass es für wirkliche Integration therapeutischer Methoden und philosophischer Grundhaltungen eine Menge Erfahrung brauche: *Ich denke, du kannst nur wirklich integrieren, wenn du älter und viel erfahrener bist und weißt, wie du es anwenden kannst. Für junge Therapeuten und Therapeutinnen ist es besser, an einem Modell zu bleiben und mittels Beispielen und Supervision zu lernen. Es ist schwierig genug, ein Modell zu lernen, viel schwieriger, eklektisch zu arbeiten. Es ist ein großer Fehler, jungen Therapeuten zu sagen: „Arbeitet eklektisch!“, weil sie die Orientierung völlig verlieren.*

Madanes plädiert dafür, zuerst eine fundierte Methode von Grund auf zu lernen und sich dann weiterzuentwickeln, und reflektiert ihre eigenen Erfahrungen: *Es brauchte eine Menge an Reife* (Anm. z. B. Ideen von C. G. Jung zu übernehmen, sie erwähnt u. a. „Alles Leiden ist auch universelles Leiden“). *Wenn ich das am Anfang versucht hätte, wäre ich eine völlig inkompetente Therapeutin gewesen. Wenn ich versucht hätte, das mit dem direktiven Ansatz zu integrieren oder mit dem Ansatz von Erickson, das hätte keinen Sinn ergeben.*

Da sie überzeugt ist, dass alle wirklich wichtigen Grundgedanken philosophisch-religiöser Natur und auf die eine oder andere Art und Weise schon zum Ausdruck gebracht worden seien, stelle sich für sie das Problem anders: *Die große Leistung ist nicht, eklektisch vorzugehen, sondern spezifisch. Zum Beispiel, wie man Veränderung in Gang bringen kann, wie man das Verhalten der Menschen verändern kann. Dahin kommst du nicht mit einem eklektischen Ansatz. Ein eklektischer Ansatz konstituiert deinen Hintergrund, deine Philosophie, das, was dich befähigt, dich verschiedenen Klienten anzupassen, verschiedenen Kulturen, Altersgruppen usw., aber um wirklich Veränderungen zu initiieren, musst du sehr spezifisch sein. Dafür brauchst du ein Modell. Ich würde nie freudsche und Jungsche Interpretationen mit Verhaltensthera-*

pie kombinieren – was sollte das sein?! Aber all diese Ideen beeinflussen mich.

Das bringt sie zurück zu ihrer eigenen Geschichte, als sie in Argentinien russische Psychologie studiert hatte, dann psychoanalytisch orientiert und ausgebildet wurde, später am MRI (Mental Research Institute, California) landete und sich stets eine neugierig wissensdurstige und ebenso kritisch hinterfragende Grundhaltung bewahrte: *Ich wollte ausgebildet (educated) werden, ich wollte kultiviert (cultured) werden. – Schau dir diese Mischung an, aber ich habe diese Mischung nie angestrebt. Aber ich setze mich nicht hin und überlege, wie kannst du eklektisch vorgehen und das russische Modell integrieren, es ist in mir eingepflanzt. Als ich am MRI war, verglich ich mit Psychoanalyse und mit der russischen Psychologie, ich war in jeder Hinsicht äußerst kritisch. Als ich in Analyse war, kritisierte ich meinen Analytiker dauernd mit dem Kommunikationsmodell. Aber das ist das eigentlich Wichtige, einen hinterfragenden Verstand zu haben, alles zu hinterfragen. Das geht zurück auf die alte jüdische Tradition des Fragens*, und sie folgert: *Ich denke, als Therapeutin, wenn du die Fähigkeit zum Hinterfragen (ability to question) verlierst, wenn du denkst, du hast das richtige Modell und du kennst die Antwort, bist du am Ende (you are finished), niemand hat die Antwort, alles kann hinterfragt werden, und alles sollte hinterfragt werden, sonst wird etwas, eine Methode, ein Modell, zum Dogma und zur Tyrannei. Also, eine weitere Charakteristik der Therapeutin ist, alles zu hinterfragen. Auch die Wahrheit, die Realität, den Bezugsrahmen, alles – auch deine Patienten, deine Studentinnen*, und resümiert: *Ich sage immer, eine Therapeutin sollte alles für möglich halten und nie etwas glauben (believe everything and never believe anything).*

Auf die Frage nach Kriterien für den Erfolg einer Therapie antwortet sie spontan: *Die Klienten am Leben zu erhalten. Das ist sehr wichtig, dass sie lebendig sind, um etwas vollbringen zu können*, und erläutert, meine etwas überraschte Reaktion bemerkend, *es mag dich überraschen, aber eine Menge Patienten sterben, daher ist es ein wichtiges Ziel, sie am Leben zu erhalten. Dann, zweitens, falls es um Verbrechen geht, diese zu verhindern. Eine Wiederholung zu verhindern – eine Wiederholung von kriminellem Verhalten und erneuter Hospitalisierung ist ein weiteres Kriterium. Und darüber hinaus, sich besser zu fühlen, Symptome nicht mehr zu haben, aber das ist weniger wichtig.*

Sie sei sich bewusst, dass sie hier im Unterschied zu vielen Kollegen und Kolleginnen eine gesellschaftspolitische Dimension in den Vordergrund stelle, und fasst nochmals zusammen: *Erstens überleben sichern, zweitens kriminelles Verhalten verhindern, drittens Hospitalisierung vermeiden und erst dann eine Verbesserung der Symptome und des Lebens bewirken.* Dies sei auch eine Kritik an psychotherapeutischen Ansätzen, sie erwähnt hier die Vertreter von Konstruktivismus oder der narrativen Psychotherapie, die ihrer Meinung nach die zentralen Probleme der Welt zu wenig beachtet. *Es sind Verbrechen und Krankheit – das sind die wichtigen Dinge!*

Schwieriger fällt es ihr, auf meine Frage zu antworten, wie sie eine Therapeutin, einen Therapeuten für sich selbst oder eine ihr nahe stehende Person auswählen würde. *Das ist sehr schwer, ich kenne die besten Therapeuten und Therapeutinnen auf der Welt und weiß nicht, zu wem ich gehen würde. Es ist so schwierig, weil du nach Weisheit suchst. Also Weisheit ist die Nummer eins* (Anm.: Dies bezieht sich auf die erste Interviewfrage), *grundlegende Weisheit (basic wisdom), ich war bei Erickson und befolgte nicht, was er mir sagte. Ich wäre wohl eine sehr schwierige Patientin. Und wenn ich jetzt so zurückblicke* (amüsiert), *er* (Erickson) *wurde ungeduldig mit mir.*

Sie beschreibt, dass Erickson sie schließlich in das Wartezimmer zurückschickte, um „Das Leben von Margaret Mead" zu lesen. Sie war für einige Tage bei Erickson, und die Therapie wurde immer wieder für Patiententermine unterbrochen.

Und ich dachte: „Warum muss ich dieses Buch lesen?" Ich war noch jung und las alles über Margaret Mead und all ihre Ehemänner und ihre Arbeit, und ich ging zurück und sagte: „Warum muss ich das lesen?" – „Lies es einfach!" – „Kann ich ein anderes Buch lesen?" – „Nein, nur Margaret Mead!" Ich glaube, er versuchte mir zu sagen, dass meine Karriere eine sehr wichtige Rolle in meinem Leben spielen werde, genauso wie in Margaret Meads Leben. Nachdenklich ergänzt sie auf mein Nachfragen, dass sie nicht glaube, er habe ihr damit eine bewusste Entscheidung ermöglichen wollen, sondern: *Ich denke, er sagte mir, das bin ich, und ich sollte schauen, damit zurechtzukommen.*

Das gibt ihr Gelegenheit, auf ein Prinzip Ericksons hinzuweisen, die gegebene Persönlichkeitsstruktur der Patienten grundsätzlich zu achten und Veränderungen innerhalb dieses gegebenen Rahmens anzustreben, *und das ist sehr ähnlich dazu, wie ich versuche, in die Welt der jeweiligen Person einzutreten.*

Abschließend zitiert sie einen berühmten Schriftsteller aus Peru: *Schriftsteller schreiben, weil sie das Leben, das sie führen, nicht ertragen können. Mit dem Schreiben versuchen sie, das Leben anderer zu leben.* Madanes ist überzeugt: *Gute Therapeuten und Therapeutinnen tun dies auch, andernfalls würden sie ausbrennen (burn out). Es hält dein Interesse wach, du glaubst, dass ihr Leben von Interesse ist.*

Es sind mit dem Essen und anderen kurzen Unterbrechungen bereits zweieinhalb Stunden vergangen, und ich begleite sie den kurzen Weg zurück zu ihrem Hotel. Sie ist neugierig auf das Ergebnis meiner Arbeit und auch darauf, was die anderen Interviewpartner erzählt haben.

Wir verabschieden uns, und zurück bleibt das Gefühl, sie schon lange zu kennen.

III Auswertung, Ergebnisse und Perspektiven

Die Gestaltung der therapeutischen Beziehung und Wirkung

„... die funktionale Bedeutung der Therapiebeziehung für den Therapieerfolg ist durch mehrere Hundert signifikante Zusammenhänge bestätigt und kann als das am besten gesicherte Ergebnis der gesamten bisherigen Psychotherapieforschung angesehen werden", resümiert Grawe, und daher „muß in der Herstellung und Aufrechterhaltung einer guten Therapiebeziehung einer der wichtigsten spezifischen Beiträge des Therapeuten zum Therapieerfolg gesehen werden" (Grawe et al. 1994).

Mit dieser Aussage unterstreicht Grawe den Stellenwert der therapeutischen Beziehungsgestaltung aufgrund eindeutiger Ergebnisse der quantitativen wie auch der qualitativen Therapieforschung und fordert: „Eine gute Therapiebeziehung ist nicht einfach von selbst da oder nicht da, sondern sie muß und kann vom Therapeuten gestaltet werden" (ebd.). Da das Beziehungsverhalten des Therapeuten nachweislich Einfluss auf das Therapieergebnis habe, ist für Grawe die therapeutische Beziehung „zumindest teilweise als ein *spezifischer* therapeutischer Wirkfaktor anzusehen" (ebd.).

Es ist daher nicht nur von besonderem Interesse, welchen Stellenwert meine Interviewpartner der Gestaltung der therapeutischen Beziehung zuschreiben, sondern vor allem, wie sie sie aufbauen, intensivieren, aufrechterhalten und in welchem Ausmaß sie dafür die Verantwortung übernehmen.

Ihre Aussagen zur Beziehungsgestaltung sollen einerseits im Zusammenhang ihrer therapeutischen Arbeit und ihres persönlichen Stiles gewürdigt werden, andererseits aber auch die Möglichkeit eröffnen, spezifische Merkmale, Haltungen und Fähigkeiten herauszuarbeiten, differenziert zu beschreiben und – bei großer Übereinstimmung – als eigentliche Wirkfaktoren darzustellen.

In den nachfolgenden Kapiteln sollen neben bereits bekannten und abgesicherten Stichworten wie „Einfühlungsvermögen“ und „Empathie“ auch bisher weniger beachtete wie „therapeutische Intensität“ oder in diesem Kontext neue Qualitäten wie „transparente Veränderungserwartung“ beschrieben, erläutert und zur Diskussion gestellt werden.

Dabei wird in erster Linie nicht eine strenge Definition angestrebt, sondern versucht, die in den Interviews erkennbaren Qualitäten therapeutischer Beziehungen herauszuarbeiten, zu benennen und als aktive, entwickel- und lernbare Fähigkeiten oder Handlungen darzustellen.

Grundlage dafür bieten nicht nur die wörtlichen Aussagen und Fallbeispiele, sondern auch das nonverbale Verhalten der Gesprächspartner wie auch die allgemeine – subjektiv erlebte – Gesprächsatmosphäre.

Die notwendigerweise für die Interpretation und Gewichtung einfließenden beruflichen Erfahrungen des Autors sollen dabei genutzt und entsprechend dargestellt werden.

Der Begriff der „Beziehungsgestaltung“ wird möglichst weit gefasst und eigentlich nur von therapeutischen Techniken und Interventionen im engeren Sinne abgegrenzt, das heißt, die einzelnen Faktoren wie „Therapeutische Intensität“ können auch dann unter dem Begriff „Beziehungsgestaltung“ subsumiert werden, wenn sie hauptsächlich, aber nicht ausschließlich beziehungsorientiert sind.

In einer Zusammenfassung werden die Aussagen schließlich in ihrem Gesamtbild gewürdigt und Schlussfolgerungen formuliert.

Empathie und Einfühlungsvermögen

„Es ist dokumentiert, dass empathisches Zuhören wahrscheinlich das grundlegendste Prinzip darstellt, das von allen psychotherapeutischen Ansätzen und von klinischen Praktikern verschiedener Orientierungen geteilt wird“, begann Strupp das Interview und lieferte auch gleich eine ebenso prägnante wie differenzierte Beschreibung: „Es geht darum, den Patienten, seine oder ihre Gefühle, Ängste, Kämpfe und Anliegen zu verstehen.“ Empathisches Zuhören bedeutet, sich in die innere Welt eines anderen Menschen zu vertiefen, sich dabei zu erlauben, sich auf die ausgesprochenen und – noch wichtiger – auf die nonverbalen Botschaften einzustimmen und sich dabei der eigenen Gefühle, Bilder, Fantasien und Assoziationen bewusst zu sein.

Dieser Aussage eines renommierten Forschers zur Bedeutung der Empathie für die therapeutische Beziehung kann wohl kaum widersprochen werden, zumal Empathie, Einfühlungsvermögen oder, mit anderen Worten, die Fähigkeit, sich als Therapeut „in die Lage oder Seelenstimmung einer anderen Person hineinzuversetzen" (Brockhaus 1997), für alle Interviewpartner eine zentrale Rolle spielt.

Aufgrund dieses in Forschung und Praxis der Psychotherapie inzwischen wohl unbestrittenen Stellenwertes sind nun gerade präzisierende Aussagen, Definitionen und Beschreibungen der einzelnen Gesprächspartner zu Empathie und Einfühlungsvermögen – ihre Gemeinsamkeiten und Unterschiede – von besonderem Interesse.

Nicht alle Interviewpartner verwenden den Begriff Empathie beziehungsweise empathisches Zuhören oder haben ihn so präzis definiert wie Strupp. Oft werden Umschreibungen und Synonyme verwendet, aber auch Formulierungen gebraucht, die ein großes Maß an Einfühlungsvermögen implizit voraussetzen, wie Watzlawicks „die Sprache des Klienten sprechen".

Wie Strupp bereits mit dem Begriff des empathischen Zuhörens andeutet und in seiner Definition explizit ausführt, geht es ihm nicht nur um eine wohlwollend verständnisvolle Einstellung oder Grundhaltung gegenüber den Klienten, sondern er beschreibt Empathie auch als ein gezieltes, aktives Handeln des Therapeuten. Mögen Ausmaß und Intensität (siehe auch „therapeutische Intensität") nicht nur bei den einzelnen Interviewpartnern und ihrer Arbeitsweise, sondern auch in jeder einzelnen Therapie desselben Therapeuten variieren, so lassen sich doch übereinstimmend wichtige Schritte herauskristallisieren:

„Präsenz als Person" (Gendlin), „Wachheit und Engagement" (Stierlin) und die „Fähigkeit, sich ganz auf diesen Moment, diesen Patienten zu konzentrieren, als gäbe es nichts Wichtigeres auf der Welt" (Farrelly), bilden zusammen mit „wirklicher Sorge" (Lempp, Fromm), „sich verpflichtet fühlen und um den Patienten sorgen" (Strupp), „hochgradiger Ernsthaftigkeit" (Mrochen) oder „Fürsorge und Intuition" (Kleinhauz) ebenso die Voraussetzung wie die „Neugierde, jedes Mal eine neue Sprache zu lernen" (Watzlawick), oder „das Interesse, das Leben anderer zu leben" (Madanes).

„... dass du nicht nur Einfühlungsvermögen und Leidenschaft, sondern die Fähigkeit hast ... dich selbst zu verlieren und eines anderen Leben stellvertretend zu (er)leben“ (Madanes), kennzeichnet ein therapeutisches Vorgehen, das sich auch bei anderen Interviewpartnern – mit unterschiedlichen Ausdrücken und in unterschiedlichem Ausmaß – wieder finden lässt.

Im Fallbeispiel des anorektischen Mädchens illustriert Madanes auf sehr eindrückliche Weise, was sie mit ihrem Begriff der „Über-Empathie“ zum Ausdruck bringen möchte und wie sie daraus sowohl den therapeutischen Prozess als auch erfolgreiche Interventionen entwickelt.

Während Madanes hier sicherlich ein – ihrer Arbeitsweise entsprechendes – außergewöhnliches Beispiel für „Einfühlungsvermögen“ und das Engagement der ganzen Person liefert, ist es umso interessanter, diese Arbeitsweise mit dem Vorgehen von Watzlawick zu vergleichen, der auf den ersten Blick eine persönlich und emotional wesentlich distanziertere Haltung als Therapeut zu vertreten scheint.

Madanes versucht, sich in ihre Klienten hineinzuversetzen, ihre Befindlichkeit, ihre Gedanken und ihre momentane Situation zu erfassen und zu erspüren, indem sie immer wieder quasi in die Haut eines jeden Einzelnen schlüpft. Für sie ist therapeutische Arbeit nur möglich, „wenn du ein Echo in dir finden kannst und denken kannst: „Ich könnte diese Person sein, auch wenn sie schreckliche Dinge getan haben mag.“ Das in diesem (von ihr auch als Identifikation bezeichneten) Vorgehen erfahrene und sozusagen erlebte Wissen bildet die Grundlage für später erfolgende Strategien und Interventionen.

Ihr persönliches Engagement, ihr mentaler und emotionaler Einsatz dürften dabei meist das allgemein in Lehrbüchern vermittelte „Maß“ deutlich überschreiten. So bezeichnet sie selbst ihre „Über-Empathie“ schließlich nicht nur als therapeutische Fähigkeit, sondern auch als eine im Privatleben oft beeinträchtigende „Pathologie“. Jede Therapie wird somit für Madanes gleichsam ein wenig Therapie von ihr selbst: „Du musst spüren, dass dir die Sitzung geholfen hat (...), dass etwas in dir ähnlich ist“, das es ihr ermöglicht, „etwas Persönliches durchzuarbeiten, besser zu verstehen oder zu bewältigen“.

„Empathie“, „Beziehungsangebot“ oder gar der Begriff „Übertragung“ passen nicht in Watzlawicks therapeutisches Konzept. „Es kommt nur darauf an, dass ich es fertig bringe, in der Sprache des Klienten zu sprechen, das heißt, dass ich in seine Wirklichkeit eingetreten bin", skizziert er den Kern seines therapeutischen Handelns.

Es geht ihm um das Verstehen der „Wirklichkeit des Betreffenden" und das – möglichst schnelle – Erlernen „seiner Sprache". Dass dabei schnell ein intensiver Kontakt zwischen Klient und Therapeut entsteht, der meist durch eine positive Erwartungshaltung („die andere Person kommt zu mir und erwartet, dass ich was tue") verstärkt wird und für den Erfolg der Veränderungen in der Wirklichkeit des Klienten Voraussetzung ist, kommt in unserem Gespräch fast einem Zugeständnis gleich.

Beide, Madanes und Watzlawick, wandeln im therapeutischen Prozess – mit großer innerer Beteiligung – zwischen Welten, mit dem Ziel, zu verstehen, zu übersetzen und zu verändern. Madanes versucht, ihre Klienten sozusagen „von innen her" stellvertretend zu erleben, Watzlawick, die Wirklichkeit und Sprache seines Gegenübers, „von außen" zu erschließen, zu begreifen und daraus zu lernen. Beide begeben sich aktiv in eine „andere Welt", Madanes emotional und körperlich spürbar, Watzlawick mehr kognitiv. Aus den so gewonnenen Erlebnissen und Erkenntnissen entwickeln sie ihre Stategien und Interventionen.

Gleichermaßen anschaulich wie eindrücklich schildert Farrelly (von Mrochen im Interview als „Rapportkünstler" bezeichnet), was er unter „Intensität und Hingabe" versteht und wie er das Leitmotiv von Augustinus, „Love and do what you will", therapeutisch umsetzt: „Ein Herz für seine Patienten zu haben, alle Energie aufzuwenden aus dem einzigen Grund, weil sie da sind." Seine Fallbeispiele illustrieren, wie er sein „Einfühlungsvermögen" verbal („Ich beschreibe authentisch, was ich innerlich sehe, höre, fühle, rieche oder schmecke") und nonverbal (Schmunzeln, Augenzwinkern, Karikieren ...) nutzt, um in das Weltbild seiner Patienten (wie im Beispiel der sich selbst als schlampig und verdorben abwertenden Frau) einzusteigen, ihre Sprache zu sprechen (siehe Beispiel des rülpsenden Jungen) und in kürzester Zeit eine therapeutische Beziehung zu entwickeln, die es ihm vom ersten Moment an erlaubt, mit transparent inkongruenten Überzeichnungen („Zerrspiegel") therapeutisch zu intervenieren.

Für Kleinhauz basiert Empathie vor allem auf Intuition („wie kann ich meine Patienten emotional verstehen und mitfühlen, wenn nicht durch Intuition"), die es zusammen mit einer präzisen Beobachtungsgabe („Sherlock-Holmes"-Metapher) ermöglicht, die tieferen Bedürfnisse des Patienten zu erkennen. „Das erzeugt sofort ein intensives Gefühl (beim Patienten), verstanden zu werden", weil die Beobachtungen und Folgerungen den Tatsachen entsprechen. „Mit dieser Art von Verstehen (...) entwickelt sich Empathie und damit eine tragfähige Beziehung, in der die Patienten beginnen, Vertrauen zu entwickeln, und das ist das Wichtigste, die Fähigkeit zu einer guten therapeutischen Beziehung."

„Des Patienten Vertrauens würdig, diese Vertrauenswürdigkeit muss unbedingt zum Ausdruck kommen", ist auch Strupps Überzeugung, und er meint, ergänzend zu seiner Definition von Empathie (siehe oben): „Wirkliches Sorgen und echte Verpflichtung sowie Empathie und Mitschwingen *(resonance)* auf der einen Seite, das Vermeiden herabsetzender Kommunikation auf der anderen Seite, das ist essenziell für den therapeutischen Erfolg! Ich denke, die Technik an sich ist nicht sehr wichtig."

Auch Mrochen ist überzeugt, dass therapeutische Strategien und Interventionstechniken leer laufen, wenn der Beziehungsfunke fehlt, der sich im Rapportgeschehen verbirgt und auch – verbal wie nonverbal – Facetten habe von Motivation, Provokation und Ermutigung. Er beschreibt das Erlebnis einer intensiven therapeutischen Beziehung als eine Art „Arbeitstrance", die sowohl als Empathie im Sinne C. Rogers wie auch als Intuition bezeichnet werden könne, darüber hinaus für ihn aber auch aufgrund der intensivierten Wahrnehmung zu einer inneren „Diagnosestrategie" wird. Die Aufmerksamkeit seines Gegenübers sozusagen zu fesseln und seine psychophysiologischen (Trance-)Zustände zu lenken beschreibt er als hochkarätig intensiven Prozess, der seiner Erfahrung nach „am ehesten Veränderungen stattfinden lässt", und ist überzeugt, „das läuft alles über das Rapportgeschehen und nicht über die Intervention". Schließlich sind es für Mrochen gerade diese Rapportfähigkeiten, „die einen guten oder sehr guten Therapeuten von einem durchschnittlichen unterscheiden".

„Erstens, dass man als Person da ist und einem die Methode und alles andere nicht wichtiger ist als der Mensch, der da kommt", beschreibt Gendlin das oberste Gebot für eine therapeutische Beziehung als Voraussetzung dafür, dass die jeweilige Beziehung „zu einer körperlichen Sache" wird, „die man (auch als Therapeut) im

Magen erlebt, auch wenn man sich dessen vielleicht nicht ganz bewusst ist". Das Bedürfnis, vom Therapeuten nicht nur verbal, sondern auch körperlich wahrnehmbar verstanden zu werden, kenne er auch aus eigener Erfahrung. Es bestehe die Gefahr, „dass man alle Keime, die wachsen wollen, abschneidet, indem man nur ungefähr verbalisiert, aber dann geht es nicht weiter". Das tiefe Gefühl, die Befürchtung vieler Klienten, „mich kann niemand verstehen", erfordere einen „organismischen" Verdichtungsprozess in einer „organismischen Beziehung". Erst auf dieser körperlich spürbaren Ebene bahnen sich schließlich beim Klienten erste Veränderungen an („von unten herauf").

Gendlin beschreibt die therapeutische Beziehung als einen intensiven Prozess, den der ganze Organismus von außen (Therapeut – Klient) wie auch von innen (Focusing) erlebt. So ist es für ihn ein Anliegen, „Begriffe zu schaffen, die den organismischen Teil mitbringen, damit man über Therapie mit dem Körper denken kann." – „Empathie" und „Einfühlungsvermögen" scheinen hier zu kurz zu greifen.

„Die Beziehung ist das Wichtigste, es muss eine vertrauensvolle Beziehung sein, du musst das Beste für deine Patienten wollen", meint Fromm und ist überzeugt, dass intensives Einlassen das ernsthafte Interesse des Therapeuten zum Ausdruck bringe, Vertrauen und einen gewissen Optimismus fördere und beim Patienten das Gefühl verstärke, nicht als Routinefall behandelt zu werden.

„Ich bin eine sehr mütterliche Therapeutin", bekennt sie und betont an anderer Stelle, „meine Empathie ist sehr hoch, ich sorge mich und leide mit meinen Patienten, wahrscheinlich mehr als die meisten meiner Kollegen". Als Forscherin und „wissenschaftliche Therapeutin" ist sich Fromm sehr wohl bewusst, dass sie hier nicht im Rahmen der „allgemeinen Überzeugung" liegt. Dennoch erlaubt sie sich die Aussage, dass ihr therapeutischer Erfolg wahrscheinlich gerade dieser fürsorglichen Intensität zu verdanken sei, und folgt dabei ihrer Forderung an Therapeuten, die eigenen Stärken und Grenzen zu erkennen. Bei der Behandlung von Borderline-Patienten sei gerade eine mütterlich fürsorgliche Beziehung erfahrungsgemäß förderlich, sie habe aber manchmal Patienten weiterüberwiesen, „wenn diese Tendenz zur Bemutterung nach einer gewissen Zeit nicht mehr hilfreich war".

„Mit meinem Ansatz unmittelbar am Problem des Patienten zu bleiben, der sich von mir verstanden fühlen muss", ist Lempps

Grundhaltung beim Aufbau der therapeutischen Beziehung, die für ihn das „eigentlich Wirksame ist".

Der Einzigartigkeit der Patienten gerecht zu werden und wirklich auf sie einzugehen, diese Situation als Herausforderung anzunehmen und als Therapeut nicht in Routinehandlungen abzugleiten seien die Voraussetzungen dafür, dass die Patienten spüren, mit ihren Sorgen wirklich ernst genommen zu werden.

„Sich anzukoppeln an das jeweilige System – mit Beziehungsempathie und Zuversicht, Wachheit und Präsenz", so lässt sich Stierlins Beziehungsangebot zusammenfassen. Als Therapeut möglichst schnell verstanden zu werden und zu verstehen und immer wieder zu überprüfen, „sind wir auf der gleichen Wellenlänge, sind wir noch im selben Boot", ist sein zentrales Anliegen, für das er auch spezielle Fragetechniken entwickelt hat. Die Gestaltung einer therapeutischen Beziehung, die es ermöglicht, dass Klient und Therapeut die Sitzung gleichermaßen als etwas Besonderes erleben („Routine als Grundhaltung halte ich für gefährlich") erfordert für ihn eine „Alertheit und Bereitschaft, die schwer aufrechtzuerhalten ist, wenn man seine Patienten über hunderte von Sitzungen sieht".

***

Es ist auch für erfahrene Therapeuten nicht immer einfach, Begriffe wie „Einfühlungsvermögen" oder den in vielen Therapieformen verwendeten Terminus „Empathie" präzis und funktional als Wirkfaktor zu beschreiben und abzugrenzen. Aus den einzelnen Interviews werden aber doch sowohl die grundsätzlichen Übereinstimmungen wie die unterschiedlichen Schwerpunkte und individuellen Ausprägungen deutlich erkennbar.

Für alle befragten Therapeuten ist es unabdingbar und für den therapeutischen Erfolg von zentraler Bedeutung, die innere Welt ihrer Klienten aktiv zu erkunden, ob sie es subjektiv nun mehr als „Einfühlen" oder „Eindenken", als „Eindringen" oder auch als kurzes, „stellvertretendes Erleben" eines anderen Menschen charakterisieren.

Die ebenso unterschiedlichen wie eindrucksvoll anschaulichen Beschreibungen kennzeichnen vor allem Individualität und Möglichkeiten des einzelnen Therapeuten und zeigen, dass „Empathie" und „Einfühlungsvermögen" nicht einfach bestimmte, lernbare und ausführbare Spielregeln der therapeutischen Arbeit darstellen, sondern von jedem Therapeuten für sich selbst auf persönliche Art entwickelt und immer wieder neu erarbeitet werden müssen.

Wie er sich die Welt seines Klienten erschließen kann, ist für den Therapeuten ein viel differenzierterer und als viel spezifischer erlebter Prozess als die vom Klienten gewünschte und oft auch erfahrene Reaktion: sich verstanden und für ernst genommen zu fühlen.

Nicht zuletzt bestärkte aber auch die Atmosphäre der Interviews eindrücklich die verbalen Äußerungen und ließ mich sozusagen die therapeutische Situation nachempfinden. Trotz so unterschiedlicher Persönlichkeiten entfalteten die Interviews bei mir gerade in diesem Punkt ein ebenso nachhaltiges wie konsistentes Gesamtbild.

Therapeutische Intensität

Zweifellos stellt bei allen Interviewpartnern „die Intensität“[1] ihrer therapeutischen Arbeit eine besondere und zentrale Qualität dar. Sie findet ihren Ausdruck – aufseiten der Therapeuten mit unterschiedlichen Schwerpunkten – vor allem in der Grundhaltung, der Gestaltung der therapeutischen Beziehung, den therapeutischen Interventionen und in der Präzision der Wahrnehmung und des Denkens, sowie aufseiten der Klienten im subjektiven Erleben und Nachwirken der therapeutischen Situation.

Auch wenn der Begriff der Intensität eng mit einigen anderen Faktoren wie Empathie, Veränderungsabsicht, besonderen Strategien oder Ansätzen (zum Beispiel Focusing oder Hypnose) verknüpft ist und es als Selbstverständlichkeit gelten mag, dass sich eine therapeutische Situation vom Miteinanderplaudern unterscheiden sollte, scheint es mir nach Auswertung der Interviews wichtig, die Intensität in der therapeutischen Arbeit als möglicherweise spezifisches Merkmal für den Erfolg einer Therapie differenzierter zu betrachten.

Intensität, wie sie hier gemeint ist und wie sie bei allen Gesprächspartnern als eine vom Inhalt unabhängige Qualität zum Ausdruck kommt, hat ein klares Ziel: Die therapeutische Situation und Beziehung soll Wirkung erzeugen und beim Klienten Spuren hinterlassen.

1 Im *Etymologischen Wörterbuch des Deutschen* (1995) wird der Begriff Intensität mit „Anspannung, Kraft, Eindrücklichkeit, Stärke“ charakterisiert.

So unterschiedlich das persönliche Auftreten, der individuelle Arbeitsstil und die verwendeten therapeutischen Ansätze und Strategien auch sein mögen, von allen zehn Interviewpartnern wird eine Art Intensivierung mit Worten wie „absolute Präsenz", „Hingabe" oder auch „Arbeitstrance" (siehe unten) im therapeutischen Prozess als zentrales Anliegen beschrieben und aktiv angestrebt.

Dabei wird der Beitrag des Therapeuten in unterschiedlichem Ausmaß geschildert und reicht von Gendlins „die Hälfte des Platzes einnehmen" bis zur „Über-Empathie" von Madanes oder dem Wunsch „durchzudringen und zu verändern" von Farrelly.

Es lassen sich verschiedene Ebenen unterscheiden, die diese Intensität je nach Therapeutenpersönlichkeit, Klientenpersönlichkeit und Anliegen oder Symptomatik mit unterschiedlichen Schwerpunkten zum Ausdruck bringen.

Grundhaltung und Beziehung

„Leidenschaft" (Madanes), „Hingabe" (Farrelly), „absolute Präsenz" (Gendlin), „hochgradige Ernsthaftigkeit" (Mrochen), „wirkliche Sorge und ernsthafte Verpflichtung" (Strupp), „hohe Fürsorglichkeit und Liebe zum Beruf" (Fromm) oder „aktives persönliches Engagement" (Lempp) sind nur einige Begriffe, die hier ein hohes Maß an Intensität zum Ausdruck bringen und eine grundlegende Bereitschaft, Absicht und auch den Mut beschreiben, sich einzulassen und nachhaltige Wirkung zu erzeugen.

Diese Grundhaltung bedeutet zwar zunächst ein einseitiges Beziehungsangebot, eine aktive Einladung, die vom Therapeuten ein großes Maß an Konzentration, Einfühlungsvermögen und innerer Bereitschaft verlangt, führt aber schnell zu einer Interaktion, die auch den Therapeuten „emotional nährt" (Strupp) und ihn vor Burn-out bewahrt, was sich schon daraus ableiten lässt, dass diese Intensität bei allen nach 25- bis 40-jähriger oder gar über 50-jähriger (Fromm) therapeutischer Tätigkeit ungebrochen spürbar ist und sich auch nach langjähriger Erfahrung noch steigern kann (Stierlin).

Die therapeutische Beziehung beginnt bereits beim ersten Kontakt, oft am Telefon, mit Aufbau und Nutzung der Erwartungshaltung des Klienten.

„Therapie vom ersten Moment an" (Watzlawick) ist das angestrebte Ziel, um „mehr in immer kürzerer Zeit" (Stierlin) erreichen zu können. Das Postulat erfolgreichen Handelns – „Der ist ein guter

Therapeut, der es schafft, in kurzer Zeit den Leidensdruck des Patienten zu verringern" (Watzlawick) – steht hier als Ausdruck echter Teilnahme und Sorge um den Klienten. Diese Ernsthaftigkeit gilt als unbedingte Voraussetzung für die Wirksamkeit der therapeutischen Situation und bringt gleichzeitig die innere Motivation für die ständige Weiterentwicklung der befragten Therapeutinnen und Therapeuten. Persönlicher Ehrgeiz und das Bedürfnis nach Erfolg werden dabei durchaus als legitim und förderlich eingeschätzt, solange sie im Dienste ebendieser ernsthaften Sorge und Anteilnahme am Wohlergehen der Klienten stehen.

Die Gestaltung der therapeutischen Beziehung ist in erster Linie auf Wirkung ausgerichtet. Intensität, sei es durch das Beziehungsangebot, spezifische Interventionen oder das Setting, soll die therapeutische Situation nicht nur deutlich von Alltagssituationen des Klienten oder so genannten Routinebehandlungen abgrenzen und als etwas Besonderes kennzeichnen, sondern sie darüber hinaus aufseiten des Klienten zu einem im wörtlichen Sinne „beeindruckenden" und nachhaltigen Erlebnis werden lassen.

Der Therapeut begibt sich in die innere Welt des Klienten oder einer ganzen Familie, lernt die „Sprache des Klienten" und somit seine Wirklichkeit kennen (Watzlawick) oder ist dazu fähig, „sich selbst zu verlieren" und in die Rolle des Gegenübers hineinzuschlüpfen (Madanes).

Er bietet sich in diesem veränderten Bewusstseinszustand mit seinen therapeutischen Fähigkeiten als Katalysator für einen Prozess der Veränderung an. Dabei setzen alle Therapeuten aufgrund ihrer Persönlichkeit, ihres Stils und ihrer besonderen Spezialisierungen unterschiedliche Schwerpunkte oder Akzente. Beinhaltet das Setting in einigen Fällen schon implizit eine außergewöhnliche Atmosphäre der Intensität, wie zum Beispiel die Arbeit mit Kindern in Anwesenheit weiterer Familienmitglieder, die Arbeit mit Opfern und Tätern oder auch das Angebot von Tranceinduktionen oder Focusing als Teil der therapeutischen Arbeit, lässt sich Intensität aber auch durch ein hohes Maß an Empathie und Konzentration, durch humorvolle Herausforderung oder durch das Einbeziehen innerer Bilder und Wahrnehmungen des Therapeuten erreichen.

Intensität kann somit als eine Art „Treibstoff" für (innere) Bewegung und Veränderung gelten, besonders wenn mit spezifischen Strategien und Techniken gearbeitet wird, die auf möglichst schnelle

Veränderungen eines Verhaltens oder einer Symptomatik ausgerichtet sind.

Liegt der Schwerpunkt der therapeutischen Arbeit auf einer regelmäßigen, begleitenden Beziehung über einen längeren Zeitraum hinweg, treten gewisse die Intensität fördernde Faktoren, wie zum Beispiel die Erwartung einer außergewöhnlichen Situation oder die Wirkung einer speziellen Intervention im Rahmen einer akuten Krisensituation, in den Hintergrund. Doch ist auch hier das Ausmaß von Engagement, Ernsthaftigkeit und Präsenz des Therapeuten von Bedeutung und kann zum Beispiel mit Mrochens Konzept der Bildung „hochkarätiger Hypnose-Inseln“ ergänzt und gefördert werden.

Therapeutische Interventionen und Strategien

Wie schon im Zusammenhang mit der Grundhaltung und der therapeutischen Beziehung, beschreibt der Begriff der Intensität auch hier das Ausmaß der ständigen Suche nach wirksamen therapeutischen Interventionen und Strategien sowie des Versuchs, sie ständig weiterzuentwickeln und ihre Anwendung zu optimieren.

Der Mut, ständig zu lernen (Stierlin) und neue Methoden zu entwickeln, zu integrieren oder zu verfeinern, zeichnet alle Interviewpartner aus. Mit unterschiedlichen Schwerpunkten haben sie begonnen, neue Ansätzen und Methoden (Gendlin, Stierlin, Farrelly), neue Konzepte (Watzlawick), neue Formen der Methodenkombination (Fromm), -integration (Mrochen) und -anwendung (Madanes) sowie neue Techniken (Kleinhauz) zu entwickeln, Pionierarbeit (Lempp) zu leisten und die Therapieforschung (Strupp) voranzubringen, um so den Begrenzungen der vorgefundenen Ansätze und Methoden produktiv begegnen zu können.

Diese ständige Motivation zu effektiverem Arbeiten führte bei allen Befragten natürlich auch zu einer steigenden Intensität in der Anwendung therapeutischer Techniken und Interventionen.

Das Ausmaß, mit dem ein Therapeut an seinem Handeln konzeptionell, kreativ und erfinderisch beteiligt ist, dürfte seine therapeutische Überzeugungskraft erheblich beeinflussen und somit auch den Therapieerfolg.

Subjektiv erlebte Intensität aufseiten der Klienten

Die Intensität, mit der Klienten die therapeutische Situation subjektiv erleben, steht in direktem Zusammenhang zum Erfolg ihrer Therapie!

Diese empirisch meines Wissens bisher nicht überprüfte Hypothese lässt sich aus den vorliegenden Interviews ableiten. Keiner der befragten Therapeuten überlässt es ausschließlich dem Klienten, wie intensiv sich die therapeutische Situation und dessen subjektives Erleben entwickelt, obwohl dafür weder empirische Belege vorliegen noch eine schulenübergreifende Übereinstimmung erreicht werden dürfte. Natürlich braucht nicht jeder Klient zu jedem Zeitpunkt und nicht jedes Problem oder jede Indikation ständig das gleiche Maß an therapeutischer oder erlebter Intensität, sondern Klienten, Anliegen, Kontext und Symptomatik bilden die Leitlinien dafür, welche Intensität auf welcher Ebene angemessen ist.

Einige der in den Interviews erzählten Fallgeschichten illustrieren dies sehr deutlich. Cloé Madanes' Intervention beim Vater der anorektischen jungen Frau zeigt eine sehr hohe Intensität an Einfühlung in die Rollen und Emotionen der beteiligten Familienmitglieder, die schließlich die Voraussetzung für eine präzise, fast vehemente direktive Intervention bildet. Die Intensität dieser Inszenierung bildet eine Art Gegengewicht zur Dramatik der familiären und akuten psychischen Symptomatik. Im anderen Beispiel ermöglicht Madanes ihrer Klientin gerade Distanz zur Intensität ihrer eigenen Befürchtungen mittels humorvoller Bilder und Übertreibungen, die ihre intensive Wirkung bei der Klientin selbst entfalten, bis sie schließlich durch ihr eigenes Lachen fast gezwungen wird, eine relativierende und mehr realistische Sicht zu gewinnen.

Im Beispiel des Firmenchefs zielt Watzlawick darauf ab, dass dieser Klient in seinem Alltag neue Erfahrungen so eindrücklich erlebt, dass sich seine Wahrnehmung und sein Verhalten grundsätzlich ändern. Ermöglicht wird dies durch das Einsteigen in das mehr rationale Weltbild des Klienten und die für ihn daraus resultierende Plausibilität der gegebenen „Hausaufgabe". Eine Intensivierung der therapeutischen Beziehung oder der therapeutischen Arbeit, etwa durch Hypnose, wäre in diesem Fall wahrscheinlich kontraproduktiv oder bestenfalls ein Umweg gewesen. Im zitierten Fall des Mutisten konnte sich der Therapeut (Jackson) so intensiv in die Wirklichkeit des Patienten einschleichen, dass der Patient darauf reagieren musste.

Während intensive Erfahrungen in Trance oder im Focusing für den Klienten – zumindest am Anfang einer Therapie – in der Regel auch eine intensive Präsenz und Begleitung durch den Therapeuten benötigen, zeigt das Beispiel von Kleinhauz, wie es dieser Patientin erst durch die Abwesenheit des Therapeuten und die damit verbundene Betonung der Eigenverantwortlichkeit möglich wurde, einen intensiven inneren Prozess (Selbsthypnose) zu erleben und zu nutzen.

Einen ganz anderen Aspekt erwähnt Fromm in der Episode, als sie durch die Ähnlichkeit eines Klienten mit ihrem sterbenden Bruder der Intensität ihrer Gegenübertragung ausgeliefert war, was noch drei Jahre später zu einer eindrücklichen „Fehlleistung" führte, obwohl sie den Klienten damals weiterverwiesen hatte. Darüber hinaus beschreibt sie, wie wichtig es für Therapeuten sein kann, sich der eigenen Intensität in der therapeutischen Beziehungsarbeit bewusst zu sein und gegebenenfalls Klienten dann weiterzuüberweisen, wenn dieses intensive Beziehungsangebot der weiteren Entwicklung nicht mehr förderlich ist.

Im Falle des rülpsenden Jungen beschreibt Farrelly, wie sein ungewöhnliches Verhalten als Therapeut das Arbeitsbündnis mit dem Jungen in kürzester Zeit festigen und gleichzeitig als therapeutische Intervention im Familiensystem wirken konnte. Hier wurde Therapie zum intensiven momentanen Erleben, das augenblicklich zu emotionalen Veränderungen führt.

***

„Therapeutische Intensität" ist sicher ein schwer zu präzisierender Begriff, und die Interviews und Beispiele zeigen, dass sowohl die Intensität der therapeutischen Arbeit wie auch die subjektiv vom Klienten erlebte Intensität auf verschiedenen Ebenen differenziert betrachtet und vom Therapeuten so weit als möglich bewusst genutzt und präzis dosiert werden sollten.

Die Steigerung „therapeutischer Intensität" ist für sich genommen aber noch keine Garantie für eine größere Effektivität einer Therapie. Eine Intensivierung der therapeutischen Beziehung und therapeutischer Interventionen muss auf das Weltbild und den Kontext des Klienten, seine Symptomatik und die momentane therapeutische Situation abgestimmt werden. Dabei geht es nicht nur darum, die richtige Ebene (emotionale, kognitive, Verhaltensebene) zu wählen, sondern Intensivierung auch mit Veränderung zu verbinden.

Ein „intensiveres Verstehen der eigenen Probleme“ alleine muss zum Beispiel noch nicht zur gewünschten Veränderung führen.

Eine für mich treffende Metapher bietet das Steuern von Heißluftballonen:

Es kommt darauf an, genau die Höhe (oder Tiefe) zu wählen, in der der Wind aus der gewünschten Richtung in der gewünschten Stärke bläst.

Transparente Veränderungsabsicht und -erwartung

Klienten, die eine psychotherapeutische Unterstützung suchen, kommen in der ambulanten Praxis selten zufällig oder via Telefonbuch, sondern meist auf Empfehlung oder Überweisung. Auch gegenüber Beratungsstellen, therapeutischen Diensten und Ambulanzen verhalten sie sich in der Regel anspruchsvoll, wenn es sich nicht gerade um einen Notfall handelt.

Die Assoziationen, die eine Empfehlung, eine Überweisung oder auch eine bestimmte Spezialisierung oder Qualität eines Therapeuten beim Klienten erwecken, können so bereits Einfluss auf das Zustandekommen und den weiteren Verlauf einer Therapie haben, bevor Klient und Therapeut sich überhaupt das erste Mal am Telefon oder direkt begegnen.

Bereits die Bezeichnung eines therapeutischen Ansatzes beinhaltet gegenüber potenziellen Klienten eine Aussage über Schwerpunkt und Zielsetzung. So vermittelt zum Beispiel der Begriff „Psychoanalytiker“, dass ein Analysieren psychischer Vorgänge oder Zusammenhänge im Zentrum stehen wird, während das Wort „Verhaltenstherapeut“ wohl die Fantasie erzeugt, dass hier das Verhalten therapiert und somit verändert werden soll. Beide Bezeichnungen erwecken eher die Vorstellung einer nüchternen Distanz zwischen Therapeut und Patient, bei der die therapeutische Beziehung als solche keine wesentliche Rolle spielen wird.

Diese Assoziationen beeinflussen nicht nur angehende Therapeuten, die sich nach einer passenden Ausbildung umschauen, sondern auch Klienten, die Hilfe suchen.

Dies lässt sich auch am Beispiel eines therapeutischen Ansatzes zeigen, der zwei Mal den Namen geändert hat, der „GT“ (Gesprächstherapie).

Obwohl ich persönlich nur wenigen Therapeuten begegnet bin, die eine solch aktive, suggestive und im therapeutischen Kontext durchaus auf Veränderung abzielende Ausstrahlung besitzen, wie Carl Rogers sie besaß, begann dieser Ansatz mit einer abgrenzenden Verneinung als Programm: „nichtdirektiv". In den 70er-Jahren wählten diesen Ansatz dann vor allem Personen, die Wertschätzung und eine empathische Beziehung für therapeutisch hinreichend hielten und in der Regel jegliche absichtliche Anwendung von Techniken oder auf Veränderung abzielenden Interventionen als Manipulation ablehnten.

Ohne den Zusatz „nichtdirektiv" vermittelte der Begriff „Gesprächstherapie" – später noch erweitert zu „klientzentrierter Gesprächstherapie"[2] – zwar ein auf Beziehung und das therapeutische Gespräch orientiertes Vorgehen, blieb aber doch – zumindest für den Laien – und somit für viele Klienten eher unspezifisch und bedeutet nach meinen Erfahrungen im Praxisalltag keine eindeutige Orientierungshilfe (siehe auch Eckert 2000).

Da die meisten Therapieformen ganz oder teilweise im Rahmen eines Gespräches stattfinden, steht für viele auch heute noch die Bezeichnung „Gesprächstherapie" nicht für einen – erwiesenermaßen – spezifischen und wirkungsvollen Ansatz, sondern wurde einfach zum Sammelbegriff für „mit jemandem darüber reden".

In diesem Kapitel geht es aber nicht darum, therapeutische Schulen und Ansätze gegeneinander zu vergleichen, sondern exemplarisch zu zeigen, dass bereits die Bezeichnung einer Therapieform, zum Beispiel auf einem Praxisschild, ebenso wie eine konkret kommunizierte Identifikation des Therapeuten und die darin vermittelte Veränderungsabsicht, auf die Erwartungshaltung und Entscheidung von Klienten Auswirkungen haben kann; andererseits kann sie auch die Wahl einer bestimmten Ausbildung aufseiten der künftigen Therapeuten beeinflussen (siehe auch Kapitel *Ausbildung*).

Mag es für die Ausbildung in mancher Hinsicht einen Sinn ergeben, eine Vielzahl therapeutischer Richtungen und Schulen zur Auswahl zu haben, nach außen, das heißt für Hilfe suchende Klienten, bringt es meist Verwirrung und Verunsicherung, vor allem, wenn sich Therapeuten im konkreten Fall mehr einer bestimmten Schule als dem Beruf des Psychotherapeuten verpflichtet fühlen.

2 Neuerdings wird auch die Bezeichnung „personzentrierter Ansatz", PCA, verwendet.

Viele würden es vielleicht nicht so deutlich und selbstbewusst ausdrücken wie Watzlawick, der von einem Therapeuten nicht nur verlangt, schnell „eine Vertrauensbasis herstellen", sondern schlicht „beruflich etwas leisten zu können. Ich gehe auch mit meinem Auto zu einem Mechaniker, von dem ich Grund habe anzunehmen, dass er besser ist als andere", und ebenso nehmen Klienten an, „der kann mir helfen, das ist alles".

Die Ressource „Zuversicht" (Stierlin) und die Bereitschaft des Therapeuten, in Richtung einer gewünschten Veränderung zu arbeiten, zeigt sich auch für die anderen Interviewpartner bereits im ersten Kontakt oder im ersten Gespräch, wenn der Fokus der therapeutischen Arbeit weniger auf der Vergangenheit und der Erforschung von Ursachen als mehr auf der Auftragsklärung, ressourcenorientiertem und zielgerichtetem Fragen oder einem speziellen Setting liegt, aber auch im weiteren Verlauf der Therapie, wenn durch spezifische Techniken und Interventionen sowie konkrete Hausaufgaben gezielt Veränderungen angestrebt werden.

Die von mir Befragten haben ihre Arbeit ständig kritisch und schulenübergreifend weiterentwickelt, sogar dann, wenn sie, wie zum Beispiel Gendlin, selbst eine Therapiemethode erarbeitet haben: „Meine Leute müssen endlich begreifen, dass wir auch mehr Methoden und Techniken, zum Beispiel der Verhaltenstherapie, integrieren müssen." Die Grundhaltung Watzlawicks, einen psychotherapeutischen Ansatz zu vertreten, den er im Moment für den wirksamsten halte, und gleichzeitig zu hoffen, dass es in fünf Jahren noch bessere gebe, kann hier stellvertretend für alle stehen. Ziel ist nicht, eine spezielle Therapieform zu verfeinern oder andere zu konkurrenzieren, sondern möglichst erfolgreich therapeutisch zu wirken. Diese Haltung, die ich als „transparente Veränderungsabsicht" bezeichnen möchte, ist in allen Interviews erkennbar, wenn auch je nach Persönlichkeit unterschiedlich deutlich, doch stets offenkundig.

Natürlich kann und soll es nicht Aufgabe eines jeden Therapeuten sein, nun auch noch eigene Ansätze oder Methoden (nicht zu verwechseln mit dem persönlichen Stil, siehe auch das Kapitel *Glaubwürdigkeit*), eigene Forschungsprojekte zu entwickeln, Fachartikel oder Bücher zu verfassen, nur um damit klar seine Einstellung zur Veränderungsabsicht kundzutun.

Die eigene Haltung im Hinblick auf diese Absicht zu überprüfen, in der therapeutischen Arbeit gezielt verändernd wirken zu wollen oder gerade nicht, scheint mir aber nach Auswertung der Interviews ein ebenso wichtiger Aspekt der therapeutischen Identität zu sein wie die kongruente und transparente Umsetzung der jeweiligen Überzeugung.

Charakterisierende Einstellungen wie „Herausforderungen annehmen", „Ehrgeiz", „Optimismus", „Bedürfnis nach Erfolg und Wirkung" wie auch ein großes Repertoire an Interventionsmöglichkeiten und Techniken werden zu therapeutischen Qualitäten, wenn sie im Zusammenspiel mit Kompetenz und Erfahrung eine innere Motivation des Therapeuten zum Ausdruck bringen.

Wie Lempp deutlich macht, „werden gewisse rituelle Handlungen" oder spezielle Testverfahren, die in erster Linie die positive Erwartungshaltung der Patienten und ihren Glauben in die Fähigkeit des Psychiaters oder Therapeuten erhöhen sollen, „erst dann haltbar, wenn die Patienten merken, dass man ihre Sorgen wirklich ernst nimmt, sie versteht und auch nicht überfordert".

Eine transparente Veränderungsabsicht des Therapeuten und eine positive Erwartungshaltung des Klienten stehen somit in engem Zusammenhang, und es ist in erster Linie Aufgabe des Therapeuten, beides in einem für den jeweiligen Klienten und sein Anliegen sinnvollen und realistischen Maß zu fördern sowie für den Aufbau des therapeutischen Arbeitsbündnisses zu nutzen.

Betrachtet man zum Beispiel die von Carl Rogers formulierten Variablen „Empathie", „Kongruenz" und „unbedingte Wertschätzung" aus dieser Perspektive, lässt sich in letzter Konsequenz auch die bei allen Interviewpartnern angetroffene Veränderungsabsicht ableiten. Der Begriff „Psychotherapeut" impliziert schließlich die klare Absicht, verändernd wirken zu wollen. Wie sollte diese Grundhaltung glaubwürdig vermittelt werden, wenn nicht durch die für Klienten erkennbare Bereitschaft, einen Teil der Verantwortung für die gewünschte Veränderungsarbeit – natürlich in einem realistischen und mit dem Klienten geklärten Rahmen – zu übernehmen?

Wenn der Therapeut seine Verantwortung für Fachkompetenz, Führung und Erfahrung offen deklariert, wächst auch gleichzeitig die Mitverantwortung des Klienten am Erfolg der Therapie. Auch spezielle Interventionstechniken zur Herausforderung wenig motivierter Klienten wie Farrellys „Advocatus Diaboli" (der Therapeut verteidigt das Symptom gegenüber dem Klienten) stehen dazu nicht im Widerspruch.

Meine Interviewpartner können alle als „überregional" bekannte Therapeutinnen und Therapeuten bezeichnet werden, wenn auch Anzahl und Verbreitung ihrer Publikationen, ihre akademische Funktion oder das berufliche Engagement in Forschung und Praxis im Einzelnen stark differieren.

Es stellt sich aber die Frage, ob sie hier eine Sonderstellung einnehmen, da aufgrund dieses überdurchschnittlichen Bekanntheitsgrads natürlich die Erwartungen von Klienten und auch die damit assoziierte Erfolgswahrscheinlichkeit wachsen, was in einigen Fällen für die therapeutische Behandlung durchaus förderlich sein kann. Vielleicht mag sich daraus tatsächlich zunächst ein „Bonus" für bekannte Therapeutenpersönlichkeiten ergeben, der sich aber im Laufe der Therapie erst als gerechtfertigt erweisen muss und der darüber hinaus wiederum in manchen Fällen durch ein Mehr an Relativierung übermäßiger Erfolgserwartungen ausgeglichen werden dürfte. Fromms Beispiel des Studenten, der gerne Lernen durch Hypnose ersetzt haben wollte, sei hier nur stellvertretend erwähnt.

***

Im Grunde genommen zeigen die Interviews deutlich, dass sich die therapeutische Arbeit und Herausforderung meiner Gesprächspartner nicht wesentlich von denen weniger bekannten Therapeuten unterscheiden muss und eine transparente Veränderungsabsicht des Therapeuten die Erwartungshaltung des Klienten positiv beeinflusst und somit auch für Verlauf und Erfolg einer Therapie entscheidend sein kann.

Auch wenn alle meine Interviewpartner, trotz sehr unterschiedlicher beruflicher Entwicklung und Arbeitsweise, stets darauf ausgerichtet waren, „mehr in immer kürzerer Zeit zu erreichen" (Stierlin), kann davon allein noch kein allgemeines Gebot für die Psychotherapie abgeleitet werden.

Es spricht jedoch vieles dafür, dass eine transparent und kongruent kommunizierte Veränderungsabsicht aufseiten des Therapeuten den Aufbau der therapeutischen Beziehung und der positiven Erwartungshaltung gerade dann enorm unterstützt – oder manchmal erst ermöglicht –, wenn sie auf großen Leidensdruck und Not seitens der Klienten trifft.

Eine wissenschaftliche und schulenübergreifende Auseinandersetzung mit Humor in der Therapie ist im deutschen Sprachraum eigentlich erst in den letzten Jahren festzustellen (siehe auch Titze u. Eschenröder 1998), obwohl der Humor in der psychotherapeutischen Fachliteratur bereits seit Beginn dieses Jahrhunderts thematisiert wurde: Freud bezeichnete ihn als einen hochgradigen Abwehrmechanismus und untersuchte Funktion und Wurzeln von Witz und Humor, Adler unterstrich die beziehungsfördernde Wirkung einer humorvollen Gesprächsatmosphäre, und Frankl beschrieb als Erster die therapeutisch relevante zeitweilige Distanzierung seiner Patienten vom eigenen Problemverhalten durch die Technik der paradoxen Intention und sprach von Humor als einem Existenzial (Frankl 1959). In zunehmendem Maße werden dabei auch Ergebnisse der Gelotologie (Lachforschung) und der psychologischen Emotionsforschung einbezogen (Ruch 1998).

Da ich mich seit vielen Jahren intensiv mit der therapeutischen Anwendung von Humor in verschiedenen Gebieten des Gesundheitswesens und in meiner eigenen Arbeit als Psychotherapeut befasse (Hain 1996; 2000), war ich natürlich besonders neugierig, den „Sinn für therapeutischen Humor" und seinen Stellenwert für die Psychotherapie bei allen zu erkunden, nicht nur bei den Interviewpartnern, die zu den Exponenten des therapeutischen Humors gezählt werden, wie Farrelly, ihn gezielt anwenden, wie Watzlawick und Madanes, oder für ihren humorvollen Arbeitsstil bekannt sind, wie Mrochen oder Kleinhauz.

Die Gesprächsatmosphäre der Interviews kann hier neben inhaltlichen Aussagen zum Thema Humor selbst als ein wichtiger Indikator für eine humorvolle Art der Beziehungsgestaltung und das Attribut „Sinn für Humor" herangezogen werden.

Mit Ausnahme des Interviews mit Watzlawick, das leider sehr von Zeitdruck geprägt war, zeigten alle Gespräche eine durchgehend humorvolle Grundstimmung, die je nach Persönlichkeit meines Gegenübers mehr oder weniger explizit artikuliert wurde und stets wohlwollend und beziehungsfördernd war. Dabei sind mir, um nur einige stellvertretend herauszugreifen, Lempps stiller und Stierlins subtiler Sinn für Humor in ebenso guter und bleibender Erinnerung wie Farrellys ansteckendes Lachen, Madanes' humorvoller Erzählstil oder das verschmitzte Lächeln Fromms, zum Beispiel als sie mir erzählte, wie sie „Freud entdeckte".

Die inhaltlichen Aussagen decken sich mit dieser Beobachtung, unabhängig davon, welchen Stellenwert der Humor explizit für die therapeutische Arbeit des Einzelnen hat. Ist er für Farrelly eine geradezu unverzichtbare Säule seines provokativen Ansatzes, so räumt ihm auch Fromm, aufgrund jüngster Forschungsergebnisse auf der Interventionsebene den Platz eines „wichtigen Seitenpfades" ein.

Für alle Interviewpartner bedeutet „Sinn für Humor" eine wichtige Grundlage für die Gestaltung der therapeutischen Beziehung. Humor fördert nicht nur empathisches Verstehen und eine kooperative Atmosphäre, sondern kann in einigen Fällen überhaupt erst ein therapeutisches Beziehungsangebot ermöglichen.

Das therapeutische Potenzial humorvoller Interventionen wird vor allem von Farrelly, aber auch von Stierlin, Madanes, Mrochen und Kleinhauz unterstrichen. Sie beschreiben die Möglichkeiten spontaner Perspektivenwechsel, die Verwandlung von Tragödien in Komödien, die auf spielerische, humorvolle und doch akzeptierende Weise existenzielle Widersprüche zum Ausdruck bringen, oder illustrieren in ihren Fallbeispielen humorvolles Arbeiten, wie zum Beispiel im Falle der „Craniosacral"-Klientin von Madanes oder Farrellys „rülpsender" Interventionen.

Watzlawick betont nicht nur die Bedeutung humorvoller Interventionen, sondern weist darauf hin, dass erfolgreiche Arbeit mit Humor voraussetzt, als Therapeut in die Wirklichkeit des Klienten eingetreten zu sein, um mögliche Verletzungen zu vermeiden, was im Fallbeispiel des mutistischen Patienten bestens illustriert wird.

Während für Strupp vor allem die emotional befreiende Wirkung für den Klienten im Vordergrund steht, ist für Gendlin „die Art von Humor, der bereits alles Ernste mit in Kauf nimmt und trotzdem Humor bleibt", therapeutisch wertvoll, und er ergänzt aus philosophischer Sicht: „Das Rationale ist nur eine Anschauung, das Lachen ist mehr."

Für Stierlin hat Humor nicht nur eine Bedeutung für die therapeutische Beziehungsgestaltung oder als relevante Interventionsmöglichkeit, sondern auch für die eigene Grundhaltung und den Spaß an der Arbeit. Beeinflusst durch die humorvolle Art der Vertreter der Mailänder Schule, wurde der Humor für ihn nicht nur immer bedeutsamer in seiner weiteren beruflichen Entwicklung – „ich war ursprünglich mehr so sozialisiert, den Humor nicht reinzulassen, und fand ihn (später) ungeheuer befreiend" –, sondern die mit Humor und Spaß einhergehende Leichtigkeit auch ein wichtiger Bestandteil für ein Grundkonzept des Wandels zweiter Ordnung, was Farrelly treffend auf den Punkt brachte: „Mit Humor gleitest du (durch unlösbare Situationen) wie ein heißes Messer durch die Butter."

***

Ich bin sehr erfreut, dass Humor von allen meinen Gesprächspartnern für ihre therapeutische Arbeit als wertvoll erachtet und geschätzt wird. Die Entwicklung der letzten Jahre in der Fachliteratur, aber vor allem auf den Humorkongressen in Basel und Arosa beweist, wie ein für die Beziehung und therapeutische Interventionen relevanter Wirkfaktor nicht nur schulen-, sondern auch disziplinenübergreifend diskutiert und gefördert werden kann.

Ein Wirkfaktor, der in vielen Bereichen[3] immer relevanter wird, aber in jeder Beziehung neu entwickelt werden muss.

Glaubwürdigkeit und persönlicher Stil

„Alle verbeugen sich vor dem authentischen Mann", zitiert Farrelly ein altes buddhistisches Sprichwort und betont, dass man sich seiner eigenen Motive und Bedürfnisse bewusst sein sollte, um die Bedürfnisse anderer besser erkennen zu können.

„Selbstverständlich sind Glaubwürdigkeit und Authentizität des Therapeuten wichtig!", meint Kleinhauz im Interview mit einem Unterton, der fast schon ein wenig Verwunderung darüber zum Ausdruck bringt, diese Frage überhaupt noch zu diskutieren.

Natürlich wurde die Bedeutung von Glaubwürdigkeit und Authentizität von keinem Interviewpartner infrage gestellt und dürfte sicherlich auch in der Fachliteratur schulenübergreifend nicht be-

3 Die bisher sieben Kongresse in Arosa und Basel umfassten neben der Psychotherapie auch die Medizin, Krankenpflege, Clinic-Clowns, Gerontopsychiatrie, Lachtherapie, Pädagogik und Management u. a., sowie physiologische (Gelotologie, Psychoneuroimmunologie) und psychologische Grundlagenforschung.

zweifelt werden, doch scheint es sich hier um etwas so Selbstverständliches zu handeln, dass es offenbar getrost vernachlässigt werden kann. Wie sonst ließe sich erklären, dass in den meisten psychotherapeutischen Ausbildungsprogrammen weder der individuelle, persönliche Stil noch die zu entwickelnde Glaubwürdigkeit explizit thematisiert werden. Glaubwürdigkeit scheint eine gegebene, quasi angeborene Eigenschaft zu sein, die ein guter Therapeut mitbringen und beibehalten sollte, unabhängig davon, mit welchen Ansätzen und Methoden er schließlich arbeitet.

Ein Zusammenhang zwischen Glaubwürdigkeit und den verwendeten Methoden sowie einem daraus entwickelten persönlichen Arbeitsstil wird nicht postuliert oder empirisch untersucht, Indikatoren und Konzepte fehlen bisher. Die wissenschaftliche Diskussion hat sich in den letzten Jahren vermehrt auf die Konkurrenz und Erfolgsraten einzelner oder integrativ eklektischer Ansätze unter Berücksichtigung verschiedener Diagnosegruppen befasst. Die Persönlichkeit der Therapeuten, ihr persönlicher Hintergrund (Weltbild, Lebensgeschichte und -umstände etc.) wird dabei stillschweigend zu einer unbedeutenden Variable gestempelt.

War es aber nicht auch die aus der eigenen Lebenserfahrung entwickelte, beeindruckende Glaubwürdigkeit therapeutischer Konzepte und Ansätze herausragender Pioniere, die die Geschichte der Psychotherapie im letzten Jahrhundert prägte? Hat sich Freud nicht zuletzt auch deshalb von der bereits damals erfolgreichen Hypnose abgewandt, weil er sich persönlich mit dieser Methode nicht wohl fühlte? Ist nicht Frankls Logotherapie untrennbar mit seinem persönlichen Schicksal im Konzentrationslager verbunden und konnte nicht gerade er glaubwürdig Humor zum Existenzial erheben und ihn als erster konsequent zur therapeutischen Intervention entwickeln? Sind Ericksons geniale Beobachtungsgabe und Interventionen ohne seine außergewöhnliche Lebens- und Krankengeschichte (zweimal Kinderlähmung, Farbenblindheit, Hörbehinderung) denkbar? Um nur einige anschauliche Beispiele zu nennen.

Werden angehende Therapeuten bei der Wahl eines psychotherapeutischen Ansatzes oder einer Methode nicht auch von der Glaubwürdigkeit ihrer Vertreter (Ausbilder, Begründer) ebenso beeinflusst wie Klienten bei ihrer Entscheidung, bei einem Therapeuten zu bleiben oder zu wechseln, Zuversicht zu entwickeln oder am Erfolg einer Therapie zu zweifeln?

Aufgrund der Aussagen meiner Interviewpartner soll daher Glaubwürdigkeit nicht nur als ein bedeutsamer Wirkfaktor beschrieben, sondern auch mit der Entwicklung eines persönlichen Arbeitsstils in Beziehung gesetzt werden.

„Aus verschiedenen Richtungen, Theorien und Methoden ein mir gemäßes Vorgehen entwickeln" ist Lempps Bezeichnung für das, was Mrochen einen „verantwortungsvollen Eklektizismus" nennt. Beiden geht es dabei nicht nur um ein effektives, sondern auch ihrer eigenen Person und ihrem Wohlbefinden als Therapeut gemäßes Handeln. „Wenn ich merke, ich probier was aus, und es sich mit Leichtigkeit wiederholen lässt, es gut zusammenpasst, und ich habe das Gefühl von Integrität, ich spüre es körperlich und habe entsprechende innere Bilder dazu", beschreibt Mrochen eindrücklich, wie er diesen Prozess erlebt.

Für Lempp sind Methode und Ansatz nicht so entscheidend wie das Maß, mit dem „man sich mit seiner Vorgehensweise wirklich identifiziert, das ist auch ein Teil der Glaubwürdigkeit", und er erläutert, „dass ich das nicht benutze wie eine angelernte Technik, sondern als etwas, was auch meiner Persönlichkeit entspricht". Es gebe auch hilfreiche Ansätze, die nicht zu seiner Person passen, „die ich vielleicht lernen könnte, aber ich kann nicht damit rechnen, dann glaubwürdig zu sein."

Strupp bestätigt aufgrund von Forschungsergebnissen und seiner eigenen therapeutischen Erfahrung: „Ich denke, es ist die Person in Kombination mit der Technik", wobei für ihn die eigene Lebenserfahrung einen größeren Stellenwert einnimmt als jede Technik und jedes Fachbuch.

Auch Madanes unterstreicht die Glaubwürdigkeit von Therapeuten: „Du musst unbedingt überzeugt sein von dem, was du sagst, ich glaube nicht, dass Täuschung oder Tricks funktionieren, sogar bei paradoxen Strategien musst du dir völlig sicher sein, dass der Patient das Paradox wirklich auszuprobieren hat."

Mit ähnlichen Worten bekräftigt Fromm ihre Haltung, sich statt dem damals erfolgreich aufkommenden Behaviorismus einem neuen Ansatz, der Hypnoanalyse, verschrieben zu haben: „Wenn du von etwas überzeugt bist, musst du es tun", und ergänzt: „Diese Überzeugung hat natürlich auch viel mit der eigenen Weltanschauung zu tun." Gerade wenn man versuche, verschiedene Ansätze zu kombinieren, seien für sie Vertrauens- und Glaubwürdigkeit zentrale Faktoren.

Den Begriff der therapeutischen Glaubwürdigkeit würde Gendlin gerne durch einen anderen ersetzen. Das eigene therapeutische Handeln zu erweitern, Methoden zu kombinieren, das müsse man „zuerst von innen erleben." Im integrativen Prozess sei es für ihn weniger wichtig, „dass die Stücke ‚da oben' (Kopf/Theorie) zusammenpassen, sondern ob sie ‚von unten herauf' zusammenwachsen." So beschreibt er, was dieser neue Begriff für ihn zum Ausdruck bringen sollte.

„Das müssten sehr positiv und optimistisch gestimmte Personen sein, die viel Erfahrung besitzen und vor allem keine Angst haben (z. B. vor psychotischen oder suizidgefährdeten Menschen) und diesen Mut auch ausstrahlen", so skizziert Stierlin Therapeutenpersönlichkeiten, die er für sich selbst wählen würde, und nennt damit seine Indikatoren für therapeutische Glaubwürdigkeit.

Auf Glaubwürdigkeit angesprochen, reagiert Watzlawick mit der ihm eigenen Präzision: „Der Klient kommt bestimmt nicht zu mir, weil er mir nicht traut, er nimmt an, der kann mir helfen." Diese Vertrauensbasis müsse sich der Therapeut aber vorher erarbeitet haben „und beruflich etwas leisten können." Wie bei den anderen Interviewpartnern wird auch und besonders bei ihm deutlich, dass er von seinem therapeutischen Handeln in hohem Maße überzeugt ist.

Die von Watzlawick geäußerte Hoffnung, dass es in einigen Jahren noch bessere und erfolgreichere Ansätze und Methoden geben werde, ist für mich in allen Interviews spürbar und steht bei keinem meiner Gesprächspartner im Widerspruch zu ihren gegenwärtigen Überzeugungen. Sie wirken überzeugt von dem, was sie tun – ständig auf der Suche nach Verbesserungen.

Glaubwürdigkeit und Authentizität sind also nicht trennbar von der eigenen Persönlichkeit sowie all den damit zusammenhängenden Faktoren und werden von meinen Gesprächspartnern direkt mit dem Begriff dem „Überzeugtsein vom eigenen Handeln" in Verbindung gesetzt. Um dieses Überzeugtsein glaubwürdig in erfolgreiches therapeutisches Handeln umsetzen zu können, ist es schließlich notwendig, als Therapeut seinen eigenen, persönlichen Stil zu entwickeln.

Mrochen und Lempp heben hervor, dass Methoden, die man übernimmt, dadurch bereits verändert werden. „Ich kann nicht Farrelly oder Satir kopieren, ich muss meinen Stil finden", illustriert

Mrochen, der selbst „nie von Theorien oder Konzepten fasziniert war, sondern immer von persönlichen Modellen".

Madanes und Farrelly betonen ebenfalls die grundlegende Bedeutung der Nachahmung. „So versuchte ich, Milton Erickson zu sein oder Virginia Satir, nahm die Sitzung auf und verglich es daheim mit dem Buch, kritisierte mich selbst und machte dann die nächste Sitzung", beschreibt Madanes detailliert ihren eigenen Weg. „Ich transkribierte alles, verglich alles, und ich glaube, das ist der einzige Weg, einen persönlichen Stil zu entwickeln. Du entwickelst einen persönlichen Stil, indem du erkennst, wer du nicht bist!"

***

Da das Lernen von Vorbildern auch bei anderen Interviewpartnern eine bedeutsame Rolle spielte, gewinnen Faktoren wie Glaubwürdigkeit und persönlicher Stil noch zusätzlich an Bedeutung. Sie beeinflussen nicht nur später die therapeutische Beziehung und somit den Erfolg einer Therapie, sondern bereits maßgebend die Auswahl einer Methode oder eines therapeutischen Ansatzes und somit die Ausbildung von Therapeuten. „Es ist die *Person* in Kombination mit der Technik." Diese bereits oben zitierte Aussage Strupps gilt auch hier und unterstreicht die Forderung von Kleinhauz, die Entwicklung der Persönlichkeit des lernenden Therapeuten sollte höhere Priorität haben als theoretische Ansätze und Techniken.

Diese Aussagen wurden für mich durch die Interviewsituation selbst auf eindrückliche Weise unterstrichen. Zu keinem Zeitpunkt hatte ich das Gefühl, dem Vertreter einer bestimmten therapeutischen Richtung oder eines theoretischen Ansatzes gegenüberzusitzen. Unabhängig davon, welchen Stellenwert zum Beispiel die wissenschaftliche theoretische und empirische Arbeit (Strupp, Fromm) oder die Identifikation mit einem bestimmten Ansatz (Watzlawick) oder einer bestimmten Methode (Gendlin, Farrelly) für den Einzelnen haben mag, wirkten meine Gesprächspartner vielmehr als Persönlichkeiten, die letztendlich die eigene Person im Rahmen ihrer Lebenserfahrungen und ihres Weltbildes zum therapeutischen Instrumentarium entwickelt haben.

„Manipulation bedeutet ‚kunstvoll handhaben'. Ein großer Teil der Beeinflussung zwischen Eltern und Kindern, Kindern und Eltern, Lehrern und Schülern ist nicht zu trennen von seriösen Manipulationsversuchen", ist Mrochens Überzeugung.

Als Therapeut „sage ich meinen Klienten regelrecht, dass ich während der Therapie Dinge mache, die man als Manipulation bezeichnen könnte. Dass ich versuchen werde, Weichen zu stellen, und das durchaus so tun kann, dass sie es zunächst gar nicht merken werden."

Diese klare Aussage Mrochens dürfte wohl bei einigen Therapeuten ebenso Widerspruch provozieren wie andererseits dem Bedürfnis mancher Klienten, die sich hilflos fühlen, zutiefst entsprechen. Bevor Art, Ausmaß und Legitimation von Führungsarbeit und Manipulation[4] hier differenzierter erörtert werden können, interessieren natürlich die konkret geäußerte sowie die indirekt aus Fallbeispielen ableitbare Grundhaltung anderer Interviewpartner zu diesem Thema.

„Ja, ich übernehme Verantwortung und bin sehr direktiv, nicht diktatorisch, aber direktiv im Sinne von aktiv. Als Therapeut musst du die Führung übernehmen", hält Kleinhauz fest und fordert, ein guter Therapeut müsse auch ein guter Manipulator sein.

Er illustriert seine „Manipulationen" am Beispiel der Patientin, die sich erst im Nebenraum entspannen konnte, und am Beispiel eines depressiven Patienten mit ablehnender Haltung gegenüber Medikamenten und betont, dass Führung und Manipulation ausschließlich auf den Vorteil des Patienten ausgerichtet sein sollten und nie zu einen Machtkampf führen dürfen.

Manipulation heiße auch, die Haltung von Patienten durch gezielte Beobachtung, vor allem des nonverbalen Verhaltens, im Voraus zu erkennen, seine Strategien anzupassen und gegebenenfalls mit dem Widerstand zu gehen. Wichtig sei es, nach dem „schwächsten Punkt in der Pathologie, der Achillesferse", zu suchen, „wo ich am schnellsten und wirkungsvollsten intervenieren kann".

4 *Etymogisches Wörterbuch des Deutschen* (1995): „Handgriff, geschickte Handhabung, Verfahren, Handlungsweise (18. Jahrhundert), auch Kunstgriff, Kniff (um 1800), heute: gezielte Beeinflussung, Steuerung des Verhaltens anderer".

Für Kleinhauz ist es also nicht die Frage, ob, sondern wie der Therapeut manipuliert. Er versteht diese Manipulation im Dienste des Patienten und somit als Teil seines Auftrages. Seine Beispiele könnten ebenso gut als Illustration für Mrochens Definition des „kunstvollen Handhabens" dienen wie die von Madanes.

Dass es die Aufgabe der Therapeutin ist, Veränderungen anzubahnen, steht für sie außer Diskussion. „Die große Leistung ist nicht, eklektisch vorzugehen, sondern spezifisch, zum Beispiel, wie man Veränderungen in Gang bringen kann, wie man das Verhalten der Menschen verändern kann", erläutert Madanes, was sie in ihren Fallbeispielen eindrücklich unter Beweis stellt; sie suche – wie Kleinhauz nach der „Achillesferse" – diejenige Person im System, mit der die Veränderung am einfachsten zu starten ist. Psychotherapie ist für sie auch eine Form der Kunst, die sie als höchste Form der Intelligenz betrachtet.

Wie Erickson sei es ihr aber wichtig, die Persönlichkeitsstruktur ihrer Klienten dabei grundsätzlich zu achten und Veränderungen nur innerhalb dieses vorgegebenen Rahmens anzustreben.

„Ich bin weder Hebamme noch Gärtner (eine von Carl Rogers verwendete Metaphern für die Rolle des Therapeuten), ich möchte bis ins Zentrum durchdringen und Leben injizieren", war Farrellys Einstellung als angehender Therapeut.

Es brauche Mut, Menschen wirklich zu berühren, aber darauf komme es an, zu Klienten durchzudringen und sie im wörtlichen wie übertragenen Sinne zu berühren.

Daher habe er eine therapeutische Grundhaltung (Advocatus Diaboli) und Verhaltensweisen (zum Beispiel verrückte Lösungen anbieten) entwickelt, „die die Klienten herausfordern und dazu provozieren, schließlich selbst passendere und der eigenen Überzeugung entsprechende Lösungen zu entwickeln".

Zweifel darüber, wer die Führungsarbeit in seinen Therapien leistet, dürften bei Farrelly wohl ebenso wenig bestehen wie bei Watzlawick.

„Die andere Person kommt zu mir und erwartet, dass ich was tue!", betont dieser und hält es für die Aufgabe der Therapie, eine Veränderung in der Konstruktion der Wirklichkeit zu schaffen, Klienten dazu zu bringen, „so zu tun, als ob", und somit neue Erfahrungen in ihrer Realität zu machen.

Was Watzlawick unter therapeutisch gelungenen Manipulationen und kunstvollem Handhaben versteht, kommt am deutlichsten in der beschriebenen Therapie des Firmenchefs, aber auch in den zitierten Beispielen von Jackson und Erickson zum Ausdruck. Diese Fallbeispiele illustrieren seine Überzeugung, dass sich Veränderung nicht durch das Bearbeiten der Vergangenheit oder „das Herbeiführen dieser herrlichen Sache, genannt Einsicht", erreichen lässt, sondern vor allem durch die gezielte Führung des Therapeuten.

„Ich glaube, mit Hypnoanalyse können wir mehr in kürzerer Zeit erreichen", beschreibt Fromm ihre Haltung, die stets davon geprägt war, ein möglichst effektives Vorgehen im Dienste ihrer Patienten zu entwickeln. „Heute praktizieren wir die so genannte permissive Hypnose, die die autoritäre Hypnose kurz nach dem Zweiten Weltkrieg ablöste", präzisiert sie ihren Führungsstil und stellt ihre therapeutische Einstellung in einen Zusammenhang mit (gesellschafts)politischen Entwicklungen: „Ich fühle es ganz deutlich, dass wir verstehen lernten, nicht immer genau wissen zu können, was das Beste für Patienten ist, gerade weil wir gegen die Nazis und ihren autoritären Führungsstil gekämpft hatten."

Sie unterstreicht damit, dass sie ihre therapeutische Führung wie auch „manipulativ-strategische" Techniken (Hypnose) klar auf die Struktur ihrer Vorgehensweise begrenzt und nicht auf den Inhalt (Anliegen des Patienten) angewendet sehen möchte.

Auch Stierlin verweist auf Zusammenhänge zwischen politischem Wandel und therapeutischem Grundverständnis. „Einem Wandel im Gerechtigkeitsdialog als Folge der Globalisierung" – der Aufhebung alter Rollenklischees und der patriarchalischen Strukturen – stehen unterschiedliche therapeutische Konzepte gegenüber, die unterschiedliche Vorgehensweisen diktierten. „Ich wünschte, da gäbe es einen einfachen Nenner zur Integration, ich kenne ihn nicht."

Dieser Herausforderung sollte ein erfahrener Therapeut begegnen und „mit einem großen Repertoire an Techniken intuitiv und situativ von seinem eigenem Erfahrungsschatz zehren." Effektives Arbeiten, „immer mehr in kürzerer Zeit zu erreichen", ist auch seine Maxime. „Dieses kurzzeittherapeutische, systemisch inspirierte, lösungs- und zukunftsorientierte Vorgehen stellte sich in vielen Fällen wesentlich effektiver heraus und hat auch mehr Spaß gemacht."

Auch wenn therapeutische Führungsarbeit und Techniken manchmal aufgrund fehlenden Leidensdrucks oder mangelnder Motivation seitens der Klienten ihre Grenzen finden können, wurde Stierlin im Laufe seiner beruflichen Karriere zunehmend optimistischer, „wie man etwas in kurzer Zeit in Gang bringen und die Motivation und Ressourcen optimal nutzen kann. Das kommt dem hypnotherapeutischen Verständnis sehr nahe.“

„… viele Methoden zu verbinden, wir brauchen etwas, um Klienten zu aktivieren, sie in Bewegung, zu Taten zu bringen“, betont Gendlin zu Beginn des Interviews. Der Therapeut müsse „die Hälfte des Platzes besetzen“ und die Führung übernehmen, denn „wenn jemand wirklich große Schwierigkeiten hat, dann glaubt er gar nicht, dass man ihm helfen kann, lange nicht“. Es geht ihm darum, Klienten gezielt Erfahrungen wie den Prozess des Focusing zu ermöglichen.

Die „Manipulation“ beschränkt sich auch bei Gendlin auf das strukturierende, prozessorientierte Vorgehen des Therapeuten, nicht auf den Inhalt des Erlebten „aus einer Tiefe, wo der Körper gesund und weise ist“.

Nicht nur schweigend zuzuhören, sondern sich als Therapeut persönlich einzubringen, sich zu engagieren und zu reagieren ist für Lempp von ebenso grundlegender Bedeutung, wie aus verschiedenen Methoden und Ansätzen ein ihm gemäßes Vorgehen zu entwickeln. Bei der Arbeit mit Kindern, Jugendlichen und ihren Eltern ergibt es sich selbstverständlich, dass er die Führung, Koordination und Strategie übernimmt, stets bezogen auf die „Einzigartigkeit“ jedes Klienten. Einfühlsam, gewährend und bestimmt, so ließe sich Lempps Führungsstil nach diesem Interview charakterisieren.

Kunstvolles Handhaben, Techniken und Strategien haben für ihn auch dort ihre Grenzen, wo sie nicht mehr der Persönlichkeit und Überzeugung des Therapeuten entsprechen.

Es ist keine Frage, dass Psychotherapie für Strupp zu jeder Zeit eine aktive Handlung und Herausforderung für den Therapeuten darstellt (siehe auch seine Definition des empathischen Zuhörens) und dieser die Verantwortung für die Gestaltung des therapeutischen Prozesses trägt. Seine oft als Anweisungen formulierten Grundprinzipien zeigen deutlich, wer zu führen hat, auch wenn diese Führung teilweise darin bestehen mag, dem Patienten möglichst weitgehend die Initiative zu überlassen und ihm Spielraum zur Exploration einzuräumen.

Das Leitmotiv seiner Forschungstätigkeit, „Avoid pejorative statements“ („Vermeide Äußerungen, die den Klienten sublim herabmindern oder entwerten"), illustriert eindrücklich, wie sehr sich Strupp der Macht des Therapeuten bewusst ist, die er aber nicht zu schwächen, sondern bewusst zu kontrollieren und zu nutzen sucht.

***

Mögen Ausmaß und persönliche Charakteristika in der Umsetzung auch differieren, es herrscht Einigkeit über den *aktiv führenden* Therapeuten, aktiv führend im Aufbau und der Gestaltung der therapeutischen Beziehung und dem Therapieprozess.

Es ist doch sehr bemerkenswert, dass diese über die Jahrzehnte der beruflichen Erfahrung sogar eher ausgeprägtere aktive Grundhaltung hier weder jugendlicher Energie noch dem Übereifer von Anfängern zugeschrieben werden kann, aber dafür gerade neben der aus der Erfahrung gewonnenen Sicherheit einen fundierten Optimismus ausstrahlt und somit die Möglichkeit von Veränderung suggeriert und fördert.

Auch „Manipulation" in seiner Bedeutung des 18. Jahrhunderts, „geschickte Handhabung", oder mit den Worten Mrochens, „kunstvolles Handhaben", gehört zur Psychotherapie. Alle Interviewpartner sind sich dessen bewusst und haben auf ihre eigene Art über die Jahre versucht, die in Anlehnung an Watzlawicks „Man kann nicht nicht kommunizieren" für den therapeutischen Prozess geltende Realität „Man kann nicht nicht beeinflussen" für sich und ihre Klienten nutzbar zu machen.

Zwei therapeutisch-ethische Grundsätze lassen sich deutlich formulieren: „Manipulation" muss ausschließlich und eindeutig zum Vorteil des Klienten sein und darf nicht den Inhalt des Erlebten, die persönliche Zielsetzung oder die Persönlichkeit des Klienten betreffen. Voraussetzung ist natürlich, sich als Therapeut dieser manipulativen Situation weitestgehend bewusst zu werden, erst dann lassen sich Strategien der „strukturellen Manipulation", zu der auch die Vermeidung sublimer, verletzender Kommunikationsmuster gehört, erfolgreich nutzen.

Besondere Strategien und die Gestaltung therapeutisch induzierter Veränderung

Alle Interviewpartner haben im Laufe ihrer therapeutischen Karriere besondere Vorgehensweisen, Strategien oder Ansätze entwickelt und publiziert und sich damit eine Art Spezialisten- oder Pionierrolle erworben.

Gemeint sind Vorgehensweisen, die über das hinausgehen, was als persönlicher Stil bezeichnet werden kann und die auch vor der Veröffentlichung nicht bereits im Rahmen eines bestehenden Konzeptes oder eines anderen therapeutischen Ansatzes beschrieben wurden.

Dass die Entwicklung der Psychotherapie ebenso wie die anderer wissenschaftlicher Bereiche mit Pionierleistungen verknüpft ist, muss hier nicht speziell diskutiert werden, und wie weit Pioniergeist zu einem guten Therapeuten und der Förderung seiner eigenen Motivation gehört, ist im Kapitel *Neugierde, Pioniergeist und „Rebellion“* thematisiert.

An dieser Stelle soll so weit auf diese speziellen Vorgehensweisen eingegangen werden, als sie vor allem auf die Gestaltung der therapeutischen Beziehung ausgerichtet sind.

Diese Vorgehensweisen sind in ihrer Art von außen, das heißt von Klienten, nicht gleichermaßen deutlich wahrnehmbar, es sei nur an Farrellys herausfordernden Kommunikationsstil im Vergleich zu Strupps Vermeidung von „pejorative statements“ erinnert. Darüber hinaus haben sie in sehr unterschiedlichem Maße – zum Beispiel die „Sherlock-Holmes-Technik“ von Kleinhauz im Vergleich zum „zirkulären Fragen“ von Stierlin – den Status von anerkannten Techniken und therapeutischem Rüstzeug erhalten.

Sie werden von den Exponenten selbst eindeutig mit ihrem therapeutischem Erfolg in Zusammenhang gebracht.

Da in den Interviews konkrete Fragen danach, wie sich besondere Strategien und Techniken sowie eine Pionierrolle des Therapeuten spezifisch auf die therapeutische Beziehung auswirken, nicht thematisiert wurden, sondern erst bei der Auswertung Gestalt annahmen, basieren mögliche Schlussfolgerungen meist nicht auf bewussten inhaltlichen Aussagen, sondern sind – teils indirekt – abgeleitet und können so bestenfalls zur Formulierung von Hypothesen dienen.

Bis jetzt liegen keine Untersuchungen darüber vor, inwieweit spezielle Vorgehenseisen und eine Pionierrolle des Therapeuten positiv mit dem therapeutischen Erfolg korrelieren oder von Klienten subjektiv als gewünscht und förderlich eingeschätzt werden. Die empirische Forschung fokussiert gerade auf breit abgesicherte Techniken und Ansätze und ihre Generalisierbarkeit.

So scheint die Frage nach dem Einfluss dieser besonderen Vorgehensweisen auf die therapeutische Beziehung zunächst dem gegenwärtigen Trend der Forschung und auch der Forderung nach allgemein gültigen und erlernbaren Qualitätsstandards zuwiderzulaufen und die Psychotherapie möglicherweise zur individuellen Kunstform zu stilisieren.

Natürlich lassen sich besondere Vorgehensweisen und Pionierleistungen in erster Linie als Verbesserung, Ergänzung („zirkuläres Fragen") oder als Weiterentwicklung („Focusing") innerhalb eines bestehenden Ansatzes verstehen und einordnen.

Wird ein gewisser Rahmen überschritten, wird schließlich von integrativen Ansätzen („Hypnoanalyse") oder Paradigmenwechsel („Konstruktivismus") gesprochen.

Hier muss aber neben der theoriebezogenen oder schulenorientierten Perspektive noch eine andere Fragestellung interessieren:

Gibt es einen gemeinsamen Nenner, möglicherweise eine gemeinsame Absicht oder Zielsetzung?

Was haben zum Beispiel Gendlins „Focusing" und Farrellys „Advocatus Diaboli" mit Mrochens „Arbeit mit Kindern in Anwesenheit der Familie", mit Fromms „Hypnoanalyse" oder Kleinhauz' „Sherlock-Holmes-Technik" gemeinsam, abgesehen von hohem persönlichen Engagement oder individuellem Ehrgeiz?

Aufbau und Nutzung der Erwartungshaltung

Wenn auch aufseiten der Klienten nicht nur die Pionierrolle und die besonderen Vorgehensweisen eines Therapeuten bedeutsamen Einfluss auf die individuellen Erwartungen und Hoffnungen haben, stellen doch die damit verbundene indirekte Beeinflussung und Steuerung einer erfolgsorientierten Erwartungshaltung sowie eine mögliche Vorauswahl von Klienten einen erkennbaren gemeinsamen Nenner dar.

Da Förderung und Nutzung der Erwartungshaltung von Klienten sowohl von bedeutenden Exponenten der Psychotherapie wie Erickson oder Watzlawick als auch von Forschern wie Grawe oder Strupp für relevant angesehen werden, dürften die oben erwähnten besonderen Vorgehensweisen und Strategien zusammen mit der ebenfalls beschriebenen „transparenten Veränderungsabsicht" eine wünschenswerte Unterstützung für die erfolgreiche Gestaltung des therapeutischen Prozesses darstellen, und das nicht nur für diejenigen Klienten, die gezielt eine exponierte Therapeutenperson aufsuchen.

Je mehr sich ein Therapeut in wissenschaftlichen Kreisen oder via Medien einem breiteren Publikum mit seinen Vorgehensweisen exponiert, desto häufiger und ausgeprägter dürfte eine Vorauswahl, verbunden mit einer relativ hohen Erfolgserwartung, wirken. Sie verläuft gewissermassen „anonym" und kann in Art und Ausmaß mehr oder weniger nur vermutet werden, während eine Auswahl im Rahmen einer nachvollziehbaren Überweisungspraxis oder persönlicher Empfehlungen meist gut überprüfbar und auch für den Therapeuten selbst einigermaßen transparent sein dürfte.

(Leider existieren keine Daten darüber, welche Klienten es eventuell gerade zu vermeiden suchen, sich bei einem exponierten oder als Pionier bekannten Therapeuten anzumelden. Diese Vermeidung könnte verschiedene Gründe haben und gerade in Zusammenhang mit der emotionalen Symptomatik stehen – wie zum Beispiel Minderwertigkeitsgefühlen oder Depressionen – und müsste für die Beurteilung von Erfolgsraten einer Therapierichtung wie auch von einzelnen Therapeuten eigentlich mit berücksichtigt werden.)

Alle Interviewpartner haben sich – in sehr individueller Weise – gerade durch ihre speziellen Vorgehensweisen und Methoden exponiert. Sie ermöglichen ihren Klienten damit nicht nur eine relativ große Erfolgserwartung, sondern vor allem auch die subjektive Gewissheit, sich mit gutem Grund gerade bei diesem Therapeuten zu befinden.

Die Gestaltung therapeutisch induzierter Veränderung

Eine weitere, vielleicht noch bedeutsamere Gemeinsamkeit lässt sich aber in der Auswirkung erkennen:

Diese Vorgehensweisen zielen vor allem darauf ab, das subjektive Erleben der Klienten in und außerhalb der therapeutischen Situation direkter, intensiver und nachhaltiger zu beeinflussen (siehe auch das Kapitel *Therapeutische Intensität*). Die Veränderung der Erlebnisqualität der Klienten in der therapeutischen Situation – Psychotherapie als unmittelbar veränderndes Erleben – ist das Ziel, das sowohl implizit, zum Beispiel mittels zirkulären Fragens oder humorvoller Provokationen, wie auch explizit, zum Beispiel mittels Hypnose oder Focusing, angestrebt werden kann.

Unabhängig von der Gewichtung kognitiver Verarbeitung wird hier die übereinstimmende Überzeugung erkennbar, dass therapeutische Veränderung in erster Linie über intensives und qualitativ verändertes Erleben der Klienten erreicht werden kann und dieses veränderte Erleben in der therapeutischen Situation initiiert und begleitet werden muss, wie vordergründig unterschiedlich das Vorgehen verschiedener Therapeuten auch sein mag.

Der drastische Stil Farrellys, das subtile Vorgehen Strupps, Gendlins Focusing oder Fromms Trancearbeit sind ebenso auf das unmittelbare Erleben der Klienten ausgerichtet wie das systemorientierte Handeln von Mrochen, Stierlin und Madanes oder Watzlawicks Veränderung der subjektiven Wirklichkeit im „So tun, als ob".

***

Hier wird besonders deutlich, dass auch ein sehr spezifisches therapeutisches Handeln letztendlich nur im Kontext der therapeutischen Beziehung beschreibbar und erklärbar ist und andererseits die therapeutische Beziehung gemeinsam mit den Klienten klar im Hinblick auf Veränderung gestaltet und ausgerichtet werden muss.

Eine Unterscheidung von „Beziehung" und „Technik" erscheint im Rahmen der hier beschriebenen Vorgehensweisen als äußerst schwierig.

Die Gestaltung der therapeutischen Beziehung lässt sich nicht trennen von der Gestaltung eines vom Therapeuten initiierten Erlebens des Klienten mit dem Ziel therapeutisch induzierter Veränderung.

Mit den hier beschriebenen Wirkfaktoren wird die therapeutische Beziehung dem Ziel der therapeutisch induzierten Veränderung eindeutig untergeordnet und kann nicht mehr losgelöst von therapeutischen Techniken oder Strategien beschrieben und diskutiert werden. All diese Faktoren haben selbst ebenso eine verändernde Wirkung wie andererseits Techniken und Strategien ihrerseits die Beziehung maßgeblich beeinflussen und mitgestalten.

In ihren Aussagen stand stets die konkrete, verändernde Auswirkung und nicht das theoretische Konzept im Vordergrund, unabhängig davon, wie sehr einzelne meiner Gesprächspartner ihr heutiges therapeutisches Handeln als noch einer bestimmten Schule oder einem definierten Ansatz zugehörig verstanden haben möchten.

„Die Gestaltung therapeutisch induzierter Veränderung" könnte somit nicht nur als eine mögliche Definition für Psychotherapie, sondern zukünftig auch als Fokus und vergleichender Maßstab schulenübergreifendender Diskussionen oder empirischer Forschung dienen. Darüber hinaus muss bezweifelt werden, ob eine Unterscheidung von „Beziehung" und „Technik" im Bereich der modernen Psychotherapie generell noch sinnvoll ist.

Resümee und neue Perspektiven

Die in diesem Kapitel beschriebenen Faktoren veranschaulichen wesentliche Merkmale für den Aufbau und die Gestaltung einer wirksamen therapeutischen Beziehung. Sie sind schulenübergreifend und können unabhängig von theoretischen Ansätzen und Methoden diskutiert werden.

Auch wenn die Zahl meiner Interviewpartner begrenzt bleiben musste und sicherlich nicht alle therapeutisch relevanten Ansätze und Theorien repräsentativ vertreten sind, schmälert dies die Aussagekraft insofern nicht, als die Aufzählung der erarbeiteten Wirkfaktoren nicht den Anspruch auf abschließende Vollständigkeit erhebt. Darüber hinaus soll die Einführung von Begriffen wie „therapeutische Intensität" oder „transparente Veränderungsabsicht" im Kontext der Psychotherapie nicht dazu dienen, die bereits unüberblickbare Vielfalt von Methoden, Techniken und so genannten neuen Fachbegriffen noch weiter zu vergrößern, sondern wichtige Wesensmerkmale der therapeutischen Beziehung, die bisher bestenfalls implizit postuliert oder ausschließlich mit einem bestimmten Ansatz assoziiert wurden, herauszuarbeiten und neutral zu kennzeichnen.

Die hier beschriebenen Faktoren sind das Resultat einer erstaunlich hohen Übereinstimmung der Aussagen, die in Deutlichkeit und Ausmaß aufgrund der Heterogenität meiner Gesprächspartner wohl nicht erwartet werden konnte, und ergeben ein wissenschaftlich fundiertes und sehr kohärentes Gesamtbild hinsichtlich der aktiven Gestaltung der therapeutischen Beziehung.

Die persönlich geführten Interviews ermöglichten mir darüber hinaus auch einen die geäußerten Inhalte begleitenden unmittelbar erlebbaren Eindruck und hinterließen in jedem Fall sehr eindrückliche Vorstellungen der individuell geprägten therapeutischen Arbeit, die das Gesamtbild nachhaltig vertieften.

Grundsätzlich bestätigen die Aussagen auch Auswertungen empirischer und qualitativer Studien, wie sie zum Beispiel von Miller, Duncan und Hubble (2000) zusammengefasst und interpretiert wurden, die der „therapeutischen Beziehung" mit mindestens dreißig Prozent einen doppelt so hohen Anteil am Therapieerfolg attestieren als den Kategorien „therapeutische Techniken" und „Erwartungshaltung/Placeboeffekt" mit jeweils fünfzehn Prozent.

Natürlich sind die einzelnen Faktoren nicht völlig unabhängig oder immer klar voneinander abzugrenzen. So ist zum Beispiel Madanes' „Über-Empathie" nicht ohne „Intensität" oder Farrellys humorvoller Stil nur mit einem hohen Maß an „Empathie" möglich, und diese Faktoren wirken wiederum umso mehr, wenn sie als glaubwürdig und der inneren Überzeugung des Therapeuten entsprechend empfunden werden. Doch zeigen die Interviews, dass alle diese Wirkfaktoren auch einen eigenen Wesenskern besitzen, der nicht einfach unter einem der anderen Begriffe subsumiert werden sollte.

Erst so kann die Wirkung dieser Faktoren differenziert untersucht, weiterentwickelt und für die Ausbildung genutzt werden.

Ebenso wichtig wie die Gemeinsamkeiten in den Aussagen sind auch die Unterschiede in den persönlichen Ausprägungen. Lempps Humor ist nicht derselbe wie Gendlins, und beide unterscheiden sich in diesem Punkt deutlich von Farrelly. Madanes' „Über-Empathie" ist nicht identisch mit Strupps Definition oder Watzlawicks Haltung und Kleinhauz' „Manipulation" nicht mit der von Mrochen.

Meine Interviewpartner haben ihre Empathie, ihren Humor, ihre Intensität, ihre Glaubwürdigkeit und manipulative Haltung ihrer eigenen Person gemäß entwickelt und ausgeprägt. Ein – wie die Interviews eindrücklich zeigen – dauernder Lernprozess für jeden Psychotherapeuten.

Es gibt viele Vorbilder, aber kein Rezept.

In letzter Konsequenz muss schließlich die Unterscheidung von „Beziehung" und „Technik" im Rahmen psychotherapeutischer Arbeit generell infrage gestellt werden.

Psychotherapie, wie sie von meinen Interviewpartnern gestaltet wird, ist gleichsam Beziehungsarbeit *und* Intervention von Anfang an, unabhängig von den sehr unterschiedlichen therapeutischen Ansätzen und ihrem persönlichen Stil.

Die Trennung von Beziehung und Intervention suggeriert ein Nacheinander im Sinne von: zuerst eine tragfähige Beziehung aufbauen und dann gegebenenfalls Interventionen planen. Historisch gesehen, mag es durchaus wichtig gewesen sein, mit dem Begriff der „therapeutischen Beziehung" überhaupt deren Wichtigkeit und Bedeutung aufzuzeigen und Merkmale sowie hinreichende Bedingungen zu formulieren, wie Carl Rogers das getan hat. Sie haben inzwischen in fast alle therapeutischen Methoden Eingang gefunden.

Hypnotherapeutische und systemische Interventionen sind aber ebenso wie der konstruktivistische Ansatz des „So tun, als ob", Expositionstechniken aus der Verhaltenstherapie oder auch gezielte psychoanalytische Übertragungsdeutungen, um nur einige Beispiele zu nennen, bereits an sich hochgradig beziehungsgestaltend.

Andererseits müssen beispielsweise Empathie, Veränderungsoptimismus, Intensität oder Humor, wie sie vorher beschrieben wurden, ihrerseits auch als gezielte therapeutische Intervention gesehen und als solche bewusst genutzt werden.

Ein einfaches Beispiel aus der Praxis kann dies erläutern. Ein Therapeut gibt seinem Klienten eine „Hausaufgabe", das heißt, er macht ihm einen bestimmten Vorschlag für die Zeit bis zur nächsten Sitzung (wie zum Beispiel Watzlawicks Aufgabe für den Firmenchef). Bereits die Hausaufgabe an sich wird beim Klienten beziehungsrelevante Gedanken auslösen: „Vielleicht will er mich testen?", „Soll ich alles alleine machen?", „Kümmert er sich gar nicht richtig um mich?", „Will er mich damit einfach abspeisen und mir die Verantwortung zuschieben?" Oder auch: „Sogar für die Zeit zwischen den Stunden habe ich eine Aufgabe!", „Es ist ihm nicht gleichgültig, was mit mir in der Zwischenzeit passiert!", „Er nimmt meinen Fall wirklich ernst und hat sich eine Aufgabe speziell für mich überlegt!" ...

Natürlich spielen auch die Art und Weise, wie Interventionen durchgeführt werden, ebenso wie die Gedanken, die sich der Therapeut dabei macht, eine wesentliche Rolle, aber eine Intervention beeinflusst schon für sich genommen die therapeutische Beziehung.

Wie jedes menschliche Verhalten einen beziehungs- und einen inhaltlichen Aspekt besitzt (Watzlawick et al. 2000), so besitzt im

Kontext der Psychotherapie jedes Verhalten eines Therapeuten, wie Äußerungen, Gestik, Mimik oder auch Interventionen, zumindest einen „Beziehungs"- und einen „technischen" Aspekt. Nimmt man das Ziel, die „therapeutisch induzierte Veränderung", hinzu, so könnte zukünftig jedes therapeutische Verhalten auf seinen Beziehungs-, seinen technischen Aspekt und sein direkt oder indirekt veränderndes Wirkungspotenzial hin schulenübergreifend betrachtet, beurteilt und verglichen werden.

Die „Gestaltung therapeutisch induzierter Veränderung" könnte dann sowohl als Beschreibung wie auch als schulenunabhängige Definition von Psychotherapie dienen.

Als wertneutrale Zielsetzung für die verschiedenen Therapiemethoden einerseits, als Fokus der Therapieforschung andererseits könnte somit die Psychotherapie schulenübergreifend (weiter)entwickelt werden, ohne dass man damit die bisherigen Ansätze und Methoden desavouierte oder die Energie weiterhin in Forschungsprojekte investierte, deren eigentliches Ziel Abgrenzung, Sicherung von Einfluss und Macht oder Austragung von Rivalitäten sind.

Die Gestaltung der therapeutischen Beziehung würde dann ein integrierter und funktionaler Bestandteil werden, der nicht mehr losgelöst von Auswahl und Anwendung therapeutischer Techniken, Methoden, Interventionen beziehungsweise strategischen Therapieplänen gesehen werden könnte (siehe auch das Kapitel *Perspektiven*).

Die Wirkfaktoren beschreiben unverzichtbare Elemente für eine therapeutisch induzierte Veränderung.

Persönliche Faktoren und Grundhaltung

„Wie ist der ideale Therapeut beschaffen?"

Diese Frage kann und soll hier weder gestellt noch beantwortet werden, postuliert sie doch implizit die mögliche Existenz eines perfekten Therapeuten.

Doch erscheint es sinnvoll, Aussagen zu Eigenschaften, Grundhaltung oder Einstellungen, die von meinen Gesprächspartnern aufgrund ihrer jahrzehntelangen Erfahrung für den Beruf des Psychotherapeuten als grundlegend und wichtig erachtet werden, näher zu betrachten, zu vergleichen und – mit der gebotenen Vorsicht und Neutralität – in die wissenschaftliche Diskussion einzubringen.

In den Interviews wurde nicht speziell nach persönlichen Eigenschaften gefragt. Die Unterteilung in Faktoren für „die Gestaltung der therapeutischen Beziehung" und in „persönliche Faktoren und Grundhaltung" wurde erst bei der Auswertung vorgenommen.

Aussagen, Erfahrungen und Haltungen der Interviewpartner sollen aber hier nicht bestehenden Positionen gegenübergestellt, sondern in Zusammenhang zum beruflichen Werdegang gesetzt und, wenn möglich, miteinander verglichen und gewürdigt werden. Wie im vorhergehenden Kapitel werden auch hier übereinstimmende und sich ergänzende Aussagen und Erfahrungen zu Hypothesen, Anregungen oder Postulaten formuliert, die schließlich mit zentralen Fragen der Ausbildung von Therapeuten und berufspolitischer Perspektiven in Zusammenhang gebracht werden können.

Bereits die Atmosphäre der Interviews kann hier als richtungsweisend gelten. Unabhängig von der Vehemenz, mit der mitunter eigene Erfahrungen und Überzeugungen dargelegt wurden, war stets eine zukunftsorientierte, neugierige Lernhaltung, verbunden mit der Fähigkeit zur Selbstkritik, spürbar und meinen Gesprächspartnern wichtiger als mögliche Abwertungen anderer Ansätze oder Grundhaltungen.

In den letzten Jahren wurde dieses Thema in vielen europäischen Ländern in erster Linie auf die berufspolitische Ebene reduziert und mit formalen Kriterien zu bewältigen versucht. Die ebenso verbissenen wie andauernden Machtkämpfe verschiedener beteiligter Berufsgruppen lassen aber vermuten, dass es hier außer um so genannte Fakten und überprüfbare Kriterien vor allem um Positionen, Geld und Prestige wie auch um moralische Wertungen zu gehen scheint.

Dass diese Thematik inzwischen auch die wissenschaftliche Diskussion im engeren Sinne beeinflusst hat, zeigt das Beispiel von Grawe et al. (1994), die im Kapitel *Wer kann und soll Psychotherapien durchführen?* die Position wissenschaftlicher Grundhaltung verlassen und Fakten mit Tendenzen und Einzelbeispielen zu Feindbildern interpolieren, die sie schließlich für die fehlende Anerkennung der Psychologie und psychologischen Therapie im Gesundheitswesen verantwortlich machen.

Die Frage der Grundausbildung wie auch der berufspolitischen Stellung von Psychotherapeuten wird, soweit sie in den Rahmen dieser Arbeit gehört, im Kapitel *Ausbildung* thematisiert.

Neugierde, Pioniergeist und „Rebellion"

„... für am wichtigsten halte ich die Lernfähigkeit, aus jeder neuen Situation neu zu lernen, also auch Grundannahmen, die man sehr lange gehegt hat, zu hinterfragen", lautet Stierlins Postulat gleich zu Beginn des Interviews. Eine Grundeinstellung, die sich nicht nur in den Aussagen aller Interviewpartner, sondern auch in ihrer beruflichen Entwicklung wieder finden und dokumentieren lässt.

Ihren Hang, zu opponieren („eine Art jugendlicher Reaktion") bezeichnet Fromm als ein wesentliches Merkmal ihrer (Therapeutinnen-)Persönlichkeit, „... wahrscheinlich mein deutlichster Charakterzug. Ich spüre, dass ich aufgrund dieser jugendlichen Oppositionshaltung zur Pionierin geworden bin und es mir auch half, verschiedene Dinge zu integrieren. Später opponierte ich gegen alles Orthodoxe, und diese Haltung habe ich noch heute. Ich war Psychoanalytikerin, bis mir die Psychoanalyse zu orthodox und zu ineffektiv wurde, und so musste ich etwas Neues erfinden." Auch in der therapeutischen Situation schätzt sie sowohl die Fähigkeit zur Auflehnung, zum Beispiel gegen das Gefühl der Hoffnungslosigkeit, wie auch die Fähigkeit, aus Fehlern zu lernen, als wichtig ein.

Nach über 60 Jahren beruflicher Tätigkeit ist sie noch immer wissenschaftlich und therapeutisch aktiv, eine engagierte und mahnende Beobachterin politischer Entwicklungen, neugierig und lernbegierig. „Beruf lieben oder es sein lassen!“

„Alles zu hinterfragen – das geht zurück auf die jüdische Tradition des Fragens“, ist auch die Grundeinstellung von Madanes. „Das ist das eigentlich Wichtige, einen hinterfragenden Verstand zu haben. Wenn du als Therapeutin die Fähigkeit zu hinterfragen verlierst, wenn du denkst, du hast das richtige Modell und du kennst die Antwort, bist du am Ende. Alles kann hinterfragt werden und sollte hinterfragt werden, sonst wird es zum Dogma und zur Tyrannei“, ist sie überzeugt.

Unstillbarer Wissensdurst und ständiges In-Frage-Stellen begleiteten sie auf ihrem persönlichen Weg durch Kulturen und therapeutisches Training. „Ich wollte ausgebildet werden, ich wollte kultiviert *(cultured)* werden, und ich war in jeder Hinsicht äußerst kritisch.“

Kritisches Hinterfragen, ihre Bereitschaft, Herausforderungen anzunehmen, und ihr philosophisches Kredo – „um die Welt zu verändern, musst du die Kriminellen ändern, sie sind die Herausforderung für das gesamte Feld der Psychologie und der mentalen Therapie“ – ließen sie schließlich zur Pionierin für die Therapie von Tätern werden. Eine Pionierin, die fest davon überzeugt ist, „eine Therapeutin sollte alles für möglich halten und nie etwas glauben *(believe everything and never believe anything)*“.

Alles zu hinterfragen ist für Farrelly nicht nur eine therapeutische Strategie der humorvollen Herausforderung, sondern als gesunde Skepsis auch seine generelle Einstellung. Wie er sich von scheinbar unlösbaren Double-binds nicht abschrecken lässt, so ließ er sich auch nicht von jeweils gängigen Strömungen („Die meisten Therapeuten betonen die Hilflosigkeit, Zerbrechlichkeit und Schwächen ihrer Patienten“) oder so genannten klinischen Weisheiten („‚Du kennst dich selbst am besten‘, etwas vom Dümmsten, was ich je gehört habe“) daran hindern, seinen therapeutischen Ansatz weiterzuentwickeln und sich bereits zu Beginn seiner therapeutischen Tätigkeit in der psychiatrischen Klinik vor allem um die „verlorenen Schafe“ zu kümmern: „Ich war darauf aus, gerade bei den als hoffnungslos eingeschätzten Patienten einen Durchbruch zu erzielen, denn mit der üblichen Klientel zu arbeiten ist, wie wenn du mit der Schrotflinte auf Fische in einem Wasserglas schießt, du kannst sie gar nicht verfehlen."

Viele Ansätze und Theorien erwiesen sich für ihn bei genauerer kritischer Betrachtung als künstlich und lebensfremd („… aber stinkende, überquellende Windeln sind greifbarer Stress und keine Identitätskrise"), wie auch manche gesellschaftpolitischen Strömungen und Ideologien aus therapeutischer Sicht als verhängnisvoll.

Seine eigentliche rebellische Pionierleistung dürfte aber darin bestehen, seit über 30 Jahren Therapeuten rund um den Globus die Erlaubnis vermittelt zu haben, dass Psychotherapie auch mit schwierigsten Patienten Spaß machen darf.

Das differenzierte und komplexe Behandlungsmodell von Kleinhauz ist nicht zuletzt auch auf (intuitive) Neugierde und detektivischen Spürsinn (Sherlock-Holmes-Technik) zurückzuführen. Als Autodidakt hat er sich nie einer Schule oder Strömung unterworfen, sondern stets versucht, „die Wissenschaft von Analyse und Schlussfolgerung" auf sein therapeutisches Handeln anzuwenden.

„Eine gewisse Flexibilität im Denken und die Fähigkeit, die eigenen Vorannahmen zu ändern", ist für ihn Voraussetzung, nicht einem bestimmten theoretischen Konzept verhaftet zu sein. Als farbenblinder, amusischer Mensch mit reduziertem Geschmacksempfinden entwickelte er darüber hinaus eine außergewöhnliche Beobachtungsgabe und die Fähigkeit, prinzipiell nichts als selbstverständlich gegeben hinzunehmen.

„Ich denke auch, dass ich nirgendwo wirklich zu Hause bin", skizziert Mrochen seine therapeutische Position, für die er am ehesten noch den Begriff des „verantwortungsvollen Eklektizismus" (Martini) gelten lassen würde. Seine prinzipielle Neugierde („wo sind die interessantesten Ostereier versteckt") sei schon in seiner Kindheit als starker Freiheitsdrang und als Weigerung, in irgendeiner Weise „gläubig" zu sein, zum Ausdruck gekommen. Herausforderungen anzunehmen und an der momentanen Situation nicht zu scheitern ist nicht nur die Haltung, die er als Therapeut vermittelt, sondern auch mit seiner eigenen persönlichen Entwicklung verknüpft: „Mach aus Scheiße Rosen, das ist mein Weltbild. Als kompletter Schulversager musste ich jede Menge Niederlagen integrieren. Das hat mich zum Utilisieren gebracht."

„... und da frage ich mich heute noch vergeblich, wie kam es, dass man in meinem Fach komplizierteste dogmatische Grundlagen erarbeitete, die auf vollkommen merkwürdige Sachen zurückgehen, statt sich zu fragen, wie es kommt, dass sich im menschlichen Leben unzählige Male durch ein Zufallsereignis eine Änderung ergibt. So kommt es zum menschlichen Wandel außerhalb der Therapie, warum wird das nicht eingeführt innerhalb der Therapie?", wundert sich Watzlawick noch heute über festgefahrene Theorien und Konzepte.

Seine Unzufriedenheit mit dem Ansatz der jungschen Psychoanalyse, seine ständige Neugier und sein intuitives Gespür für Therapie („Wie Jackson bereits nach zehn Minuten der ersten Sitzung Therapie machte, das war genial") ließen den Sprach- und Kommunikationswissenschaftler zu einem Forscher und Pionier auf dem Gebiet des „menschlichen Wandels" werden. Sich ständig weiterzuentwickeln und nach neuen Lösungen zu suchen ist für ihn als „radikalen Konstruktivisten" selbstverständlich: „Für mich gibt es keine endgültige Wahrheit." Während er seine Richtung, die er bezüglich Resultat und Kürze der Behandlung für am wirksamsten hält, vehement vertritt, hofft er gleichzeitig darauf, in fünf Jahren noch bessere und effektivere Techniken und Methoden zur Verfügung zu haben.

Für Gendlin sind es grundlegende philosophische Fragen, die ihn stets begleiten und sein therapeutisches Handeln weiterentwickeln. „Dass man über die Therapie mit dem Körper denken kann", ist ihm ein wünschenswertes Anliegen. Wir hätten zwar viele schöne Worte, „aber was fehlt, ist eine Theorie über Therapie, eine Theorie, die Sprache und Körper verbinden kann". So möchte er auch das „Focusing" nicht als therapeutischen Ansatz verstanden wissen, sondern als „Motor" für den therapeutischen Prozess: „Wenn man den einspannt, wird jede Methode besser laufen."

Im Rahmen seiner Philosophie möchte er eine Theorie über Therapie erschaffen: „Es ist nun das Wichtigste, die Sprache wieder frisch als Erlebnis zu gestalten und ihr zu erlauben, etwas Neues von der Tiefe auszusagen."

Obwohl bereits lange pensioniert, leitet Strupp noch immer Forschungsprojekte an der Universität in Nashville und arbeitet mit seinem Team engagiert an der Verbesserung therapeutischer Kommunikation. Neugierde und Pioniergeist ließen ihn schon vor knapp 40 Jahren kreative Untersuchungsmethoden entwickeln. Seither galt sein Interesse als Forscher und Therapeut stets psychotherapeutischen Wirkfaktoren sowie Stärken und Schwächen bestehender Theorien und Ansätze.

Seine Neugierde und Wissbegierigkeit möchte er allerdings nicht auf Fachliteratur beschränken, sondern betont die eigene Lebenserfahrung. „So viel als möglich über die menschliche Natur erfahren“ sei für einen guten Therapeuten unabdingbar.

Auch Lempp blieb nie innerhalb eines therapeutischen Ansatzes verhaftet. Die klassische Psychoanalyse ist für ihn zwar eine wichtige Theorie, „aber keine einleuchtende Technik.“ Als Pionier der Kinder- und Jugendpsychiatrie hat er bereits zu Zeiten, „in denen Eklektizismus beinahe ein Schimpfwort war“, versucht, aus verschiedenen Richtungen, Theorien und Methoden „ein mir gemäßes Vorgehen zu entwickeln.“ Gerade bei der Arbeit mit Jugendlichen genügte es ihm nicht, mit nur einem Ansatz zu arbeiten.

Dabei ist es ihm wichtig, sich stets begleiten und korrigieren zu lassen, „selbst wenn man noch so erfahren ist.“ Für Lempp darf es schließlich „nicht so sein, dass ich um des Prinzips willen an einer bestimmten Lehre und ihrer Technik festhalte, wenn ich inzwischen merke, da könnte ich, davon abweichend, viel mehr und auch Besseres erreichen“.

„Es kommt nicht auf den Mut der Überzeugung an, sondern auf den Mut, seine Überzeugung auch angesichts dessen, was man lernt, infrage zu stellen“, dieser Maxime ist Stierlin in seiner beruflichen Laufbahn auch dann noch gefolgt, als er im deutschsprachigen Raum bereits als Pionier des familientherapeutischen Ansatzes galt. Neugierde, Optimismus, Spaß an der Arbeit und der Ehrgeiz, „möglichst effektiv zu sein“, kennzeichnen seine Arbeit als Therapeut und Forscher auch sechs Jahre nach seiner Emeritierung.

***

Neugierde, Pioniergeist und „Rebellion“ kennzeichnen nicht nur die berufliche Entwicklung aller Interviewpartner (siehe die kurzen Berufsbiografien vor dem jeweiligen Interview), sondern sind auch während der Gespräche spürbar. Obwohl mehr als die Hälfte der Befragten das Pensionsalter bereits deutlich überschritten haben, sind ihre Neugierde und ihr Wissensdurst noch nicht gestillt, was wohl auch mit ein Grund für ihren noch immer beträchtlichen Arbeitseinsatz sein dürfte.

„Schon Aristoteles fragte sich, ob wir etwas gut machen, weil es uns Spaß macht, oder ob es uns Spaß macht, weil wir gut darin sind", skizziert Farrelly eine wichtige Wechselwirkung, die wohl für alle Interviewpartner bis heute einen relevanten Schutz vor Burn-out oder anderen Ermüdungserscheinungen bedeutet haben dürfte. Präsenz und inneres Engagement sind für mich in allen Gesprächen deutlich spürbar, ergänzen und unterstreichen die bewussten Äußerungen zur eigenen Motivation.

„Love and do what you will." Dieses Motto von Farrelly, eindrücklich am Beispiel des Katastropheneinsatzes seiner Schwester illustriert, findet sich bei Fromm in der Aussage „Du musst diesen Beruf lieben oder es sein lassen" ebenso wieder wie in Madanes' Leidenschaft, „eines anderen Leben stellvertretend zu leben", und ihrer Empathie, sich im therapeutischen Prozess selbst zu vergessen.

„Das so Aus-dem-Vollen-Schöpfen, die Art meiner Arbeit mit Patienten, könnte etwas zu tun haben mit meinem eigenen Beziehungsverhalten (…), als Therapeut, da fühle ich mich sicher, wirklich meine Ressourcen auszuloten, privat fühle ich mich manchmal reduziert oder schüchtern", überlegt Mrochen, der das Wort „Liebe" (Prof. Schmidtchen über seine Art, mit Patienten zu arbeiten) in diesem Kontext eher ablehnt und sich mit „hochgradiger Ernsthaftigkeit" besser verstanden fühlt.

„Mach aus Scheiße Rosen!" Dieses Motto, eng verknüpft mit seiner persönlichen Entwicklung, wurde gleichsam zur therapeutischen Zielsetzung. „Vielleicht gelingt es mir, mir damit selber was zu geben", glaubt Mrochen und hält es darum auch für eine wichtige Kompetenz, „sich immer wieder zu vergewissern, ist das jetzt seine Bedürftigkeit oder meine, sind wir jetzt auf seiner Ebene oder auf meiner." In den letzten Jahren habe er deutlich gemerkt, wie die Präsenz und damit auch die Qualität seiner Arbeit nachgelassen habe, „wenn ich mich übernommen habe. Ein Verlust an Präsenz führt dazu, dann einfach mit Routine zu handeln. Also das glaube ich schon, dass das nicht geht."

„Ich glaube, wie Carl Withaker, dass du aus jeder Sitzung etwas herausbekommen sollst. Wenn nicht, war es keine gute Sitzung", ist auch Madanes überzeugt. „Du musst spüren, dass dir die Sitzung geholfen hat. Du bist in ihr Leben (Anm.: der Klienten) eingestiegen und hast erkannt, dass etwas in dir ähnlich ist, in deinem Leben, und es ist dir möglich, etwas Persönliches durchzuarbeiten oder etwas besser zu verstehen, zu bewältigen." Auch für sie ist es dabei grundlegend, sich als Person in der therapeutischen Situation nicht zu wichtig zu nehmen.

„Er muss in diesem Beruf sein, weil er sich um die Menschen sorgt, und nicht, um Geld zu verdienen", umschreibt Fromm den Begriff „Redlichkeit", der für sie eine der wichtigsten Voraussetzungen ihres Berufes darstellt. „Du musst das Beste für deine Patienten wollen", ist ihr eigener Anspruch, der auch den Wunsch nach Erfolg und Ehrgeiz beinhaltet, wenn diese im Dienste der Therapie und des Patienten stehen.

Auch Farrelly bekennt sich zu seinen Ambitionen und dem Bedürfnis nach Anerkennung in der Fachwelt. „Ich war darauf aus, gerade bei den als hoffnungslos eingeschätzten Patienten einen Durchbruch zu erzielen", erinnert er sich und ist sich heute bewusst, dass wir in Wirklichkeit oft anderen verdanken, was wir erreichen und was wir sind: „Wenn wir jung sind, tendieren wir dazu, Erfolg damit zu begründen, dass wir vielleicht hart gearbeitet und viel gelernt haben oder andererseits mit hoher Intelligenz, Talent oder speziellen Fertigkeiten – gerade in der amerikanischen Kultur werden Individualität, Autonomie und Unabhängigkeit gepriesen. Aber haben wir wirklich alles selbst gemacht?"

Die persönliche Entwicklung bringt auch Kleinhauz mit bestimmten therapeutischen Stärken und Spezialitäten in Zusammenhang. Seine speziell ausgeprägte Beobachtungsgabe habe er wohl schon in seiner Kindheit als Kompensation entwickelt.

Zusammen mit seinem Einfühlungsvermögen und seinem Sinn für Humor habe sie ihm ermöglicht, Zugang zu seiner Umwelt zu finden und akzeptiert zu werden. Die daraus von ihm entwickelten Techniken und Strategien zeugen von einem großen Maß an Engagement und Erfolgsbedürfnis, das für ihn ausschließlich auf „das Wohl und die Bedürfnisse des Patienten" ausgerichtet sein darf.

So möchte auch Stierlin seinen Vorsatz „immer mehr in immer kürzerer Zeit zu erreichen" nicht verstanden wissen, „um besonders erfolgreich, aber um besonders effektiv zu sein". Mit diesem Bedürfnis nach Effektivität habe er sich von der Psychoanalyse entfernt, die darüber hinaus bei vielen Kollegen, „die nicht diesen therapeutischen Elan haben", mit zunehmendem Alter schnell zu einem Effekt des Übersättigtseins und letztlich zur Routine geführt habe. Aber das halte er gerade für gefährlich, „denn jede therapeutische Sitzung sollte für den Klienten, irgendwie auch für den Therapeuten, etwas Besonderes sein". Sein über die Jahre gewachsener Optimismus unterstreicht diese Haltung.

„Ich bin an Sprachen interessiert, und daher sind für mich auch relativ langweilige Fälle interessant, weil ich jedes Mal eine neue Sprache lerne", erläutert Watzlawick, wie er sich vor Routine und der Pauschalierung durch vorgefasste Diagnosen schützt. Die von ihm zitierten Fallbeispiele illustrieren nicht nur die Einzigartigkeit jedes therapeutischen Prozesses, sondern vermitteln auch eindrücklich seine Begeisterung für erfolgreiche Therapie, die seine berufliche Entwicklung prägte.

Die leidenschaftliche Vehemenz, mit der er seine inhaltlichen Positionen vertritt, steht dabei nicht im Widerspruch zu seinem nüchternen Pragmatismus: „Ich versuche zu begreifen, das ist alles!"

Als engagierten Pragmatiker und Pionier könnte man auch Lempp bezeichnen, der sich einen schulenübergreifenden Eklektizismus leistete, als dieser Begriff noch gar nicht gebräuchlich war („ein mir gemäßes Vorgehen zu entwickeln und dabei stets von anderen zu lernen"), und sich nie von Konventionen oder herrschenden Lehrmeinungen einschränken ließ.

Nach seiner Erfahrung ist es schließlich nicht entscheidend, „welche Theorie und Methode man anwendet, wenn man sich mit seiner Vorgehensweise wirklich identifiziert". Auch für ihn schwindet die therapeutische Glaubwürdigkeit, „wenn Routine spürbar wird. Routine macht ja immer deutlich, in diesem Fall muss ich mich nicht groß anstrengen, das kann ich schon, mach ich mit links." Aber für Lempp gibt es im psychischen Bereich keine „gleichen Fälle, da ist jeder anders und möchte auch einzeln bewertet werden".

Daher ist es für Gendlin auch nach über 30-jähriger Erfahrung elementar, „dass man als Person (Therapeut) da ist und alles andere nicht wichtiger ist als die Person, die da kommt". Seine ungebrochene Leidenschaft wird nicht nur spürbar, wenn er den Prozess des Focusing, sondern vor allem auch die noch bevorstehende Arbeit erläutert: „Wir brauchen eine Theorie der Therapie."

Für Gendlin verlangt Therapie schließlich ein ganzheitliches und somit auch körperliches Engagement aufseiten des Therapeuten: „Wenn man über (therapeutische) Prozesse nicht mit dem körperlichen ‚felt sense‘ denken kann, ist man in einer ungünstigen Position." Das Bedürfnis, als Klient nicht nur inhaltlich, sondern auch körperlich wahrnehmbar vom Therapeuten verstanden zu werden, kennt er aus eigener Erfahrung.

„Auf der Seite des Therapeuten muss eine echte Verbindlichkeit bestehen, Patienten zu helfen, der Therapeut muss sich wirklich verpflichtet fühlen und sich um den Patienten sorgen", formuliert Strupp seine Einstellung ganz im Einklang mit Fromm und betont ebenfalls: „Therapie sollte vom Klienten nie als Routine oder Geschäft erfahren werden." Eine Voraussetzung für den therapeutischen Erfolg sei es im Gegenteil, dass für den Patienten die aus dieser echten Sorge und Verpflichtung resultierende emotionale Nahrung im Kontext der Therapie auch spürbar werde.

Im Gespräch wird deutlich, dass Strupp es von Beginn an verstand, sein Engagement als Forscher wie als Therapeut wechselseitig zu intensivieren. Das mit Leidenschaft verfolgte Thema „Was ist ein guter Psychotherapeut?" begleitete ihn durch seine Karriere.

***

Das leidenschaftliche Engagement für das Wohl ihrer Klienten – so lässt sich zusammenfassen, was sich wie ein roter Faden durch alle Gespräche zieht.

Diese Leidenschaft macht wohl in erster Linie den Unterschied zwischen Beruf und Berufung aus und scheint sich aus der intensiven Arbeit mit Klienten ebenso wie aus der wissenschaftlichen Auseinandersetzung sozusagen selbst zu nähren und sich stets zu erneuern. Dieses intensive Engagement und die echte Besorgnis stehen auch nicht im Widerspruch zu persönlichem Ehrgeiz, sondern können ihn gerade in sinnvolle Bahnen lenken.

Es ist anzunehmen, dass meine Interviewpartner in ihrer langen beruflichen Karriere nicht von Krisen, Zweifeln und Selbstzweifeln verschont geblieben sind. Wie auch immer sie sie bewältigt haben oder bewältigen, ihre Leidenschaft für den Prozess der therapeutischen Begegnung ist nicht nur präsent, sondern auch ansteckend.

Weitere persönliche Faktoren

Von den meisten Interviewpartnern wurden neben einer breit fundierten und wissenschaftlich orientierten Ausbildung (siehe auch das Kapitel *Ausbildung*) noch weitere Faktoren erwähnt, die ihrer Erfahrung nach Beachtung verdienen. Sie seien hier genannt, auch wenn einige vielleicht als selbstverständlich vorausgesetzt oder andere nur vereinzelt geäußert wurden.

„Es (Anm.: die Psychotherapie) ist wirklich ein Feld, das man erst betreten sollte, wenn man 40 ist", bringt Madanes einen Qualitätsbegriff ein: die Lebenserfahrung.

Auch die anderen Interviewpartner kommen direkt oder indirekt darauf zu sprechen, dass die eigene Lebenserfahrung für ihre Arbeit stets eine zentrale Rolle gespielt habe.

Für Stierlin sind Lebensalter und -erfahrung ein wichtiger Faktor, „denn Therapie setzt ja auch eine gewisse Vertrauensbereitschaft (beim Klienten) voraus", und er ergänzt, dass aus der eigenen Lebenserfahrung und Kompetenz, die man im Laufe von Jahrzehnten gewonnen habe, schließlich eine gewisse Zuversicht resultieren sollte, „Zuversicht, dass sich auch in schwierigen Situationen Lösungen finden lassen". Fromm hält ebenfalls einen gewissen Optimismus für nötig und postuliert, Klienten weiterzuverweisen, „wenn du den Eindruck hast, aus welchen Gründen auch immer, Patienten nicht oder nicht mehr helfen zu können".

Auch Lempp unterstreicht, wenn man sichtbare Erfahrung ausstrahle, sei schon von vornherein eine gewisse Glaubwürdigkeit gegeben, weist aber auch darauf hin, dass sich dieser Vorschuss nur dann halten lässt, wenn die Patienten merken, dass man ihre Sorgen wirklich ernst nimmt.

Erfahrung ist für Kleinhauz schließlich ein elementarer Baustein der therapeutischen Intuition, und für Strupp spielt neben der eigenen Lebenserfahrung auch die Neugierde auf die menschliche Natur generell eine wichtige Rolle: „Du kannst mehr von den großen Romanen lernen als aus den meisten Fachbüchern über Psychotherapie."

Farrelly ist überzeugt, dass es erst das Einbeziehen der eigenen Lebenserfahrung ermögliche, die Lebensumstände der Klienten zu verstehen und als Therapeut kongruent zu sein.

Für Gendlin sind darüber hinaus die eigenen Erfahrungen als Klient, wie zum Beispiel das Bedürfnis, vom Therapeuten nicht nur inhaltlich, sondern auch körperlich wahrnehmbar verstanden zu werden, eine elementare Grundlage seiner Arbeit.

Bereits im vorangegangenen Kapitel wurde deutlich, wie sehr Mrochen die eigene Lebenserfahrung mit seiner beruflichen Entwicklung, Motivation und Gestaltung der therapeutischen Arbeit in Beziehung setzt.

Watzlawick weist eindrücklich darauf hin, wie wichtig es sei, allgemein landläufige Überzeugungen ebenso wie eigene Erfahrungen und therapeutische Grundkonzepte zu hinterfragen, über den Rand der „eigenen Wissenschaft" hinauszublicken und erst so zu völlig neuen Annahmen und damit auch neuen Erfahrungen zu gelangen.

„Da gibt es zwei Grundfehler, der eine ist, zu glauben, dass die Lösungsstrategie mindestens so komplex sein muss wie die Welt, in der ein Mensch lebt mit seinen Beziehungen und Interaktionen, der andere, zu versuchen, die Komplexität in ihre Einzelteile zu zerbrechen … ", erläutert er und nimmt Bezug auf Einstein „es ist falsch zu glauben, dass die Theorie sich auf Beobachtungen aufbaut. Das Gegenteil ist der Fall …", um schließlich diese längst überholte Sichtweise anzuprangern, „die sich meines Wissens nur in unserem Fach erhalten hat".

Für ein breites Wissen auf Gebieten wie Philosophie, Geschichte oder Religion plädiert auch Madanes und ist überzeugt, „auf dem Gebiet der Psychotherapie musst du fähig sein, Verbindungen zu universellen Problemen herzustellen". Darüber hinaus bringt sie auch die Begriffe Kunst und Intelligenz ins Spiel: „Du musst intelligenter und gebildeter sein, vor allem wenn du ein bestimmtes Niveau erreichst. Wie willst du sonst mit sehr intelligenten Klienten reden können? Psychotherapie ist auch eine Kunst. Kunst ist die höchste Form von Intelligenz und verlangt eine Menge an Intelligenz und eine Menge an Arbeit und Training."

Wie es für Fromm, ähnlich wie für Strupp, stets ein großes Anliegen war, wissenschaftlich tätig und so eine „wissenschaftliche" Therapeutin zu sein, war und ist für Gendlin der philosophische Kontext der therapeutischen Arbeit ein wichtiger Bezugsrahmen.

Auf die sozial- und gesellschaftspolitische Dimension therapeutischen Handelns weisen Farrelly, Madanes und Stierlin am ausführlichsten hin.

Bleibt noch ein Faktor, der in allen Interviews anklang und von den meisten Gesprächspartnern auch explizit erwähnt wurde: „Sinn für Humor“ (siehe auch das Kapitel *Humor*). Die Bereitschaft, Humor in Beziehungen sowie im Rahmen therapeutischer Interventionen zu entwickeln, war bei allen deutlich spürbar, wohltuend und kennzeichnete auch die meisten zitierten Fallbeispiele.

Nicht nur für Farrelly ist „Humor zutiefst menschlich. Die komische und die tragische Maske, beide zusammen, symbolisieren das Leben.“

Stierlin macht schließlich deutlich, dass „Sinn für Humor“ auch eine Entwicklung in der eigenen therapeutischen Arbeit bedeuten kann.

***

Die eigene Lebenserfahrung mit einzubeziehen und therapeutisch zu nutzen wie auch stets über den Rand des eigenen Berufsfeldes hinauszublicken sind übereinstimmende Aussagen, die sich nur in der persönlichen Ausprägung unterscheiden. Sosehr die Lebenserfahrung hier als Ressource betont wird, so wenig wurde bisher ihr Einfluss auf das therapeutische Handeln untersucht.

Neben „Sinn für Humor“ wurden vereinzelt wissenschaftliches Denken und Intelligenz explizit genannt.

Wie bereits erwähnt, wurde in den Interviews nicht direkt nach persönlichen Eigenschaften und Fähigkeiten gefragt. Wenn zum Beispiel nur Madanes die „Intelligenz“ des Therapeuten betont, heißt das nicht, dass andere Gesprächspartner diesen Faktor für unwichtig erachten.

Therapeutische Relevanz

Es mag nicht überraschen, bei Pionieren auch Pioniergeist zu finden.

Natürlich haben die Kriterien für die Auswahl meiner Interviewpartner (siehe das Kapitel *Beschreibung der Untersuchung*) einen starken Einfluss auf die Ergebnisse gerade im Bereich der persönlichen Eigenschaften.

Alle können in gewisser Weise als Pioniere zu einer bestimmten Zeit und in einem bestimmten Bereich der Psychotherapie, als Begründer eines neuen Ansatzes oder als beides gelten. Darüber hinaus wurden auch keine Persönlichkeiten, die sich schon vor Jahren ganz aus dem aktiven Berufsleben zurückgezogen haben, berücksichtigt.

Es stellt sich also die Frage, was an diesen persönlichen Faktoren für andere interessierte Therapeuten überhaupt eine gewisse Relevanz besitzen mag und welche dieser Faktoren unter Umständen direkt mit den bisher beschriebenen Wirkfaktoren in Verbindung gebracht werden sollten.

Ähnlich wie bei den beschriebenen Wirkfaktoren für die Gestaltung der therapeutischen Beziehung beeindruckt zunächst das Maß an Übereinstimmung der Aussagen, die durch die persönliche Biografie noch unterstrichen werden.

So unterschiedlich sie auch als Persönlichkeiten wirken mögen, die ständige Neugierde, das kritische Hinterfragen und das Bedürfnis nach weiterer Entwicklung und persönlichem Lernen zeichnet alle Gesprächspartner in ebenso hohem Maße aus wie die Leidenschaft für ihren Beruf. Diese grundlegende Lernhaltung und ihr Engagement haben sich alle unabhängig von ihrem Lebensalter, aber auch über die von außen vorgegebenen Notwendigkeiten hinaus bis heute bewahrt. Keiner der Befragten ruhte sich auf seinen Lorbeeren aus, wie üppig diese auch vorhanden sein mögen.

Biografisch gesehen, hatten die meisten Interviewpartner große Herausforderungen zu bewältigen, die Mehrheit wechselte zumindest einmal Land und Kultur und wurde stark von den Auswirkungen des Zweiten Weltkrieges betroffen. Die Eigenschaften und ihre Grundhaltung, wie sie hier beschrieben sind, zeichnen sie vor allem auch als Persönlichkeiten aus, unabhängig ihrer Tätigkeit als Psychotherapeuten und Forscher.

Für die Fragestellung, was einen „guten Psychotherapeuten" ausmacht, sind all diese persönlichen Faktoren dennoch höchst relevant, da sie schließlich von den Befragten spontan mit ihrem Beruf in Verbindung gebracht und für wichtig, sowie teilweise unverzichtbar angesehen wurden – auch wenn das durchaus auf andere Berufsfelder in vergleichbarer Weise zutreffen könnte.

Ihre kritisch neugierige Grundhaltung, ein Hang zur „Rebellion" oder einfach auch der Mut, immer wieder eigene, neue Wege zu gehen, kennzeichnen nicht nur alle Gesprächspartner, sondern werden von ihnen selbst auch für die Zukunft als besonders wichtig hervorgehoben – gerade auf dem Gebiet der Psychotherapie.

Welche Auswirkungen, wenn überhaupt, hat diese Grundhaltung auf Klienten, und wie steht sie in Zusammenhang mit den anderen persönlichen Eigenschaften und den beschriebenen Wirkfaktoren?

Wie bei den Wirkfaktoren ist auch hier ein Element für sich noch keine Garantie für eine positive Entwicklung. Erst in Kombination mit persönlicher Leidenschaft und ernster Sorge um das Wohl der Klienten können eine kritische Grundhaltung und der Mut, eigene Wege zu gehen, ihr konstruktives Potenzial richtig entfalten, und nur so wird ein „rebellischer" Therapeut seinen Klienten glaubwürdig kommunizieren, dass er stets nach noch besseren Lösungen suchen wird.

Natürlich beschreiben die aufgeführten persönlichen Faktoren keine exakt definierte Größe, sondern sind als Prozess und somit gleichsam als Richtung oder Zielsetzung zu verstehen. Ein Ziel, das nie völlig und schon gar nicht als „Status" erreicht werden kann, doch immer wieder in allen Bereichen angestrebt werden muss.

Leidenschaft lässt sich ebenso wenig durch ein Mehr an persönlichem Ehrgeiz ersetzen wie die ernsthafte Sorge um das Wohl der Klienten durch ein mehr an Mut oder kritischer Grundhaltung.

Schließlich ist es leicht, diese Grundhaltung und die persönlichen Faktoren mit den Wirkfaktoren für die „Gestaltung therapeutisch induzierter Veränderung" in Beziehung zu setzen. Aber auch hier gibt es keine monokausalen Zusammenhänge, ist zum Beispiel die Leidenschaft sowohl für die „Empathie" wie für die „Intensität" mitverantwortlich und dürfte auch einen wesentlichen Beitrag zur „Überzeugtheit" des Therapeuten von seinem eigenen Handeln leisten.

Die „transparente Veränderungsabsicht" und die „strukturelle Manipulation" dürfen nicht nur vom persönlichen Ehrgeiz beeinflusst sein, sie müssen auch ernsthafte Sorge, Neugierde und Mut beinhalten.

Neben „Sinn für Humor" sind auch eine gewisse Leidenschaft, Empathie und die Fähigkeit, die eigene Position infrage zu stellen, Voraussetzung, um humorvoll therapeutisch arbeiten zu können.

„Glaubwürdigkeit" und „persönlicher Stil" resultieren schließlich in erster Linie aus der zur Person des Therapeuten passenden Mischung aller Faktoren.

Die eigene Lebenserfahrung bietet schließlich weitere Ressourcen, setzt aber auch den Rahmen und damit die Grenzen dessen, was und wie ein Therapeut mit „Überzeugung" vermitteln und letztendlich bewirken kann.

Hier dürfte noch viel an differenzierter Forschungsarbeit zu leisten sein.

Ausbildung

Wenn Wirkfaktoren formuliert werden, die eine von therapeutischen Schulen und Methoden unabhängige Bedeutung erhalten oder bereits besitzen – wie zum Beispiel „Empathie" –, so stellt sich natürlich auch die Frage, unter welchen Lern- und Ausbildungsbedingungen diese Faktoren entwickelt und gefördert werden können.

Es ist nicht das Ziel der nachfolgenden Kapitel, ein neues Ausbildungskonzept oder eine schulenübergreifende „neue Schule" zu konzipieren, sondern einige zentrale Aspekte herauszuarbeiten, die sich einerseits aus den beschriebenen Faktoren für die „Gestaltung therapeutisch induzierter Veränderung", den persönlichen Faktoren, der Grundhaltung und der beruflichen Entwicklung meiner Gesprächspartner und andererseits aus den Aussagen, die direkt auf die Ausbildung von Therapeuten Bezug nehmen, ableiten lassen.

Hält man die beschriebenen Wirkfaktoren für relevant, so muss dies schließlich für die unterschiedlichsten therapeutischen Ansätze gelten.

Es würde den Rahmen dieser Arbeit sprengen, zu untersuchen, inwieweit einige dieser Wirkfaktoren bereits in verschiedenen Ausbildungsrichtungen berücksichtigt oder mit einbezogen werden.

Es erscheint aber sinnvoll, wichtige Fragestellungen zur Ausbildung von Therapeuten aufzugreifen – wie zum Beispiel eine mehr therapeutenbezogene Perspektive – und mit den aus den Interviews gewonnenen Erkenntnissen zu beleuchten sowie Anregungen auf schulenübergreifender Ebene zu entwickeln.

Auch sollen mögliche Auswirkungen auf die Ausrichtung wissenschaftlicher Forschung wie auf die berufspolitische Perspektive zur Diskussion gestellt werden.

Die in den vorangegangenen Kapiteln beschriebenen Wirkfaktoren und persönlichen Eigenschaften von Psychotherapeuten ermöglichen wichtige Ergänzungen der Ausbildung und in gewisser Weise auch eine neue Perspektive auf ihre Gestaltung.

Die berufliche Entwicklung meiner Interviewpartner, ihre Vorschläge zur Verbesserung der Ausbildung wie auch die aus ihren Aussagen gewonnenen Wirkfaktoren zeigen eindeutig, dass sich die wissenschaftliche Diskussion nicht auf empirische Untersuchungen spezifischer Wirkungen bestimmter therapeutischer Ansätze bei definierten Diagnosegruppen beschränken sollte.

Der Versuch, die so genannten Schwächen verschiedener Therapieschulen wissenschaftlich gegeneinander auszuspielen und die Stärken in ein empirisch gestütztes therapeutisches Einheitsmodell (vgl. Grawe et al. 1994; 1995) überzuführen, muss ebenso zu kurz greifen wie ein auf Philosophie und Theorie bezogenes, mehr summatives Integrationsmodell (vgl. Petzold 1991–1993). Beide Ansätze beziehen zwar Klienten und ihre Anliegen, therapeutische Ansätze und Techniken sowie – mit unterschiedlichen Gewichtungen – die therapeutische Beziehung mit ein, vernachlässigen aber eindeutig die Person des Therapeuten.

Die zentrale Herausforderung für die Ausbildung von Psychotherapeuten kann sich nur an ihrem Ziel orientieren: der erfolgreichen Gestaltung therapeutisch induzierter Veränderung.

Aufgrund der vorliegenden Interviews muss die Fragestellung lauten:

Wie kann sich ein Therapeut zu einem wirksamen Therapeuten entwickeln?

Die in den Interviews skizzierten beruflichen Entwicklungen zeigen deutliche Gemeinsamkeiten. Alle Gesprächspartner haben ihr eigenes Wohlbefinden in der therapeutischen Arbeit, ihren therapeutischen Erfolg, ihr ständiges Bedürfnis, die eigene Arbeit zu verbessern, wie auch die Entwicklung eines persönlichen Stiles stets höher gewichtet als Theorien, Ansätze oder die Zugehörigkeit zu einer therapeutischen Schule. Sie haben sich phasenweise mehr an Therapeutenpersönlichkeiten orientiert als an theoretischen Konzepten und ihre berufliche Identität schließlich nicht mit einer Ideologie oder einer vorgegebenen therapeutischen Methode verbunden.

Eine schulenübergreifende wissenschaftliche Orientierung sowie (unterschiedlich ausgeprägte) eigene Forschungstätigkeit bilden für alle dabei eine ebenso wichtige wie grundlegende Leitlinie.

Zentrales Anliegen für die Ausbildung von Therapeuten ist es somit, nicht nur der Einzigartigkeit von Klienten gerecht zu werden, sondern auch die Einzigartigkeit von Therapeuten zu berücksichtigen und zu fördern, die „Ausbildungskandidaten so ernst zu nehmen wie die Klienten" (Kleinhauz).

Viele Aussagen können generell im Sinne einer stärkeren Flexibilität und Offenheit therapeutischer Schulen und der Förderung integrativer Ansätze interpretiert werden. Doch wird von einigen Gesprächspartnern ebenso – zumindest für die erste Phase der therapeutischen Ausbildung – das Lernen am persönlichen Vorbild oder im Rahmen einer wissenschaftlich orientierten und theoretisch fundierten Ausbildungsinstitution für sinnvoll erachtet.

Madanes hält eklektisches Vorgehen unerfahrener Therapeuten für einen großen Fehler, „weil sie die Orientierung dabei völlig verlieren". Und so plädiert sie dafür, zunächst eine Methode von Grund auf zu lernen. Sie ist überzeugt: „Du kannst nur wirklich integrieren, wenn du älter und viel erfahrener bist" (siehe auch das Kapitel *Eklektizismus und Integration*).

Während Lempp sich für eine gewisse Zeit ein konkretes Lehrer-Schüler-Verhältnis vorstellen kann, plädieren Madanes wie auch Watzlawick und Mrochen mehr für ein Lernen am persönlichen Vorbild, an einem gewählten Modell oder durch Beobachten großer Mentoren.

Farrelly sieht in der Nachahmung generell den schnellsten Weg menschlichen Lernens, der für ihn auch in der Psychotherapie die Voraussetzung dafür bildet, daraus dann einen eigenen persönlichen Stil zu entwickeln.

Für ein mehr kreatives und an der Person des Therapeuten orientiertes Vorgehen plädieren alle Gesprächspartner, den Trend zur weiteren Verschulung halten explizit Stierlin und Mrochen ebenso für kontraproduktiv wie Fromm, die keine neuen Orthodoxien entstehen lassen möchte und sich darüber hinaus von allen am deutlichsten dafür ausspricht, Forschung und Praxis schon während der Ausbildung von Therapeuten besser zu integrieren.

Auch bei den Grundelementen für eine therapeutische Ausbildung ist den meisten Interviewpartnern das individuelle Bedürfnis wichtiger als institutionalisierte Vorschriften. Zum Beispiel wird

Selbsterfahrung zwar durchweg als sinnvoll und wichtig erachtet, aber eine verordnete „Eigentherapie“ – genau genommen in sich schon ein Widerspruch – müsste in erster Linie dem Ziel, also der Wirksamkeit des angehenden Therapeuten, dienen und nicht seiner persönlichen Wichtigkeit (Lempp) oder den Interessen des „Ordens“ (Lempp), was schließlich auch Vorschriften über Art und Dauer einer solchen Therapie als zweifelhaft erscheinen lässt.

Die vermehrte Verwendung von Video betonen Strupp und Mrochen als wichtiges Element der Selbstreflexion, wie sich auch Madanes mehr „Live-Arbeit“, zum Beispiel in der Supervision, wünscht. Farrelly erläutert eindrücklich, wie er angehende Therapeuten auch mit Alltagserfahrungen der Klienten konfrontiert. Darüber hinaus wendet er sich ebenso vehement wie Watzlawick gegen Diagnosen und gegen Kategorisierungen seiner Klienten.

Auch bei der Beurteilung des therapeutischen Erfolges setzen alle Gesprächspartner das subjektive Empfinden und die individuelle Einschätzung ihrer Klienten über theoretische und ideologische Gesichtspunkte oder von Konzepten abgeleitete Lehrmeinungen. Farrelly und Stierlin betonen die Relevanz der Einschätzung wichtiger Bezugspersonen der Klienten, die schließlich die Auswirkungen aus nächster Nähe erleben.

***

Die Funktion therapeutischer Schulen, Institutionen und ihrer Exponenten war in den letzten Jahren vermehrt Anlass kontroverser Diskussionen. Sie könnte – kurz umschrieben – in Zukunft darin gesehen werden, für angehende Therapeuten zunächst eine Auswahl verschiedener Ansätze und Philosophien sowie ein Angebot an Ausbilderpersönlichkeiten und eine gewisse Vielfalt an theoretischem Hintergrund zu gewährleisten, fundiertes Basiswissen zu vermitteln und Praxiserfahrung zu ermöglichen.

Die Schulen müssten sich dabei aber mehr der Förderung, Entwicklung und vor allem der Wirksamkeit der auszubildenden Therapeutenpersönlichkeiten verpflichtet fühlen als der dogmatischen Untermauerung und Abgrenzung des eigenen Ansatzes.

Mit einer gewissen Großzügigkeit, die es erlaubt, „die Unterschiede zu würdigen“ und das vorhandene „konstruktive Potenzial zu entwickeln“ (Mrochen), müsste das anzustrebende Ziel schließlich sein, über Schule und Lehrer gleichsam hinauszuwachsen

(Lempp), so wie es ja auch das Ziel jeder Therapie sein muss, den Therapeuten überflüssig werden zu lassen (Kleinhauz).

Dem lernenden Therapeuten sollte man es ermöglichen, zunächst innerhalb eines bestimmten Ansatzes, dann darüber hinaus, ein für seine Person gemäßes (Lempp) Handeln zu entwickeln. Dieses Erlebnis stellt für Ausbilder und angehende Therapeuten gleichermaßen eine kreative Herausforderung dar und könnte sich wohl auf allen Ebenen (Klienten, Forschung) hilfreich und anregend auswirken.

Eklektizismus und Integration

„Eklektizismus"[5] und „Integration"[6] sind Schlagworte, die in letzter Zeit vielfach gegensätzlich oder abgrenzend, aber oft auch – mangels präziser Definition – synonym verwendet werden (vgl. Tschuschke 2000, S. 155).

Während Vertreter eklektischer Ansätze damit ein erfolgsorientiertes und flexibles Vorgehen bezeichnen, das sich auch in einen „synkretischen", „systematisch-kritischen" „theoretischen" und „technischen" Eklektizismus differenzieren lässt (Huber 1996, S. 228), wird eklektisches Handeln andererseits wiederum pauschal als konzeptloses Herauspflücken und Mischen verschiedenster Techniken ohne den dazugehörenden Hintergrund an Theorie oder Menschenbild verstanden und kritisiert.

Die beiden Begriffe wurden aber nicht nur in der fachlichen Diskussion der letzten Jahre kontrovers gegenübergestellt, sondern auch in den vorliegenden Interviews mit unterschiedlichen Assoziationen und Erfahrungen konnotiert.

5 Im *Etymologischen Wörterbuch des Deutschen* (1995) wird „eklektisch" mit „auswählend, nicht eigenständig (18. Jh.)" und ein „Eklektiker" als Philosoph, der aus verschiedenen philosophischen Systemen einzelne Lehrsätze auswählt bzw. aus Gedanken anderer eine scheinbar eigene Theorie entwickelt, bezeichnet. „Eklektizismus" steht für „unschöpferisches Denken und Schaffen (19. Jh.)".

6 Die Bedeutung von „Integration" wird mit „Zusammenschluss, Eingliederung, Vereinigung, lat.: Wiederherstellung, Erneuerung (19. Jh.)", „integrieren" als „ergänzen, vervollständigen (18. Jh.), in ein größeres Ganzes einfügen und geistig auffrischen" umschrieben (*Etymologisches Wörterbuch des Deutschen*, 1995).

Während sich zum Beispiel Lempp als Eklektiker bezeichnet, der stets darauf bedacht war, ein für ihn gemäßes Vorgehen zu entwickeln, versteht Fromm unter Eklektizismus ein ziemlich undifferenziertes Auswählen und Zusammensetzen unterschiedlichster Techniken. Doch lassen sich gerade die beruflichen Entwicklungen von Lempp und Fromm durchaus vergleichen. Beide sind in ihrem theoretischen Verständnis der psychoanalytischen Theorie nahe bzw. treu geblieben und haben vor allem auf der Ebene therapeutischen Handelns neue oder ergänzende Methoden gesucht, entwickelt und angewendet.

Auch bei anderen Gesprächspartnern tauchen diese Begriffe auf. So hält es Mrochen mit dem Begriff eines „verantwortungsvollen Eklektizismus" nach G. D. Martin und beschreibt, wie er diesen Prozess persönlich erlebt: „… wenn ich merke, ich probier was aus, und es sich mit Leichtigkeit wiederholen lässt, es gut zusammenpasst, und ich habe das Gefühl von Integrität, ich spüre es körperlich und habe entsprechende innere Bilder dazu, ich kann nicht Satir oder Farrelly kopieren, ich muss meinen eigenen Stil finden."

Für Madanes sind Eklektizismus und Integration zwar nicht synonym, aber in zeitlicher Reihenfolge als Schritte desselben Prozesses zu verstehen. Für sie ist Eklektizismus die Voraussetzung für eine folgende Integration, die aber dementsprechend große Erfahrung voraussetzt: „Der strategische Ansatz war schon immer insofern eklektisch, als wir uns von allen Ansätzen das herausnehmen, was wirkt, und es integrieren. Aber es muss funktionieren, sonst ist es keine gute Integration." Weiter führt sie aus: „Es muss klinisch relevant sein. Wenn du glaubst, du kannst diese Person damit motivieren, über jungsche Archetypen zu sprechen, dann tu das, weil es deinen Patienten motivieren kann. Aber wenn es nur gerade auf einer Idee beruht, an der der Therapeut interessiert ist, das ist nicht genug. Ich denke, du kannst nur wirklich integrieren, wenn du älter und viel erfahrener bist und weißt, wie du es anwenden kannst. Für junge Therapeuten ist es besser, an einem Modell zu bleiben und mittels Beispielen und Supervision zu lernen." Für Madanes ist es „viel schwieriger, eklektisch zu arbeiten", und daher „ein großer Fehler, jungen Therapeuten zu sagen: Arbeite eklektisch!".

Gendlin bezeichnet „Focusing" als eine Art Motor, der nicht nur in andere Therapieformen integriert werden und sie so intensivieren kann, sondern als Prozess selbst integrierend wirkt. „Es gibt eine oberflächliche und eine tiefe Variante jeder Methode, Focusing füllt das Loch überall." Daher ist es für ihn unabdingbar, dass Therapeuten die Methoden zunächst „von innen erleben müssen, sonst kann man sie nicht kombinieren", und er ist überzeugt, „wenn man über diese Prozesse (Anm.: der Integration) nicht mit dem körperlichen ‚felt sense' denken kann, bleibt nur ein unzusammenhängendes Menü, aber dann ist man auch kein guter Therapeut."

Da Kleinhauz Flexibilität im Denken („wenn du ausschließlich im psychoanalytischen oder behavioristischen oder systemischen Rahmen denkst, dann bist du nicht flexibel") als wichtige Fähigkeit postuliert, hält er es gerade für ein Kennzeichen eines guten Therapeuten, Techniken des einen Ansatzes wirkungsvoll mit einem anderen verbinden zu können. „Du solltest beispielsweise hypnotherapeutische, verhaltenstherapeutische und familientherapeutische Techniken beherrschen und sie entsprechend den Bedürfnissen des Patienten kombinieren können."

Strupp verweist auf Forschungsergebnisse, die schließlich die Frage eklektisch versus integrativ deutlich relativieren: Die Überzeugung des Therapeuten von seinem Ansatz ist ein weit bedeutsamerer Wirkfaktor als der Ansatz selbst.

Seine eigene Erfahrung als Therapeut und Forscher bekräftigt dies: „Ich denke, die Technik an sich ist nicht sehr wichtig, es ist die Person in Kombination mit der Technik. Die eigene Lebenserfahrung ist viel wichtiger als jede Technik und jedes Fachbuch." Darüber hinaus macht er deutlich, dass integratives oder eklektisches Vorgehen in erster Linie am Therapieverlauf, das heißt an der Überzeugung oder Glaubwürdigkeit des Therapeuten, gemessen werden müssen und therapeutische Ansätze und Techniken nicht nur zueinander, sondern vor allem auch zur Person und Haltung des Therapeuten passen müssen. Integration beginnt also nicht erst dann, wenn zwei oder mehrere therapeutische Ansätze oder Techniken miteinander in Beziehung gebracht werden.

Stierlin wünscht sich ein integratives Modell für die Psychotherapie. Er hält die bisherigen Ansätze nicht wirklich für überzeugend, da sie schon den einzelnen Grundkonzepten nicht gerecht würden. Darüber hinaus sieht er sein therapeutisches Grundverständnis in Zusammenhang mit dem Wandel gesellschaftspolitischer und sozialer Strukturen wie auch mit dem Gerechtigkeitsdialog. Für Stierlin ist der Integrationsprozess auf dieser Ebene eine immense und noch nicht bewältigte Herausforderung für Therapeuten.

Aus den Interviews mit Farrelly und Watzlawick lassen sich die Begriffe Eklektizismus und Integration nicht konkret erschließen.

Die Position des Radikalen Konstruktivismus ergibt für Watzlawick eine klare Haltung und Zielsetzung für den Therapeuten, sich in die Wirklichkeit des Klienten hineinzubegeben, „in seiner Sprache zu sprechen" und erfolgreich Veränderungen anzubahnen sowie Lösungen zu ermöglichen. Ob die von ihm beschriebene „Einzigartigkeit" jeder Therapie von Vertretern anderer Ansätze als letztendlich eklektisches Vorgehen bezeichnet werden könnte, ist wohl nicht so sehr von Belang als die deutlich in den Fallbeispielen und im Interview vorherrschende „Überzeugtheit von seinem eigenen Ansatz".

Für Farrelly ist Nachahmung der schnellste Weg menschlichen Lernens: „Als ich die ersten Bücher über Klientzentrierte Therapie gelesen und eine Tonbandaufzeichnung gehört hatte, nahm ich mir vor, im nächsten therapeutischen Gespräch bist du Carl Rogers persönlich. Du kannst wie jemand anderer sein, mit der Zeit Aspekte beiseite legen und andere betonen, so wie es besser zu dir passt." Authentizität, Kongruenz und Glaubwürdigkeit seien für ihn zwar zentrale Kriterien für diesen Lern- und Entwicklungsprozess, „mehr aber noch: Herz und Empathie".

Glaubwürdigkeit, Authentizität, Plausibilität oder Vertrauenswürdigkeit wurden von allen Interviewpartner deutlich hervorgehoben (siehe das Kapitel *Glaubwürdigkeit und persönlicher Stil*) und bilden zusammen mit der von Strupp erläuterten „Überzeugtheit des Therapeuten von seinem eigenen Handeln" das Kriterium dafür, ob ein „integratives" oder „verantwortungsvoll eklektisches" Vorgehen wirkungsvoll wird oder nicht.

In ihren Aussagen wie auch in ihrem beruflichen Werdegang beschreiben alle Gesprächspartner auf persönliche Weise einen Lernprozess, der sowohl als „eklektisch" als auch als „integrativ" bezeichnet werden kann. Alle haben im Laufe ihrer Karriere stets und auf sehr vergleichbare Art und Weise versucht, ihr therapeutisches Handeln zu erweitern, über den Rand therapeutischer Ansätze hinauszublicken, Neues zu erfahren und zu entwickeln, auszuprobieren, zu kombinieren und dem eigenen Stil, der eigenen Person und dem eigenen Weltbild und vor allem den Anliegen und Bedürfnissen ihrer Klienten anzupassen.

***

So ergibt es vielleicht noch Sinn, in Zukunft die Begriffe „Eklektizismus“ und „Integration“ in ihrer wörtlichen Bedeutung ergänzend als Schritte therapeutischer Entwicklung zu verstehen und (neu) zu definieren.

Darüber hinaus zeigen die Interviews aber auch deutlich, dass „Eklektizismus“ und „Integration“ als therapeutische Haltungen oder Konzepte bisher letztendlich mehr den scheinbaren oder ideologischen Abgrenzungen therapeutischer Schulen dienten als der Entwicklung schulenübergreifend wirksamen Denkens und Handelns in der Psychotherapie.

Wird das therapeutische Handeln in erster Linie aufgrund seines beziehungsgestaltenden und seines technischen Aspektes sowie auf sein Veränderungspotenzial hin bewertet, werden künstliche Begriffe wie „eklektisch“ oder „integrativ“ überflüssig.

Der persönliche Entwicklungsprozess von Therapeuten scheint sich weder durch „empirischen Eklektizismus“ einerseits noch durch bereits vorgefertigte „integrative Ansätze“ andererseits beschleunigen oder gar abkürzen zu lassen. Meine Interviewpartner und ihr beruflicher Werdegang sprechen hier eine deutliche und – wenn auch mit verschiedenen Worten und Schwerpunkten – einheitliche Sprache.

Perspektiven

Zumindest im deutschen Sprachraum hat die von Grawe und Mitarbeitern (Grawe et al. 1994) vorgelegte Metaanalyse empirischer Studien über die Wirksamkeit verschiedener therapeutischer Ansätze viel Beachtung erfahren, aber auch kontroverse Reaktionen ausgelöst. Nach einer hierarchischen Bewertung therapeutischer Methoden und Ansätze mit großem Bekanntheits- und Anerkennungsgrad wie auch therapeutischer Zusatzaus- und Weiterbildungen kristallisiert Grawe wichtige „therapeutische Wirkfaktoren"[7] heraus und plädiert für die Abschaffung therapeutischer Schulen und an bestimmten Methoden orientierter Institutionen, „die ihre Schuldigkeit getan haben" (so auf einem Vortrag 1995 in Zürich). Er fordert eine „allgemeine Psychotherapie" (Grawe 1995), die er inzwischen als „psychologische Therapie" zu etablieren versucht.

Was auch immer Grawes Absicht gewesen sein mag oder noch ist, die bestehenden Therapieschulen haben „aufgerüstet" oder beginnen damit; und mit Grawes „psychologischer Therapie" sind zusätzlich neue, an Universitäten gebundene Therapieschulen entstanden. Die Grabenkämpfe und Abgrenzungsversuche nehmen größere Dimensionen an, und die Energie geht nur selten in die Richtung schulenübergreifenden Denkens und Handelns.

Vertreter einer vor allem empirisch ausgerichteten Psychotherapie, wie Grawe, verfolgen damit auch noch ein berufspolitisches Ziel, die Eingliederung der Psychotherapie als psychologische Disziplin, vergleichbar der Schul- oder der Verkehrspsychologie.

Ein völlig anderes, von Praktikern weniger beachtetes Modell und Vorgehen beschreibt Petzold (1993) in seinem mehrbändigen

7 Schulenunabhängige Wirkfaktoren: Ressourcenaktivierung, Problemaktualisierung, aktive Hilfe zur Problembewältigung und motivationale Klärung.

Werk *Integrative Therapie*. Er versucht, ein allumfassendes Konzept der Psychotherapie zu entwerfen, das in erster Linie auf philosophischer und theoretischer Ebene Methoden, Ansätze und Menschenbild wie auch Behandlungsmodelle zu integrieren versucht. Bisher hat die integrative Bewegung an seinem Ausbildungsinstitut zu einer mehr summativen Vermehrung von Ausbildungsgängen mit verschieden hohen Anforderungen an die Grundausbildung angehender Therapeuten geführt. Ein wirklich „integratives Modell von Psychotherapie", wie zum Beispiel Stierlin es sich wünscht, steht noch aus.

Die amerikanischen Autoren Miller, Duncan und Hubble (2000) halten „eine gemeinsame Sprache in der Psychotherapie" für die Voraussetzung einer konstruktiven und integrativen Weiterentwicklung der Psychotherapie in Forschung und Praxis. Nach ihrer Auswertung der wissenschaftlichen Forschung ist es nicht wesentlich, welchen Ansatz oder welche Techniken Psychotherapeuten anwenden, während sich andererseits schulenübergreifend essenzielle Wirkfaktoren formulieren lassen.

Für Herzka ist die philosophische Grundhaltung der „Dialogik" auch im Bereich der Psychiatrie und Psychotherapie „die Basis für therapeutische und diagnostische Kooperation und Koordination unterschiedlicher und widersprüchlicher Konzepte und Methoden". Das Konzept der Dialogik zielt weder auf eine Synthese noch auf eine bewertende Hierarchie oder einen unreflektierten Eklektizismus ab, sondern darauf, wie zwei widersprüchliche Begriffe, Ansätze oder Methoden „gleichzeitig und gleichwertig ein Ganzes ausmachen". Dabei wird versucht, die permanenten Widersprüche nicht nur zu akzeptieren, sondern für ein gemeinsames, übergeordnetes Ziel zu nutzen (Herzka 1999). Integration unter dialogischer Perspektive bedeutet auf dem Gebiet der Psychotherapie, dass auf der theoretischen, der methodischen und der Handlungsebene „eine Verknüpfung von gegensätzlichen und selbstständigen, jedoch miteinander ein sinnvolles Ganzes bildenden Handlungs- und Denkprinzipien zu realisieren versucht wird". Sie kann so die Grundlage für eine wissenschaftliche Metatheorie bilden (Herzka u. Reukauf 1999).

Wie lassen sich nun die Aussagen und der jeweilige berufliche Werdegang meiner Interviewpartner in eine mögliche Diskussion zur weiteren Entwicklung der Psychotherapie und der Ausbildung von Therapeuten einbringen?

Bestehen übereinstimmende Haltungen und Schwerpunkte, und gibt es aufgrund der Aussagen zur Ausbildung von Therapeuten einerseits wie aufgrund der beruflichen Entwicklung jedes einzelnen Befragten andererseits klar erkennbare Grundsätze oder Leitlinien für die Zukunft?

Die in Europa berufspolitisch heiß umstrittene und oft mit anderen Deckmäntelchen kaschierte Grundsatzfrage: „Ist Psychotherapie ein eigenes Berufsbild, das heißt eine eigene Fachdisziplin mit interdisziplinärem Zugang, oder ein reines Fach- und Anwendungsgebiet der universitären Psychologie?", kann und soll hier nicht endgültig beantwortet werden, zumal in den Interviews diese Frage nicht explizit gestellt wurde und die machtpolitischen Interessen hier eine mindestens ebenso große Rolle spielen wie fachliche Argumente.

Es scheint mir aber doch von Interesse, die berufliche Karriere meiner Gesprächspartner auch unter diesem Gesichtspunkt kurz zu beleuchten, auch wenn ihr „Grundstudium" schon beträchtliche Zeit zurückliegen mag.

Dem klassischen Berufsbild der universitären Psychologen kann wohl neben Fromm und Strupp nur noch Madanes zugerechnet werden. Zu den drei Ärzten, Lempp, Kleinhauz und Stierlin – der auch noch in Philosophie promovierte – kommen noch ein Sprachwissenschaftler, Watzlawick, ein Philosoph, Gendlin, ein Pädagoge (und Psychologe), Mrochen, und schließlich Farrelly als universitär ausgebildeter Sozialarbeiter hinzu. Ein ebenso heterogenes wie andererseits realitätsnahes Abbild der psychotherapeutischen Wirklichkeit. Die Grundausbildung der Interviewpartner war kein Kriterium für ihre Auswahl. Die Verteilung ist zufällig und dürfte trotzdem nicht sehr von der Ausbildungssituation praktisch tätiger Psychotherapeuten – zumindest im deutschsprachigen Raum – abweichen.

Psychologie und Medizin ergeben bei meinen zehn Interviewpartnern sechzig, zusammen mit Pädagogik und Sozialpädagogik (klinische Sozialarbeit, USA) achtzig Prozent der Grundausbildungen, andererseits haben nur dreißig Prozent der Befragten Psychologie als Hauptfach an einer Universität studiert. Ob gerade Letztere die einzige zulässige Grundausbildung für die Psychotherapie der Zukunft werden sollte, dafür lässt sich zumindest aus diesen Interviews kein fachbezogenes Argument entdecken.

Es darf wohl allen – zusammen mit Grawe und Petzold – darin Einigkeit unterstellt werden, dass die Zeiten für eine ausschließlich auf eine Schule oder Methode orientierte Ausbildung und Identifikation von Psychotherapeuten endgültig der Vergangenheit angehören sollten.

Die berufliche Entwicklung meiner Gesprächspartner und auch ihre Aussagen können aber dahin gehend interpretiert werden, dass therapeutische Schulen durchaus weiterhin einen Teil der Ausbildung gestalten könnten und sollten, wenn sie schulenübergreifende Perspektiven und Zielsetzungen umfassen.

Eine Vielfalt wissenschaftlich orientierter anerkannter Ausbildungen und Schulen mit unterschiedlichem therapeutischem Ansatz und unterschiedlicher Philosophie könnte auch in Zukunft ein breites Angebot für angehende Therapeuten gewährleisten. Es ist schließlich nicht anzunehmen, dass sich alle angehenden Therapeuten von einem einzigen Modell gleichermaßen im eigenen Weltbild wie in Bezug auf die eigene therapeutische Denk- und Handlungsweise angesprochen fühlen.

Es ist daher nicht notwendig, therapeutische Schulen und gewachsene Institutionen oder Strukturen aufzulösen oder zu bekämpfen, wenn sie sich auf übergeordnete, gemeinsame Wirkfaktoren und eine gemeinsame Sprache für die Beurteilung therapeutischer Prozesse verständigen können.

Ziel einer jeden Ausbildungsinstitution muss es in erster Linie sein, möglichst wirksame Therapeutenpersönlichkeiten heranzubilden, die in absehbarer Zeit über Schule und Lehrer hinauswachsen, sich auch in neuen Ansätzen und Methoden weiterbilden und ihren eigenen therapeutischen Stil entwickeln. Es sollte nicht darum gehen zu beweisen, dass ein bestimmter therapeutischer Ansatz einem anderen unter gewissen Bedingungen überlegen sein kann, sondern darum, Forschung und Entwicklung dahin gehend zu fördern, dass sich bestimmte Personen mit einem bestimmten Ansatz zu wirkungsvollen Therapeuten entwickeln können.[8]

8 Es sei nur am Rande erwähnt, dass vergleichende Effektivitätsstudien in der Regel sowohl die Vorauswahl von Klienten wie auch die Vorauswahl von Therapeuten (siehe auch das Kapitel *Transparente Veränderungsabsicht und -erwartung*) vernachlässigen und die „gemessene" Effektivität nur bedingt auf die allgemeine Praxis übertragen werden kann, weil sie nicht ausschließlich auf eine spezifische Interventionstechnik zurückzuführen ist.

Wenn sich zum Beispiel ein Psychoanalytiker, ein Gesprächspsychotherapeut und ein Verhaltenstherapeut in erster Linie als Psychotherapeuten identifizieren und sich einer gemeinsamen Zielsetzung wie der „Gestaltung therapeutisch induzierter Veränderung" verpflichtet fühlen, dann können sie ihre unterschiedliche therapeutische Haltung, das unterschiedliche Setting und ihr spezifisch therapeutisches Handeln im Hinblick auf die beziehungsgestaltenden und technischen Aspekte wie auch im Hinblick auf das Veränderungspotenzial vergleichen und über gemeinsame Wirkfaktoren diskutieren.

Es ist anzunehmen, dass Therapeuten und ihre Klienten von diesem Austausch nachhaltig profitieren werden, wenn es nicht mehr darum geht, welche therapeutische Methode einer anderen überlegen zu sein scheint, sondern darum, wie jeder Therapeut lernen kann, sein Denken und Handeln wirkungsvoller zu gestalten.

Dass solch eine fachliche und schulenübergreifende (nicht die Schulen bekämpfende) Auseinandersetzung nicht nur erfolgversprechender ist, sondern auch mehr Spaß machen kann als verbissene Abgrenzungs- und Grabenkämpfe, muss wohl nicht mehr besonders betont werden.

Anhang: Methodik

Qualitative Psychotherapieforschung

Obwohl sich die qualitative Forschung auf den Gebieten der Sozialwissenschaften und der Psychologie inzwischen etabliert hat, Mayring (1999) spricht von einer „qualitativen Wende", liegt der Schwerpunkt der Psychotherapieforschung für Fischer, Frommer und Klein (Fischer et al. 1998) noch zu einseitig bei quantitativen und reduktionistischen Bewertungskriterien zur Beurteilung von Erfolg und Verlauf psychotherapeutischer Behandlungen. „Diese methodologische Vorentscheidung erschwerte es dem praktizierenden Psychotherapeuten bislang, seine klinischen Erfahrungen und die Schwierigkeiten seiner alltäglichen Praxis in den manchmal sensationell präsentierten Erfolgsstatistiken wiederzufinden" (ebd., S. 167). Für Fischer ist es darüber hinaus in Zukunft vermehrt notwendig, auch „die Mitteilung quantitativer Ergebnisse durch qualitative Kriterien zu ergänzen" (S. 188).

Mayring (1999) formuliert die Grundlagen qualitativen Denkens in fünf Postulaten:

1. Gegenstand humanwissenschaftlicher Forschung sind immer Menschen, Subjekte. Die von der Forschungsfrage betroffenen Subjekte müssen Ausgangspunkt und Ziel der Untersuchungen sein.
2. Am Anfang jeder Analyse muss eine genaue und umfassende Beschreibung des Gegenstandes stehen *(Deskription).*
3. Der Untersuchungsgegenstand der Humanwissenschaften liegt nie völlig offen, er muss immer auch durch Interpretation erschlossen werden.

4. Humanwissenschaftliche Gegenstände müssen immer möglichst in ihrem natürlichen, alltäglichen Umfeld untersucht werden.
5. Die Verallgemeinerbarkeit der Ergebnisse humanwissenschaftlicher Forschung stellt sich nicht automatisch über bestimmte Verfahren her; sie muss im Einzelfall schrittweise begründet werden (ebd., S. 10–12).

Ausgehend von diesen fünf Postulaten, differenziert Mayring weiter zu einem schließlich aus 13 Säulen bestehenden Modell, „um die Postulate auf der Theorieebene so zu konstruieren, dass der Zusammenhang zu den später vorgestellten Techniken deutlich wird" (S. 13 ff.). Diese 13 Säulen bilden die Grundlage zur Entwicklung qualitativer Untersuchungspläne und -verfahren.

Das Postulat der Orientierung am Subjekt lässt sich weiter differenzieren.

So soll die *Ganzheit* des Subjektes mit berücksichtigt werden, da die isolierte Betrachtung einzelner Aspekte menschlichen Daseins ohne Rückbezug auf den ganzen Menschen zu Fehlern führen kann.

Das Subjekt soll aber auch in seiner Gewordenheit *(Historizität)* gesehen werden. Qualitatives Denken muss immer historisch sein, da humanwissenschaftliche Gegenstände immer eine Geschichte haben und sich immer verändern können.

Schließlich muss subjektbezogene Forschung auch stets an den konkreten praktischen Problemen ihres Gegenstandsbereichs *(Problemorientierung)* ansetzen und ihre Ergebnisse dann wieder auf die Praxis beziehen.

Das Postulat der sorgfältigen Deskription umfasst die *Einzelfallbezogenheit*, an der die genaue Beschreibung ansetzt. An Einzelfällen kann die Angemessenheit von Verfahrensweisen und Ergebnisinterpretationen laufend überprüft werden.

Genaue Beschreibung ist darüber hinaus nur möglich, wenn der Forschungsprozess dem Gegenstand gegenüber in großer *Offenheit* gehalten wird, damit Neufassungen, Ergänzungen und Revisionen sowohl der theoretischen Strukturierungen und Hypothesen als auch der Methoden möglich sind, falls der Forschungsgegenstand dies erfordert.

Dabei müssen trotz der Offenheit die angewandten Methoden genau kontrolliert *(Kontrolle)* werden. Die einzelnen Verfahrensschritte müssen transparent dokumentiert werden und nach begründeten Regeln ablaufen.

Das Postulat der Interpretation erfordert, dass ein aufseiten des Untersuchers stets vorhandenes *Vorverständnis* bezüglich des Forschungsgegenstandes explizit dargestellt werden und schrittweise weiterentwickelt werden muss.

Das Zulassen eigener subjektiver Erfahrungen mit dem Forschungsgegenstand, im Sinne einer *Introspektion*, stellt ein legitimes Mittel der Erkenntnis dar, wenn diese introspektiven Daten als solche ausgewiesen, begründet und überprüft werden. Forschung ist immer auch als *Forscher-Gegenstands-Interaktion* und somit als Prozess der Auseinandersetzung aufzufassen, in dem sich Forscher und Gegenstand verändern, in dem subjektive Bedeutungen entstehen und sich wandeln.

Das Postulat der schrittweisen Verallgemeinerung lässt sich schließlich weiter differenzieren in eine *argumentative Verallgemeinerung*, die begründen soll, warum eine Verallgemeinerung zulässig ist. Diese Begründung muss argumentativ absichern, welche Ergebnisse auf welche Situationen, Bereiche und Zeiten hin generalisiert werden können.

Qualitatives Denken lässt ein induktives Vorgehen *(Induktion)* explizit zu: Aus einzelnen Beobachtungen werden die ersten Zusammenhangsvermutungen gewonnen, die dann durch systematische weitere Beobachtungen zu erhärten versucht werden. Zur Stützung der Verallgemeinerung der Ergebnisse spielen induktive Verfahren eine wichtige Rolle, sie müssen jedoch kontrolliert werden.

Menschen funktionieren nicht automatisch nach Gesetzen, es lassen sich höchstens Regelmäßigkeiten in ihrem Denken, Fühlen und Handeln entdecken. Daher werden Gleichförmigkeiten im humanwissenschaftlichen Gegenstandsbereich nicht mit allgemein gültigen Gesetzen, sondern mit kontextgebundenen Regeln abgebildet *(Regelbegriff)*.

Es ist eine wichtige Funktion qualitativen Denkens, sinnvolle Quantifizierungen zu ermöglichen *(Quantifizierbarkeit)* und damit eine Verbindung zu quantitativem Vorgehen herzustellen. Dies kann auf verschiedenen Ebenen geschehen. Es werden im Forschungsprozess die Punkte aufgezeigt, an denen quantitative Analyseschritte einsetzen können. Zum anderen können durch qualitative Analysen erst die Einheiten gebildet werden, die dann Grundlage der mathematischen Operationen werden. So können auch in qualitativen Studien – mittels qualitativer Analyse – die Voraussetzungen für sinnvolle Quantifizierungen zur Absicherung und Verallgemeinerbarkeit der Ergebnisse geschaffen werden.

Verfahren qualitativer Analyse

Mayring (1999) unterscheidet die wichtigsten qualitativen Verfahren in *Erhebungstechniken*, *Aufbereitungstechniken* und *Auswertungstechniken* und betont, dass es sich in ihrer Beschreibung sozusagen um Prototypen handelt. „Für eine konkrete Fragestellung können, ja sollen sie modifiziert, an die jeweiligen Bedingungen und Bedürfnisse angepasst werden. Das ist ja gerade eine der Stärken qualitativer Forschung, dass durch diese Flexibilität die Ergebnisse gegenstandsadäquater werden können" (ebd., S. 48).

Zu den wichtigsten sprachlichen Erhebungsverfahren zählt Mayring das *problemzentrierte Interview,* das sich besonders für theoriegeleitete Forschung eignet, „überall dort, wo schon einiges über den Gegenstand bekannt ist, wo dezidierte, spezifischere Fragestellungen im Vordergrund stehen" (S. 52). Er skizziert den Ablauf in fünf Schritten:

1. Problemanalyse
2. Leitfadenkonstruktion
3. Pilotphase: Leitfadenerprobung und Interviewschulung
4. Interviewdurchführung (Sondierungsfragen, Leitfadenfragen, Ad-hoc-Fragen)
5. Aufzeichnung.

Eine teilweise Standardisierung, die die Vergleichbarkeit mehrerer Interviews erleichtert, entsteht durch den Leitfaden. Das Material aus mehreren Gesprächen kann auf den Leitfaden bezogen und somit leichter ausgewertet werden. Eine größerer Fallzahl ermöglicht eine bessere Verallgemeinerung der Ergebnisse.

Die Deskription, eine genaue und angemessene Beschreibung des Forschungsgegenstandes, ist ein zentrales Anliegen qualitativer Forschung. Zu den möglichen Aufbereitungsverfahren gehört die *wörtliche Transkription*. Sie ist zwar in der Regel sehr aufwendig, ermöglicht aber eine ausführliche Auswertung, das Vergleichen von Textstellen und schafft die Basis für Interpretationen, da die Aussagen in ihrem Kontext gesehen werden können.

Unter den von Mayring (1999) übersichtlich beschriebenen Auswertungsverfahren werden hier diejenigen kurz beschrieben, die den wissenschaftlichen Rahmen für die Auswertung der Interviews bilden.

Zunächst soll die *gegenstandsbezogene Theoriebildung*, ein von Glaser u. Strauss (1967, 1998) in den 60er-Jahren als *grounded theory* entwickelter Prozess, dargestellt werden. Kernpunkt der gegenstandsbezogenen Theoriebildung ist das Entwickeln, Verfeinern und Verknüpfen theoretischer Konzepte, Hypothesen und Konstrukte während der Datensammlung, eine Überschneidung von Erhebung und Auswertung der Daten. Das zentrale Instrument beim Erarbeiten gegenstandsbezogener Theorieelemente sind Merkzettel: *Memos*. Immer wenn der Forscher in der Erhebungsphase auf zentrale Aspekte stößt, heißt die Handlungsanweisung: „Stop and memo!" Solche Memos können zur Differenzierung, Klärung oder Konkretisierung dienen und zur Bildung von Auswertungskategorien *(Kodes)* führen. Bei den Memos müsssen die konkreten Kontextbedingungen festgehalten werden. Ist ein Memo zu einem bestimmten Aspekt angelegt worden, so wird versucht, es durch zusätzliche Analysen und Beobachtungen auszuarbeiten und zu vervollständigen. In einem nächsten Schritt wird dann versucht, die Konzepte durch einen Vergleich der Memos mit den Kodes miteinander zu verknüpfen. Auch das kann wiederum Einfluss auf die weitere Datenerhebung haben. Diese Kreisprozesse führen schließlich zur endgültigen Fassung der theoretischen Konzepte, der *grounded theory*.

Die gegenstandsbezogene Theoriebildung lässt sich folgendermaßen darstellen:

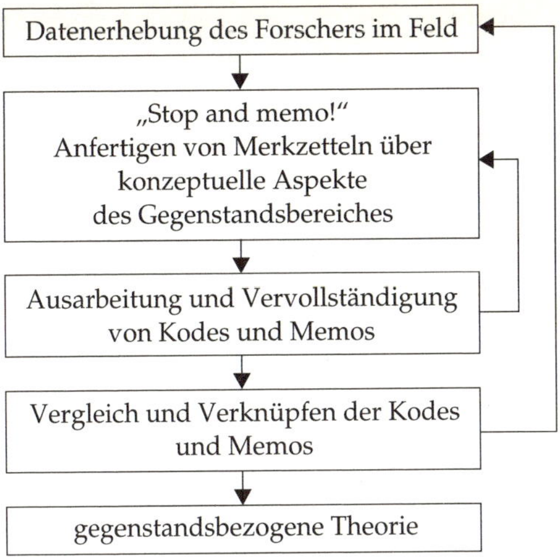

Abb. 1: Ablaufmodell gegenstandsbezogener Theoriebildung nach Glaser und Strauss (zit. nach Mayring 1999, S. 84)

Ein weiteres Auswertungsverfahren ist die *phänomenologische Analyse*, die ursprünglich von Edmund Husserl (1859–1938) als philosophische Methode begründet wurde und seit den 70er-Jahren innerhalb der Psychologie wieder an Bedeutung gewonnen hat. Die phänomenologische Analyse setzt an der Perspektive, den subjektiven Bedeutungsstrukturen und Intentionen des einzelnen Menschen an. Ziel ist es, nicht an der Oberfläche von Erscheinungen zu bleiben, sondern zum Wesenskern vorzudringen. Der Kerngedanke dieser eidetischen Reduktion, der Zurückführung auf das Wesentliche, ist dabei die Variation. Ein Phänomen wird in unterschiedlichen Kontexten verglichen, was dabei unverändert bleibt, kann Hinweise über das Wesen des Phänomens geben. Beabsichtigt wird die gezielte Analyse einzelner Phänomene, deren Definition einen ersten Schritt darstellen. Giorgi, ein führender Vertreter dieser Methode, schlägt vier weitere Schritte vor (nach Mayring 1999). Zunächst soll das ganze Material durchgegangen werden, um den generellen Sinn des Ganzen aufzuschließen. Dann wird versucht, im Hinblick auf das zu untersuchende Phänomen Bedeutungseinheiten zu bilden, die in einem dritten Schritt auf das Phänomen hin interpretiert werden können. Schließlich werden die interpretierten Bedeutungseinheiten miteinander verglichen, verknüpft und zu einer generellen Phänomeninterpretation synthetisiert.

Die phänomenologische Analyse kann folgendermaßen dargestellt werden:

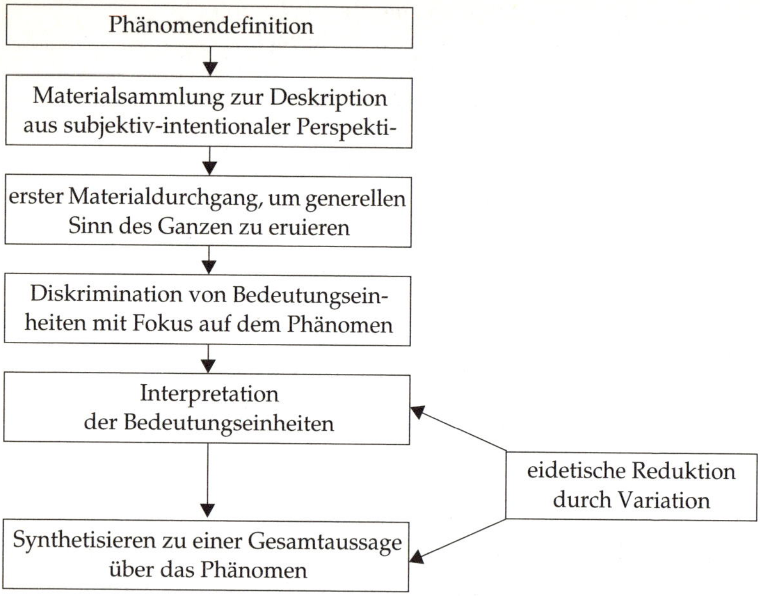

Abb. 2: Ablaufmodell der phänomenologischen Analyse (Mayring 1999, S. 87)

Schließlich soll noch die *typologische Analyse* skizziert werden. Sie basiert auf dem vom Soziologen Max Weber um 1900 entwickelten Konzept des idealtypischen Verstehens. Diese Art der Analyse empfiehlt sich, wenn in eine Fülle explorativen Materials Ordnung gebracht werden soll und um Grundlagen für die zukünftige Konzept- und Theoriebildung zu schaffen. Für ein kontrolliertes Vorgehen ist entscheidend, nach der Festlegung von Fragestellung und Material Typisierungsdimensionen und -kriterien festzulegen, konkret: über welche Materialbestandteile typisiert werden soll (zum Beispiel Reaktionsformen, Handlungsorientierungen, emotionale Befindlichkeiten ...). Das Vorgehen besteht hauptsächlich in zwei Materialdurchgängen. Zuerst müssen Typendimensionen und -kriterien festgelegt werden, dann in einem zweiten Durchgang mit diesem Set an Typen (in der Regel zwei bis zehn) das Material herausgefiltert werden, das die Typen besonders anschaulich und detailliert beschreiben kann. Als Typisierungskriterium stehen zur Verfügung: Idealtypen, besonders häufige Fälle als Typen, besonders seltene

Fälle, Extremtypen, Fälle von besonderer theoretischer Interessantheit als Typen.

Die typologische Analyse kann folgendermaßen veranschaulicht werden:

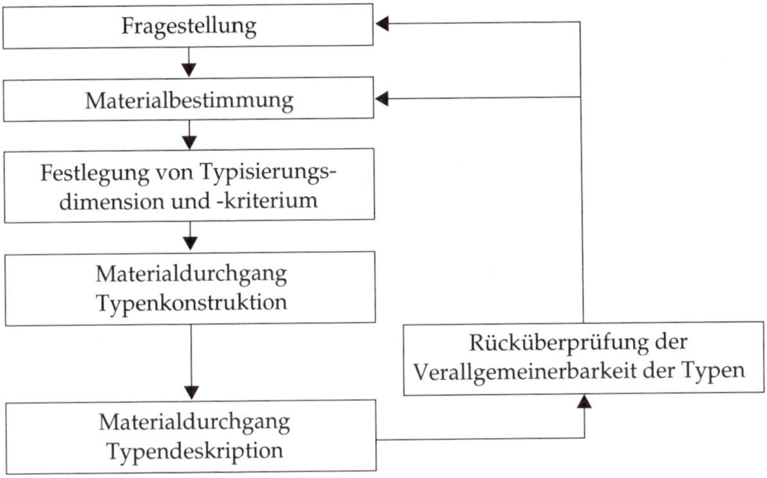

Abb. 3: Ablaufplan der typologischen Analyse (nach Mayring 1999, S. 107)

Diese zentralen Schritte sind nach Mayring weiter differenzierbar mittels strukturierender Elemente der *qualitativen Inhaltsanalyse*, ausführlich dargestellt in Mayring (1997). Die qualitative Inhaltsanalyse umfasst unter anderem auch die Technik der *inhaltsanalytischen Zusammenfassung*, die hier ergänzend erwähnt werden soll, da sie in der vorliegenden Arbeit zur Anwendung kommt. Ziel dieser Zusammenfassung ist es, das Material so zu reduzieren, dass die wesentlichen Inhalte erhalten bleiben, und ein überschaubares „Korpus" zu schaffen, das immer noch ein Abbild des Grundmaterials ist. Darüber hinaus lässt sie sich zur *induktiven Kategorienbildung* nutzen. Dies ist auch ein zentraler Prozess der *grounded theory*, der dort mit *offenem Kodieren* bezeichnet wird (s. o.). Es muss deduktiv ein Selektionskriterium für die Kategorienbildung festgelegt werden, das mit theoretischen Überlegungen zu Gegenstand und Ziel der Analyse begründet wird. Mit dieser Definition wird das Material Zeile für Zeile durchgearbeitet. Wird das erste Mal eine zur Kategoriendefinition passende Textstelle gefunden, wird dafür eine Kategorie konstruiert. Ein Begriff oder Satz, der möglichst nahe am Material formuliert ist, dient als Kategorienbezeichnung. Wird im weiteren Verlauf eine weitere dazu passende Textstelle gefunden, so wird sie dieser Kategorie ebenfalls zugeordnet (Subsumtion). Textstellen, die die Kategoriendefinition erfüllen, aber nicht in die bereits induktiv gebildete Kategorie passen, bilden neue induktiv erschlossene Kategorien. Wenn nach einem Teil des Materialdurchgangs (etwa 10–50 %) keine neuen Kategorien mehr gebildet werden können, wird das Kategoriensystem überarbeitet. Es wird geprüft, ob Logik und Abstraktionsgrad zur Fragestellung und zum Gegenstand passen. Das Ergebnis dieser Analyse ist ein Set von Kategorien zu einer bestimmten Thematik, dem bestimmte Textstellen zugeordnet werden können (Mayring 1999, S. 92 f.).

Die induktive Kategorienbildung lässt sich als Prozess darstellen:

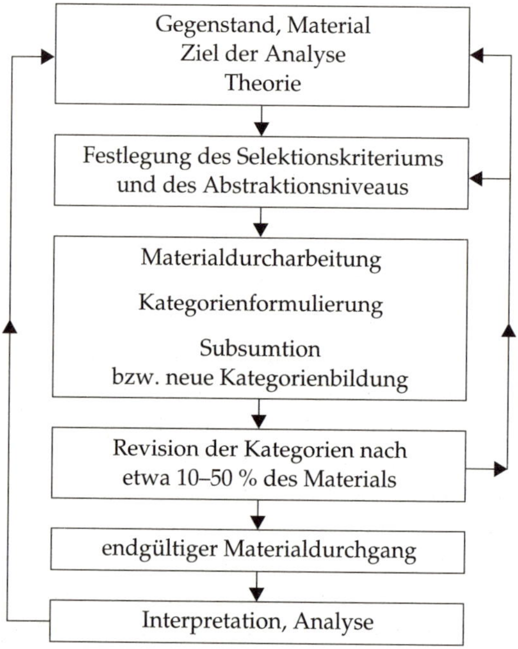

Abb. 4: Prozessmodell induktiver Kategorienbildung (nach Mayring 1997, S. 75)

Zusammenfassend plädiert Mayring dafür, Techniken der Erhebung, Aufbereitung und Auswertung, also die Zusammenstellung des gesamten Analyseinstrumentariums, auf den Gegenstand und die Fragestellung der Untersuchung zu beziehen. Er bemängelt einen neueren Trend, aus theoretischen wie persönlichen Vorlieben oder aufgrund von Schulendenken nur eine einzige Methode zu verwenden und nach Gegenständen zu suchen, die zu ihr passen. Kreative qualitative Forschung bedeute nicht Einseitigkeit und Methodenfixierung, sondern Vielfalt und Gegenstandsbezogenheit.

Zusammenfassung

Um schulenübergreifende Wirkfaktoren zu erarbeiten, wurden zehn ausgewiesene und international bekannte Kapazitäten auf dem Gebiet der Psychotherapie ausgewählt und in persönlich geführten Interviews befragt: Reinhart Lempp, Moris Kleinhauz, Siegfried Mrochen, Frank Farrelly, Erika Fromm, Hans H. Strupp, Eugene Gendlin, Paul Watzlawick, Helm Stierlin und Cloé Madanes. Die Interviews wurden transkribiert, zusammengefasst und mit qualitativen Forschungsmethoden ausgewertet.

Als breit abgesicherte Wirkfaktoren ließen sich „Empathie und Einfühlungsvermögen", „therapeutische Intensität", „transparente Veränderungsabsicht und -erwartung", „Humor", „aktive Führungsarbeit und strukturelle Manipulation" sowie „Glaubwürdigkeit und persönlicher Stil" beschreiben und mit persönlichen Faktoren und der therapeutischen Grundhaltung in Beziehung setzen.

Darüber hinaus haben alle Interviewpartner – schulenunabhängig – spezielle Vorgehensweisen und Strategien entwickelt, die auf eine „therapeutisch induzierte Veränderung" abzielen und erkennen lassen, dass jede therapeutische Intervention nach ihrer beziehungsgestaltenden und therapeutisch-technischen Wirkung sowie ihrem Veränderungspotenzial hin bewertet und schulenübergreifend verglichen werden kann.

Im letzten Teil werden die Aussagen der Interviewpartner zur Ausbildung von Therapeuten zu einer „therapeutenbezogenen Perspektive" zusammengefasst sowie Möglichkeiten zur Förderung einer pragmatischen, schulenübergreifenden Entwicklung erarbeitet.

Literatur

Bandler, R. a. J. Grinder (1975): Patterns of Hypnotic Techniques of Milton H. Erickson. I., II. Cupertino (Meta Publications).

Bandler, R. a. J. Grinder (1981): Struktur der Magie. I. Neue Wege der Kurzzeittherapie. Paderborn (Junfermann).

Brockhaus (1997): Stichwort „Einfühlung". In: Der Brockhaus in 15 Bd. Leipzig/Mannheim (Brockhaus).

Butollo, W. (2000): Klinische Relevanz der Gestalttherapie. (Vortrag auf dem 15. Internationalen Kongress für Hypnose, München, 2.–7.10.2000. Tonkassette.) Müllheim/Baden (Auditorium Netzwerk).

Eckert, J. (2000): Zum gegenwärtigen Stand und der Zukunft der Gesprächspsychotherapie. (Vortrag auf dem 15. Internationalen Kongress für Hypnose, 2.–7.10.2000, in München. Tonkassette.) Müllheim/Baden (Auditorium Netzwerk).

Eli, I., M. Kleinhauz a. B. Bar-Gil (1983): Anxiety and other Behavioural Dysfunctions Related to Dentistry: A Multiple-Disciplinary Approach. *Dental Medicine* 1: 13–15.

Etymologisches Wörterbuch des Deutschen (1995). München (dtv).

Farrelly, F. (1997): Frannies Welt. Eine Kindheit in Missouri. Stuttgart (Quell).

Farrelly, F. u. J. M. Brandsma (1986): Provokative Therapie. Berlin u. a. (Springer).

Fischer, G. u. M. Fäh (1998): Zur Kritik der empirischen Vernunft in der Psychotherapie(forschung). In: M. Fäh u. G. Fischer (Hrsg.): Sinn und Unsinn in der Psychotherapieforschung. Gießen (Psychosozial), S. 29–51.

Fischer, G. et al. (1998): Qualitative Kriterien zur Bewertung des Therapieerfolgs. In: M. Fäh u. G. Fischer (Hrsg.): Sinn und Unsinn in der Psychotherapieforschung. Gießen (Psychosozial), S. 167–178.

Frankl, V. E. (1959): Grundriß der Existenzanalyse. In: V. E. Frankl, V. E. von Gebsattel u. J. H. Schultz (Hrsg.): Handbuch der Neurosenlehre und Psychotherapie. Bd. III. München (Urban und Schwarzenberg).

Fromm, E. (1992): Persönliche Gefühle eines Nazi-Flüchtlings: Warum ich nicht von Deutschen geehrt werden will. (Personal Feelings of a Nazi-Refugee: Why I do not Want to be Honored by Germans.) *Hypnose und Kognition* 9: 51–57.

Fromm, E. a. S. Kahn (1990): Self-Hypnosis: the Chicago Paradigm. New York (Guilford).

Fromm, E. a. M. R. Nash (1992): Contemporary Hypnosis Research. New York (Guilford).
Fromm, E. a. M. R. Nash (1996): Psychoanalysis and Hypnosis. New York (International Universities Press).
Gendlin, E. T. (1981): Focusing. Technik der Selbsthilfe bei der Lösung persönlicher Probleme. Salzburg (O. Müller).
Gendlin, E. T. (1987): Dein Körper, Dein Traumdeuter. Salzburg (O. Müller).
Gendlin, E. T. (1998): Focusing-orientierte Psychotherapie. Ein Handbuch der erlebnisbezogenen Methode. München (Klett-Cotta/Pfeiffer).
Gendlin, E. T. u. J. Wiltschko (1999): Focusing in der Praxis. Eine schulenübergreifende Methode für Psychotherapie und Alltag. München (Pfeiffer/Klett-Cotta).
Glaser, B. J. a. A. L. Strauss (1967): The discovery of grounded theory. Strategies for qualitative research. New York (Aldine de Gruyter).
Glaser, B. J. a. A. L. Strauss (1998): Gounded Theory. Strategien qualitativer Forschung. Bern (Huber).
Grawe, K. (1988): Zurück zur psychotherapeutischen Einzelfallforschung. *Zeitschrift für Klinische Psychologie* 17 (1): 1–7.
Grawe, K. (1995): Grundriß einer allgemeinen Psychotherapie. *Psychotherapeut* 40: 130–145.
Grawe, K. (1998): Psychologische Therapie. Göttingen (Hogrefe).
Grawe, K. (2000): Gibt es für die Psychotherapie eine Zukunft jenseits der Schulen? (Vortrag auf dem 15. Internationalen Kongress für Hypnose, München, 2.–7.10.2000. Tonkassette.) Müllheim/Baden (Auditorium Netzwerk).
Grawe, K. et al. (1994): Psychotherapie im Wandel. Von der Konfession zur Profession. Göttingen (Hogrefe).
Hain, P. (1993): Inframing – Bitte einsteigen ... und die Türen öffnen! Utilisation von inneren Reaktionen des Therapeuten auf die Klienten. In: S. Mrochen et al. (Hrsg.): Die Pupille des Bettnässers. Hypnotherapeutische Arbeit mit Kindern und Jugendlichen. Heidelberg (Carl-Auer-Systeme), 4. Aufl. 2000.
Hain, P. (1996): Humor als therapeutische Intervention. *Hypnose und Kognition* 13 (1): 251–256.
Hain, P. (2001): Humor und Hypnotherapie. In: D. Revenstorf u. B. Peter (Hrsg.): Hypnose in Psychotherapie, Psychosomatik und Medizin. Manual für die Praxis. Heidelberg (Springer).
Harbauer, H., Lempp, R., Nissen, G. u. P. Strunk (Hrsg.) (1971): Lehrbuch der speziellen Kinder- und Jugendpsychiatrie. Berlin (Springer).
Herzka, H. S. (1999): Das dialogische Paradigma und seine Anwendung. In: H. S. Herzka et al. (Hrsg.): Dialogik in Psychologie und Medizin. Basel (Schwabe).
Herzka, H. S. u. W. Reukauf (1999): Kinderpsychotherapie. In: H. S. Herzka et al. (Hrsg.): Dialogik in Psychologie und Medizin. Basel (Schwabe).
Höfner, E. u. H.-U. Schachtner (1995): Das wäre doch gelacht! Humor und Provokation in der Therapie. Reinbek (Rowohlt).

Holtz, K. L., Trenkle, B. u. S. Mrochen (Hrsg.) (2000): Neugierig aufs Großwerden. Praxis der Hypnotherapie mit Kindern und Jugendlichen. Heidelberg (Carl-Auer-Systeme).

Huber, W. (1996): Entwicklung der integrativen Psychotherapie. In: W. Senf u. M. Broda (Hrsg.): Ein integratives Lehrbuch für Psychoanalyse und Verhaltenstherapie. Stuttgart (Thieme).

Kächele, H. (2000): Die Zukunft der psychoanalytischen Therapie. (Vortrag auf dem 15. Internationalen Kongress für Hypnose, München, 2.–7.10.2000. Tonkassette.) Müllheim/Baden (Auditorium Netzwerk).

Kleinhauz, M. (1985): Techniques in Hypnotherapy. In: J. K. Zeig (ed.) (1985): Proceedings of the Second International Congress on Ericksonian Approaches to Hypnosis and Psychotherapy. New York (Brunner/Mazel), p. 370–376.

Kleinhauz, M. (1991): Negative Reactions in the Use of Hypnosis. *Hypnose und Kognition* 8 (1): 1–12.

Kleinhauz, M. u. Z. Solomon (1994): Rückblick auf den Yom-Kippur-Krieg: Symptome und therapeutische Interventionen bei Kampf-Streß-Reaktionen. *Hypnose und Kognition* 11 (1/2): 54–64.

Lempp, R. G. E. (1970): Frühkindliche Hirnschädigung und Neurose. Bern (Huber).

Lempp, R. G. E. (1983): Gerichtliche Kinderpsychiatrie und Jugendpsychiatrie. Ein Lehrbuch für Ärzte, Psychologen und Juristen. Bern (Huber).

Lempp, R. G. E. (1992): Vom Verlust der Fähigkeit, sich selbst zu betrachten. Eine entwicklungspsychologische Erklärung der Schizophrenie und des Autismus. Bern (Huber).

Lempp, R. G. E. (1997): Die autistische Gesellschaft. Geht die Verantwortlichkeit für andere verloren? München (Kösel).

Madanes, C. (1980): The Prevention of Rehospitalization of Adolescents and Young Adults. *Family Process* 19: 179–191.

Madanes, C. (1989): Hinter dem Einwegspiegel: Fortschritte in der strategischen Therapie. Hamburg (ISKO).

Madanes, C. (1997): Sex, Liebe und Gewalt. Therapeutische Strategien zur Veränderung. Heidelberg (Carl-Auer-Systeme).

Madanes, C. (1999): Geld und Gefühle. Wie Geld unsere Beziehungen beeinflusst. Olten (Walter).

Madanes, C. et al. (1980): Family Ties of Heroin Addicts. *Archieves of General Psychiatry* 37: 889–894.

Martin, D. G. (1975): Gesprächspsychotherapie als Lernprozeß. Salzburg (Müller).

Mayring, P. (1997): Qualitative Inhaltsanalyse. Grundlagen und Techniken. Weinheim (Deutscher Studienverlag).

Mayring, P. (1999): Einführung in die qualitative Sozialforschung. Weinheim (Psychologie Verlags Union).

Miller, S. D., B. L. Duncan, M. A. Hubble (2000): Jenseits von Babel. Wege zu einer gemeinsamen Sprache in der Psychotherapie. Stuttgart (Klett-Cotta).

Mrochen, S. (1989): Ressourcenbezogene Arbeit mit Kindern und Jugendlichen – Anregungen aus den strategischen und hypnotherapeutischen Konzepten Milton H. Ericksons. In: O. Saase u. N. Stoellger (Hrsg.): Offene Sonderpädagogik – Innovationen in sonderpädagogischer Theorie und Praxis. Frankfurt a. M. (Peter Lang).

Mrochen, S. (1993): Das RMI-Konzept. Hypnosetherapie bei der Behandlung kindlicher Verhaltensstörungen – dargestellt am Beispiel Enuresis. In: S. Mrochen et al. (Hrsg.): Die Pupille des Bettnässers. Hypnotherapeutische Arbeit mit Kindern und Jugendlichen. Heidelberg (Carl-Auer-Systeme), 4. Aufl. 2000.

Mrochen, S. u. H. Bierbaum, (1993): Einige Grundlagen der Kinderhypnose. In: S. Mrochen et al. (Hrsg.): Die Pupille des Bettnässers. Hypnotherapeutische Arbeit mit Kindern und Jugendlichen. Heidelberg (Carl-Auer-Systeme).

Mrochen, S. u. H. Bierbaum-Luttermann (2000a): Beziehungsaufbau und Beziehungsgestaltung. Rapport mit Kindern. In: K. L. Holtz et al. (Hrsg.). Neugierig aufs Großwerden. Praxis der Hypnotherapie mit Kindern und Jugendlichen. Heidelberg (Carl-Auer-Systeme), S. 55–74.

Mrochen, S. u. H. Bierbaum-Luttermann (2000b): Das Spiel über die Bande. Plädoyer für eine hypnosystemisch orientierte Arbeit mit Kindern und Jugendlichen. In: K. L. Holtz et al. (Hrsg.): Neugierig aufs Großwerden. Praxis der Hypnotherapie mit Kindern und Jugendlichen. Heidelberg (Carl-Auer-Systeme), S. 95–113.

Petzold, H. G. (1991–1993): Integrative Therapie. Modelle, Theorien und Methoden für eine schulenübergreifende Psychotherapie. Bd. 1: Klinische Philosophie; Bd. 2: Klinische Theorie; Bd. 3: Klinische Praxeologie. Paderborn (Junfermann).

Reinecker, H. (2000): Verhaltenstherapie: Bewährtes und neue Entwicklungen. (Vortrag auf dem 15. Internationalen Kongress für Hypnose, München, 2.–7.10.2000. Tonkassette.) Müllheim/Baden (Auditorium Netzwerk).

Rogers, C. R. (1996): Therapeut und Klient. Grundlagen der Gesprächspsychotherapie. Frankfurt a. M. (Fischer).

Ruch, W. (1998): The Sense of Humor. Berlin (Mouton de Gruyter).

Stierlin, H. (1994): Ich und die anderen. Psychotherapie in einer sich wandelnden Gesellschaft. Stuttgart (Klett-Cotta).

Stierlin, H. (1997): Haltsuche in Haltlosigkeit. Grundfragen der systemischen Therapie. Frankfurt a. M. (Suhrkamp).

Stierlin, H. u. R. Grossarth-Maticek (1998): Krebsrisiken, Überlebenschancen. Wie Körper, Seele und soziale Umwelt zusammenwirken. Heidelberg (Carl-Auer-Systeme).

Stierlin, H., Rücker-Embden, I. u. N. Wetzel (1997): Das erste Familiengespräch: Theorie, Praxis, Beispiele. Stuttgart (Klett-Cotta).

Strupp, H. H. (1995): The Psychotherapist's Skills Revisited. *Clinical Psychology: Science and Practice* (2) 1: 70–74.

Strupp, H. H. (1996): Was ist ein(e) gute(r) PsychotherapeutIn? (Tonkassette.) Münsterschwarzach (Vier-Türme-Verlag, Audiotorium).

Strupp, H. H. a. A. E. Bergin (1969): Some Empirical and Conceptuel Bases for Coordinated Research in Psychotherapy. *International Journal of Psychiatry* 7: 18–90.

Strupp, H. H. J. L. Binder (1991): Kurzpsychotherapie. Stuttgart (Klett-Cotta).

Strupp, H. H. a. S. W. Hadley (1994): When Things Get Worse: the Problem of Negative Effects in Psychotherapy. New Jersey (Aronson).

Strupp, H. H., Horowitz, L. M. a. M. J. Lambert (1997): Measuring Patient Changes in Mood, Anxiety, and Personality Disorders: toward a Core Battery. Washington, DC (American Psychological Association).

Titze, M. u. C. Eschenröder (1998): Therapeutischer Humor – Grundlage und Anwendung. Frankfurt a. M. (Fischer).

Tschuschke, V. (2000): Eklektizismus. In: G. Stumm u. A. Pritz (Hrsg.): Wörterbuch der Psychotherapie. Wien (Springer), S. 155.

Tschuschke, V. u. H. Kächele (1998): Was leistet Psychotherapie? Zur Diskussion um differentielle Effekte unterschiedlicher Behandlungskonzepte. In: M. Fäh u. G. Fischer (Hrsg.): Sinn und Unsinn in der Psychotherapieforschung. Gießen (Psychosozial), S. 137–162.

Watzlawick, P. (1988): Münchhausens Zopf oder Psychotherapie und „Wirklichkeit". Aufsätze und Vorträge über menschliche Probleme in systemisch-konstruktiver Sicht. Bern (Huber).

Watzlawick, P. (1977): Die Möglichkeit des Andersseins. Zur Technik der therapeutischen Kommunikation. Bern (Huber), 4. Aufl. 1991.

Watzlawick, P. (1983): Anleitung zum Unglücklichsein. München (Piper), 22. Aufl. 2001.

Watzlawick, P. (1978): Gebrauchsanweisung für Amerika. München (Piper), 6. Aufl. 2000.

Watzlawick, P. u. G. Nardone (1999): Kurzzeittherapie und Wirklichkeit. München (Piper).

Watzlawick, P. u. J. H. Weakland (Hrsg.) (1980): Interaktion. Bern (Huber).

Watzlawick, P., J. H. Beavin u. D. D. Jackson (1969): Menschliche Kommunikation. Formen, Störungen, Paradoxien. Bern (Huber), 10. Aufl. 2000.

Watzlawick, P., Weakland, J. H. u. R. Fisch (1974): Lösungen. Zur Theorie und Praxis menschlichen Wandels. Bern (Huber), 6. Aufl. 2000.

Wintsch, H. (1998): Gelebte Kindertherapie. Kinderpsychotherapeuten und Jugendpsychotherapeuten des 20. Jahrhunderts im Gespräch. München (Reinhardt).

Wippich, J. u. I. Derra-Wippich (1996): Lachen lernen. Einführung in die Provokative Therapie Frank Farellys. Paderborn (Junfermann).

Über den Autor

Peter Hain, Dr. phil., studierte klinische Psychologie und Psychopathologie des Kindes- und Jugendalters in Zürich.

Aus- und Weiterbildung in Gesprächspsychotherapie, Hypnosetherapie, systemischer Paar- und Familientherapie, „Provocative Therapy" und NLP; mehrere Studienaufenthalte in Deutschland, USA und Israel. Private Praxis in Zürich und Bremgarten (CH) für Einzel-, Paar- und Familientherapie (Kinder, Jugendliche und Erwachsene) und Supervision (Einzel- und Gruppensupervision), Ausbildertätigkeit in der Schweiz, Deutschland und Österreich. Wissenschaftliche Leitung der Aroser Kongresse über die Heilkraft von Lachen und Humor in Medizin und Psychotherapie sowie der Kongresse „Humor in der Therapie" in Basel. Gründungsmitglied und z. Z. Präsident der Gesellschaft für klinische Hypnose Schweiz, GHypS; Gründungspräsident von HumorCare, Gesellschaft zur Förderung von Humor in Therapie, Pflege und Beratung. Über viele Jahre in verschiedenen berufspolitischen Funktionen tätig. Diverse Veröffentlichungen.

„Ich brannte vor Neugier!“
Familiengeschichten bedeutender Familientherapeutinnen und Familientherapeuten